聖經研究叢書

使命傳承的故事

路加——使徒行傳人物研究

曾思瀚 著／吳瑩宜 譯

基道出版社

▼

聖經研究叢書

使命傳承的故事

路加—使徒行傳人物研究

Embodying Jesus
Luke-Acts Characterization

作者
曾思瀚 Sam Tsang

譯者
吳瑩宜 Nancy On

責任編輯
林諾欣

裝幀設計
奇文雲海・設計顧問

■

出版／發行
基道出版社
香港沙田火炭坳背灣街26號富騰工業中心1011室
LOGOS PUBLISHERS
Unit 1011, Fo Tan Ind. Centre, 26 Au Pui Wan St., Shatin, Hong Kong
電話：(852) 2687-0331　傳真：(852) 2687-0281
網址：http://www.logos.com.hk

承印
陽光印刷製本廠

●

7/2011 初版
Cat. No. LP179
ISBN: 978-962-457-420-3

Printed in Hong Kong

刷次	10	9	8	7	6	5	4	3	2
年份	2020	2019	2018	2017	2016	2015	2014	2013	

致　謝

我喜愛路加—使徒行傳。雖然我未必完全了解路加—使徒行傳，但我仍然喜愛它。在這個探究與解讀的歷程中，我發現和過去博士班的同學和同仁埃斯特拉達（Nelson Estrada）博士的互動，激發我產生出相當大的洞察。在本書的撰寫上，他的著作《從跟隨者到領袖》（*From Followers to Leaders: The Apostles in the Ritual of Status Transformation in Acts 1～2* [New York, NY: T&T Clark, 2004]）繼續為我提供最豐富的啟迪。雖然牧會的事奉佔據了他所有的精力，但多年來他溫馨的鼓勵卻從未間斷。我十分感謝他的情誼和在學術研究上的模範。雪菲大學（University of Sheffield）的亞歷山大（Loveday Alexander）教授是我和埃斯特拉達博士的老師，他是切斯特大禮堂的正典神學家（Canon Theologian at Chester Cathedral），他同時指導我們理解、分析和走過路加—使徒行傳的迷宮。埃斯特拉達博士和亞歷山大教授雙雙為我的思考，作了極大的貢獻。

達拉斯神學院（Dallas Theological Seminary）的博克（Darrell L. Bock）教授，值得我萬分的感謝。精研路加—使徒行傳三十多年的博克教授，使我的研究相形見絀。雖然我們可能在相同的學術圈中，但我們從未正式見面。他非常熱誠地為我這個年輕和突然的崛起者，撰寫本書的前言。我盼望本書能夠符合他的推薦美言。另外，我感激新加坡三一神學院的陳錦發（Tan Kim Huat）

教授，他也為本書撰寫封底推介文。我和他在加拉太書的研究的共事，成為一段相當愉快的經驗。我也感謝加拿大遠東廣播公司，因為他們邀請我前往溫哥華，擔任慶祝遠東廣播公司成立二十五週年的特別講員。我和溫哥華的眾教會，一起相處了三個愉悅的夜晚。遠東廣播公司的郭奇先生，對於這項事件的安排，值得我特別致謝。尤有甚者，在這次演講中和聽眾的互動，實際幫助我澄清了一些從未被提出的問題。

我也感謝許多過去和現在的學生。他們的耐心、好奇心和鼓勵，值得我獻上感謝之意。對於身為教育者的我，這不啻是最大的獎賞。我全心感謝他們。

我最感激吳瑩宜姊妹，她不但翻譯，並且辛勞整理我散亂的原稿，使本書更容易閱讀。她的忠心與巧筆，使我繼續徵募她的協助。我誠摯感謝我的妻子若蘭，她不但毫無條件地支持我；對我而言，她更是一個耶穌跟隨者的榜樣。願一切榮耀歸於上帝！

博克序

我非常高興能為這本以路加—使徒行傳的主要人物和團體為焦點的著作，撰寫序言。我對路加福音的研究，已有超過三十年的時間；它的豐富實在既深又廣。如同曾博士的所指，路加—使徒行傳的研究，常以這兩本重要聖經書卷的歷史和準確性，為主要的辯論焦點，以致錯失了書卷所記錄的故事和教訓。從耶穌開始，路加—使徒行傳就採取一個大異其趣的解讀方向。研究這兩冊在篇幅上大約佔據新約聖經三分之一的書卷，已經相當不容易；遑論作者如此小心地觀察其中的多樣人物和題旨。書卷的故事總是扮演著重要與核心的角色，而路加意欲傳遞的教訓，更是清楚地呈現在讀者眼前。

不論是解讀耶穌、門徒（包括十二門徒的團體、彼得、司提反、腓利、巴拿巴、百基拉和亞居拉、保羅），還是福音所接觸的「被拒」團體（即窮人、生病的、罪人和其他人等），本書的讀者所領受的是一本關於路加—使徒行傳的謹慎研究，以及這兩書卷為將近兩千年的教會和世界，所提供的深厚屬靈指引。本書不但吸引人，並且令人深思；它為佳美的和榮耀上帝的生命，提供無數的鑰匙。

從路加—使徒行傳的作者用意、合一性、文學研究和社會學研究等多重角度進入的人物綜合研究，不但讓我們從大異其趣的各樣視野，來欣賞這些人物，更大大地增添了這項研究的深度。

本書整全地展現出，這些重要人物如何被引導、成長和回應上帝藉著耶穌所行的使命。本書以包含上帝的靈的工作、國度、救贖、逼迫的回應、宣教的進行、財富的角色、社會責任的必要，以及成為一個有效之社區的呼召等多項重要議題，為讀者提供一個充滿啟迪性的屬靈旅程。

因此讀者應該仔細閱讀本書，並且默想這兩卷奇妙書卷所生動地傳遞的信息。你所花的時間，絕對不會枉然！

博克（Darrell L. Bock）
新約研究教授
達拉斯神學院（Dallas Theological Seminary）

作者序

許多福音書的人物研究，因為選擇合參的解讀角度，而使其中人物顯得單調與乏味；所以本書再度嘗試，以路加福音和使徒行傳的單一作者路加為基礎的敘事角度，來解讀這兩卷寶貴的聖經書卷。本書的架構大致依循我先前的約翰福音人物研究著作。[1] 對已經讀過約翰福音人物研究的讀者來說，本書的一些入門資料或許重複；但為了新讀者的好處，我將在本書的一開始，花一些篇幅來摘要我的釋經策略，以使新讀者能夠同樣了解我的解讀觀點。

本書將以路加的著作，為主要的解讀焦點。然而，本書並非一本逐節詮釋路加—使徒行傳的聖經註釋(其實已經有許多這類的著作)；取而代之地，本書的目標乃是以人物為解讀的對象，並由其中了解路加如何藉著這些人物來傳遞信息。為免讀者覺得本書過於學術性與艱澀，本書在每一篇章的末段，為讀者提供重要的「省思與應用」部分。當然，這個部分絕無取代現今優質的聖經人物「靈修」著作的意圖。尤有甚者，本書根據當今教會的應用角度，來展現文學解讀的價值。教會的倫理教訓，應該堅固地扎根於聖經知識的基礎之中。

藉著將學術資料置於註釋部分而非正文之內，我盡力使本書適合平信徒讀者閱讀。不過，神學生應該可以從一些註釋資料，得到更深入研究的益處。本書絕非路加—使徒行傳的最終結論。

事實上，書中的每一個人物，都具有以一本書的篇幅來深入討論的重要分量。本書藉著使用一種特定的方法，來觀察一羣人物。誠盼本書能夠開啟更多以這種方式，來解讀聖經歷史紀錄的努力。最後，我希望本書能夠成為人趨向更豐富地解讀上帝話語的基礎。

註釋：

1 曾思瀚：《歷久常新的生命故事——約翰福音人物研究》(香港：基道，2006)。

目　錄

縮略語表

AB	Anchor Bible
CBQ	*Catholic Biblical Quarterly*
IBS	*Irish Biblical Studies*
JBL	*Journal of Biblical Literature*
JSNT	*Journal for the Study of the New Testament*
JSNTSup	Journal for the Study of the New Testament, Supplement Series
LNTS	Liberary of New Testament Studies
NCB	New Century Bibile
NICNT	New International Commentary on the New Testament
NovT	*Novum Testamentum*
NTS	New Testament Studies
PGM	Papyri Graecae Magicae
RevExp	*Review and Expositor*
SBL	Society for Biblical Literature
TDNT	*Theological Dictionary of the New Testament*, ed. G. Kittel and G. Friedrich (Grand Rapids, MI: Eerdmans, 1976) .
TSol.	*Testament of Solomon*

前　言

為何我們需要「另一本」路加—使徒行傳的註釋？

我們需要另一本路加—使徒行傳的著作，因為在華人出版界中，將兩書卷一併解讀的著作非常寡少。路加—使徒行傳中的人物與眾不同，因為他們是以耶穌為開始和以保羅為結束的兩冊故事的一部分。

多年前尚在研讀碩士學位期間，我已經特別對使徒行傳有興趣。如果我有選擇的話，我可能以使徒行傳而非加拉太書，作為我的博士研究的焦點。因著雪菲大學（University of Sheffield）學術指導良師的鼓勵，我大膽探討一個和我碩士研究大異其趣的領域，以使我的裝備能夠更加成熟與圓潤。然而，我對於使徒行傳的興趣絲毫未減，尤其是在博士研究的最後一年，我有幸被分派到備受景仰的路加—使徒行傳學者亞歷山大（Loveday Alexander）教授所負責的研究中心。當我為了碩士論文而廣泛閱讀有關著作時，我接觸了一些如拉姆齊（William M. Ramsay）、布魯斯（F. F. Bruce）和海默（Colin J. Hemer）等學術巨人的偉大著作。這些學者精細地展現歷史基礎，以證明使徒行傳是一卷有效的歷史文件。他們為使徒行傳提供了優質的資料和「事實」。在閱讀時，我發現自己時常迷失在這些優質的資料中。我不知道如何處理這些資料，因為它們似乎和聖經信息的現實相離甚遠。我相信這種感覺，是許多研究使徒行傳歷史背景的神學生所共有的。

許多從歷史分析進入卻又保守的路加—使徒行傳註釋，甚至到如今還是以護衛關於路加是一個「在事實方面」準確的歷史家的觀點，為主要的關注，以致使我們迷失在歷史的細節中，無法了解經文給一世紀和二十一世紀信徒的處境化意義。這些價值深重的作品，實際是啟蒙運動的哲學和福音派的聖經無誤論（或因自由派的攻擊，而看見護衛聖經無誤的需要）的融合；它們是兩者交織而產生的護衛性詮釋角度。然而，聖經無誤的假設，並不等同聖經信息的理解。如此說來，他們對於了解信息的幫助相當微小，因為他們忽略詮釋的基本要素：體裁。

我認為他們困惑的部分原因，出自他們的錯失：忽略了將使徒行傳和路加福音一併進行文學解讀。使徒行傳和其他新約文獻（例如，保羅書信）一樣，是充滿正確歷史事實的書卷，但它仍是以故事的形式寫成的。因此，我們需要敘事的工具來詮釋故事。我們無法從整理額外的事實，和護衛他們的準確性來聆聽信息；我們必須從路加訴說故事的方式來理解經文。歷史資料必須直接符合路加—使徒行傳故事的敘事世界，才能理解其中的信息。在無數禱告、關於使徒行傳的宣講，以及環球聖經公會邀約撰寫它的敘事技巧之下，我想本書的著筆合乎上帝所定意的時間。雖然這方面的寫作有時不免複雜，但上帝卻讓我有機會追隨我起初對於路加的喜愛。

本書並非學術著作，但我秉持學術誠實而小心撰寫，並且希望本書產生教誨的功效。至少，撰寫本書，為我帶來深長的啟迪和無比的滿足！誠盼展現在全書的解讀方法，能夠成為讀者的幫助。因此，本書將包含一些應用方面的評論，讓平信徒讀者（或甚至神學生）了解如同這類的研究，如何成為一種有價值的屬靈操練。

一

導論

引言

雖然路加並未寫明自己是使徒行傳的作者，但傳統認為路加是使徒行傳的作者。事實上，誰是真正的作者並不重要，因為我們對於歷史路加的歷史資料極為缺乏。重要的是我們**如何**解讀路加。第一，我必須說明，我在本書不用那些方法解讀他。在解讀尤其與福音書有關的較古舊文獻時，路加福音總是被視為馬太福音和馬可福音的一部分。這種解讀方式特別可見於那些對這些福音書合參的歷史鑑別問題（historical critical questions）有興趣的詮釋者。自從卡德伯理（Henry J. Cadbury）的著作開始，將路加—使徒行傳一併解讀的觀念，變得更加吸引人。[1] 合參的進路實際是，一種回應「歷史耶穌運動」（historical Jesus movement）的歷史鑑別方法，兩者使用相同的現代主義規則。這種古舊的理性主義，絕對不是解讀路加這位重要作者的正確方式。有些（我說「有些」）歷史猜測，幾乎完全浪費時間。將那些幾乎無法回答的歷史鑑別問題放置一旁，而採用比較文學的進路，將為我們帶來助益；因為單一的作者，比多重的作者和日期使人更容易解讀書中內容。

我相信不論是自由派或保守派的詮釋者(為了不同的原因，但主要是相同的本質)，只要使用那將兩書卷分開處理的詮釋進路，都是一種對歷史鑑別方法的獨斷持守。雖然研究路加—使徒行傳釋經學的學者，不斷呼籲一種更加統一的解讀方式；但在許多圈內，註釋著作繼續將使徒行傳視為分離的實體。許多註釋者依然堅守將路加福音視為符類福音之一部分的立場，他們繼續詢問一些甚至不是路加議題的過時問題。注意一些路加—使徒行傳的新近研究，並將路加福音和使徒行傳一併解讀，將使註釋者得到更多好處。註釋者應該另外處理馬太福音和馬可福音，並且從路加福音尋找線索來了解使徒行傳。尤有甚者，龐大的歷史背景絕非註釋者的主要關切，因為這些古典背景可能與經文相關，也可能與經文毫無關連。這並不代表使徒行傳的背景不重要，但在使這些背景和任何經文意義相關之前，這些資料必須經由路加—使徒行傳文學角度的過濾。歷史是重要的，但文學解讀同樣重要！由以路加福音的文本為基礎的解讀方式，來解讀使徒行傳，應該決定每個文本的意義。本書將證明，這些敘事和人物的意義，並不像孩童或詮釋者手中的黏土一樣，可以隨意被詮釋的。

本書並非革命性的著作。相反地，它是一些已經存在但尚未被完全建立的觀點的創新。最早啟迪我更緊密觀察路加福音和使徒行傳之關連的著作，是塔爾伯特(Charles Talbert)的《路加—使徒行傳的文學模式、神學主題及體裁》(*Literary Patterns, Theological Themes and the Genre of Luke-Acts*)。[2] 塔爾伯特的著作指出許多有趣的平行，我從他的觀察獲益無窮。然而，尤其是在路加的刻劃研究上，他上好的觀察尚未在許多有關使徒行傳的研究方面，發展成更多有意義的綜合觀察。塔爾伯特的焦點反映出他那一代的學術關注；當時的學者認為符類福音書的來源和編修鑑別學相當重要，因為他們對於歷史鑑別學有某種程度的著迷。來源和編修鑑別學並非我的關注，本書採用如同塔爾伯特這類學者所首先建立的類似觀念，但卻選擇不同的解讀途徑。我嘗試依循「人物刻劃是帶出信息之修辭工具」的路線，來建立兩書卷之間的平行。本書平等地處理修辭和刻劃的議題，因為每個敘事都有刻劃的元素，而每個刻劃元素都帶著修辭的目的。刻劃是作者選擇用來描述人物的方式。作者可能使用自己的話語，或其他可信人物的話語，來表達觀點。刻劃的方式可以是直接或間接的。既然我們已經知道古代讀者的身分，我們必須觀察作者將哪種教導傳遞給讀者。甚至在古代的歷史中（例如，李維〔Livy〕、普魯塔克〔Plutarch〕），人物也具有倫理的象徵價值。他們教導「道德的」教訓。他們為讀者所應當仿效的，提供完美的圖像。他們超越自身歷史人物的角色，進而帶出歷史的教訓。

本書將研究那些在路加—使徒行傳中扮演著不同角色，並帶出信息的特選人物。如此說來，本書的目標是尋找這些人物所教導給提阿非羅的教訓。然而，若沒有考慮以下四個詮釋角度，這個目標就無法達成。因此，每一章都會先行檢視特選人物，然後以那與四個詮釋角度所進行的對話為結束。其後，我將清楚陳述文本分別給原始讀者和現代讀者所帶出的應用。末了，我將為研究結果提供一個簡明的摘要。我將本書稱為「刻劃註釋」（characterization commentary）。雖然本書清楚使用釋經方式來解讀文本，但在古典的意味上，它並非微觀檢視釋經細節的註釋。許多學者已經在釋經細節方面，作了相當優質的研究。我無意再重複這類的佳美努力。本書也不是致力於路加—使徒行傳的文學註釋的著作。相反地，本書以他們的研究為基礎，並且更進一步地成為一本多樣人物的註釋，使文學要素成為詮釋的管道。至終，我盼望讀者不單了解繁瑣的釋經細節，更能領悟另一種以整全和修辭的角度來詮釋人物的解讀方式。

詮釋角度一：傳達作者用意的前言

這角度似乎是我每一本著作的普遍題旨。我可能給讀者一種印象，以為只要找到前言，就足以了解整個書卷。這其實完全不正確！前言無疑是古代口述社會的人所看重的，但優質的詮釋仍要求詮釋者費心研究，以找出每個前言的真正意義，因為並不是每個前言都有相同的功能，或傳遞相同的信息。然而，找出前言卻未加以詮釋（似乎是許多註釋的現象），將對文本想要傳遞之信息，產生毫無洞見的結果。找出前言的位置，了解前言的功能和前言的意義，三者同等重要。下文是我對路加—使徒行傳前言的說明。或許讀者可以在這個說明的基礎上，建立自己對於前言意義的結論，使其主導路加—使徒行傳的解讀。

在最基本的層面上，路加福音和使徒行傳的前言陳述了讀者，以及作者與讀者之間的關係。這項事實雖然簡單，但對路加—使徒行傳的解讀，卻產生巨大的影響。更確切地說，詮釋模式的主要分量，應該落在這項簡單又基本的事實上。的確從前言中，我們對於提阿非羅這位路加的讀者的認識，遠遠超過路加本身。既然我們應該從我們知道較多的一方來開始，那麼盡力了解提阿非羅的背景，應該主導詮釋的過程。

雖然使徒行傳的讀者，已非常清楚地被陳述於路加福音一章1和3節；但提阿非羅依舊是一個神祕和難以捉摸的人物。路加明確地稱呼受書人的名字為提阿非羅，而「提阿非羅」這字也具有「為上帝所愛」的意思。不過，我們不可因名字的含意，而認為「提阿非羅」代表所有為上帝所愛的人。這種錯誤將使路加—使徒行傳的讀者，變成歷世歷代的所有基督徒。這種寓意進路，明顯是一種詮釋的錯誤。

究竟提阿非羅是哪一種人物？為了回答這個問題，我們必須觀察涵蓋大部分路加—使徒行傳的普遍題旨：地位的轉變（status transformation）。我們首先根據路加對提阿非羅的稱呼，然後從路加福音和使徒行傳的前言的相異之處，來檢視提阿非羅和路加之間的關係。這兩項觀察將幫助我們回答上述的問題。

第一，出現在路加福音一章2節的頭銜「大人」，顯示提阿非羅是羅馬的官員，他非常可能是中層階級的軍官（參徒二十三26，二十四3，二十六25）。在使徒行傳中，這個頭銜被用於法律辯護的演講中。最有可能的是，這個字描述一個屬於精通騎術的階層或比較一般的官員。[3] 從歷史來看，這些人是在政治上被往上提升的人，有些人曾經被挑選來擔任巡撫（例如，徒二十三26）。他們擁有成為羅馬帝國具影響力的重要領袖的潛力。希臘文的「大人」，在每一次的使用中，都以尊稱的方式出現。[4] 換言之，路加在他的福音書中，以正式的尊敬向提阿非羅說話。這項重要觀察讓我們看見，路加所針對的讀者擁有無比巨大的影響力，能夠塑造路加當時世界的政治情勢。因此藉著在福音書中教育提阿非羅，路加的書卷將產生一股巨大的社會影響力。路加正在影響或訓練一位極可能成為大有權勢之政治人物。提阿非羅在社會上，的確具有甚具影響力的地位。

第二，我們必須注意路加和提阿非羅之間的關係。前言的部分指出讀者和作者之間的關係。若不明白兩者的關係，現代詮釋者無法了解路加撰寫這兩冊書卷的目的。畢竟，作者路加根據他對自己和提阿非羅之間的某種關係的了解，來撰寫路加—使徒行傳。字彙的使用為兩者的關係，帶出些許的暗示。路加在使徒行傳一章 1 至 2 節使用「提阿非羅啊」，而非僅用路加福音一章 3 節〔按：指的是希臘文聖經〕的「提阿非羅大人哪」。這個用法上的差異顯示，在寫作福音書和寫作使徒行傳之間，作者和讀者的關係可能發生了改變。使徒行傳的「啊」出現在句子中間。這種用法並非正常希臘文的一般強調用法。相反地，它是一種非正式的呼格（casual vocative）「啊」（例如，徒十八 14，二十七 21[5]）。[6] 這是一個重要的觀察，因為它顯示在撰寫福音書和使徒行傳之間，路加和提阿非羅彼此在親密或非正式的關係上有了進展。當路加撰寫使徒行傳時，他將提阿非羅視為平等的人物。這個地位的轉變，繼續成為路加—使徒行傳所有不同地位的普遍題旨。在基督裏，地位的轉變隨之發生，甚至早在書卷的前言就已展現。提阿非羅現在已經從社會高階和權勢的地位，變成一位屬靈謙卑的門徒。

第三，提阿非羅的屬靈地位，也隱含地出現在路加福音一章 4 節中。這節經文論及，提阿非羅曾被教導的一些道理，而這些道理需要被證實。「教導」一字在路加—使徒行傳中，具有兩個可能的意義：被告知一些事情（徒二十一 21 ～ 23），或被教導一套真理。上下文是決定用字意義的關鍵。最有可能的是，第一個意義比第二個意義更佔優勢，因為路加關切他的資料的準確性。然而，本書將展現路加的關切，完全有可能超越事實的層面。至終，第二個意義有可能比第一個意義略佔優勢。無疑，本書將展現出，路加使用敘事來表達倫理—神學的議題。

使徒行傳一章 1 節明確證實，路加在教導提阿非羅。我們目前所能獲得的觀察，讓我們看見，提阿非羅若不是一個初學者，就是一個對福音非常有興趣的人。根據路加在使徒行傳一章1節論及「已經作了前書」這個事實，路加從路加福音進入使徒行傳，繼續他的教導目的。第二冊明顯是從他撰寫第一冊的用意所產生出來的結果。這個續集的目的，是為了更進一步地教導提阿非羅。既然初期教會的信仰答問(catechism)牽涉教義，縱使書卷以敍事形式出現，但我們還是必須嚴肅地面對路加的神學傾向。提阿非羅從羅馬高官的地位，轉變成一個門徒。如此說來，路加福音和使徒行傳的記錄，極有可能是為了證實提阿非羅所持守的一套信仰，而這套信仰是從別人的教導而來的。讀者提阿非羅因此處於比路加次要的地位，因為路加擁有他所需要的一些資訊。

許多詮釋者根據使徒行傳中不少演說的法律情境，而將使徒行傳視為一個法律摘要。我認為這是一種過度簡化的看法。根據上述所有的評估，使徒行傳的法律色彩和提阿非羅出現的風格大有關係；因此，這導致路加以此種風格，尤其是演說的形式，來記錄使徒行傳的部分內容。這種解釋不是更好嗎？因此，根據前言，我們必須在每個階段，提出一個基本的問題：「路加在教導提阿非羅甚麼功課？」至少，我們應該部分地看見路加嘗試教導提阿非羅，像他這樣具有高位的人，應該如何在福音宣教的角度上，看待自己在上帝國度中的地位。

尤有甚者，作者和提阿非羅從路加福音到使徒行傳的寫作之間所展現的關係轉變，更帶出一個有關國度關係的有力教導。更確切地說，在國度關係中的地位，將和羅馬社會中的地位徹底不同。如果這個隱含但重要的社會教導，似乎有點牽強；那麼，本書將顯示出，其實許多人物都是依循地位的轉變的題旨，並因此非常有力地證明我的觀察是正確的。路加的故事部分地教導，一個在地上國度（即羅馬帝國制度）具有高位的人，如何藉著上帝的國度而產生地位的轉變。顯然，有許多重要的倫理涵義，將在應用的部分被提出來討論。

為何上述討論與詮釋角度，和路加—使徒行傳刻劃的整個詮釋相關呢？我相信個人身分在社會羣體中的重要性，是不可或缺的必要討論。儘管雷維爾（Louise Revell）的新近著作《羅馬帝國統治與社會身分》（*Roman Imperialism and Social Identities*）提醒我們，不要太快定義「身為羅馬人」的意義，但像提阿非羅這等統治者，並且能夠爭取更多權力的人，還是擁有著某種相同的特徵。[7] 如果像我在上述所建議的，提阿非羅是一個真實人物，那麼他在帝國世界中，必然佔有重要的社會地位。在社會階層分明的社會中，擁有權力的人不但想要維持現狀，並且渴望獲得更多的權力。羅馬帝國就是這樣的社會！就一世紀的措辭來說，提阿非羅是一個權力的經紀人（power broker）。他握有某種程度的權力，只要他願意，他有能力在帝國的階層制度中往上爬升。他的頭銜相當重要。他的社會地位更是重要。如果他要保住他大有權勢的社會地位，他必須持守他的羅馬人身分。本書很快就會展現出，路加—使徒行傳裏許多也在羅馬帝國權力結構中的人物，將挑戰提阿非羅的社會地位。他們所發出的挑戰並非「提阿非羅是否遵從社會習俗」；而是「為了耶穌的國度的緣故，提阿非羅應當如何改變自己」。這些人物所帶出的特殊教導，通常和提阿非羅的社會地位，以及它如何影響國度的工作有關。

詮釋角度二：視路加福音和使徒行傳為一

使徒行傳的體裁在書卷的詮釋過程中，具有不可或缺的重要性。直至一九二七年，學者大致還是將路加福音和使徒行傳，視為分離的實體來解讀。在一九二七年，卡德伯理的《路加—使徒行傳的形成》(*The Making of Luke-Acts*)出版之後，人們開始將路加福音和使徒行傳視為一體。[8] 許多學者都同意，路加福音和使徒行傳具有同樣一位作者。[9] 但即使作者是同一位，這也未必表示兩書卷必須一併解讀。然而，許多學者認為，路加福音和使徒行傳也具有神學上的合一。坦尼希爾(Robert C. Tannehill)顯示，路加—使徒行傳的合一來自其中對於上帝的刻劃。[10] 雖然許多學者同意體裁的合一的確存在，但「體裁」的性質仍是某些學術圈的辯論議題。[11] 敘事的合一，也因路加—使徒行傳之間的張力，而導致一些學者的熱烈辯論。[12] 事實上，馬多克斯(Robert Maddox)甚至建議，當路加先行寫作路加福音時，使徒行傳已經存在於他的腦海中了。[13] 這些範疇定義了「合一」(unity)。換言之，路加—使徒行傳這兩冊書卷的單　作者，疾呼我們將兩書卷視為一體來解讀，而第一冊就是第二冊的先嘗。因此當我們觀察刻劃時，我們不可忽略將兩書卷一起解讀的重要性。此處所論及的合一，不僅和文本互涉的字彙(intertextual vocabulary)有關，並且和神學、題旨和情節密不可分。在兩書卷的合一方面，還有一項因素值得考慮，那就是兩書卷的長度。

路加—使徒行傳的風格，流露了兩書卷的合一。更確切地說，兩書卷的長度大致相同，因此我們可以清楚肯定，作者的確為選擇性的故事，進行某種程度的校編。這項觀察顯示，路加寫作這些記錄必定有他獨特的目的。校編也有另一個實際的原因，因為書卷有限的長度，可以方便教會存有更多的抄本。歐尼(David E. Aune)認為路加使用兩書卷的寫作方式，是因為蒲草本卷軸的最大長度是三十五至四十英尺。[14] 路加—使徒行傳的卷軸，大約長三十至三十五英尺，這應該是合理的猜測。

在各種型態的合一中，敘事合一是最被熱烈討論的議題。毫無疑問地，多種無可置疑的重複，清楚展現敘事的合一。在許多被引用來證明路加福音和使徒行傳不合一的例子中，有一個是使徒行傳在路加福音的對照之下所展現的戲劇性特徵。[15] 因為針對兩書卷提出的分析，乃是基於個人對於作者傾向的詮釋；因此認為一卷書比另一卷書更具戲劇性，這是高度主觀的看法。敘事的合一，不能依據傾向鑑別學（tendency criticism）來決定。當我們從另一個角度來論證這項觀察時，我們也可以說路加選擇為使徒行傳中的教會，呈現一幅比較戲劇性的圖畫。它的情節在受難和繼起之復活的高潮後，變得更加濃厚；並且使徒們持續的三十多年的生命所展現的戲劇性，顯然超過耶穌三年傳道生涯的戲劇性。

學者在研究中，已經建議了使徒行傳所具有的各樣題旨。若要分析題旨，路加—使徒行傳題旨合一的觀念，是一個不可或缺的起點。單單根據相似的前言，我們就清楚看見路加將兩卷書視為一部著作，並使兩卷書的用意和題旨互相一致。這類前言也可見於約瑟夫（Josephus）的《駁斥阿比安》（*Against Apion*）。[16] 在本書中，我們採取兩書卷合一的解讀角度，以使我們能夠比較路加福音和使徒行傳的人物的生命。這並不代表兩卷書起初是一卷。這種誇張的陳述，未免太牽強了。正確的看法應該是，路加在撰寫後來的書卷時，以前面的書卷為考慮。一般來說，使徒行傳和許多新約的敘事，並不容易在教會中被應用。然而，有許多人抑或屬靈化或道德化這些故事。因此，本書針對兩卷書卷的刻劃比較，將為讀者提供有益於教會的意義解讀。

討論至此，兩卷書卷之間的合一性，要求我們在體裁方面進行更深入的澄清。一般來說，將使徒行傳分開解讀的人，傾向將使徒行傳視為一種初期教會的敘事歷史；但初期教會的敘事歷史，如何可能只以兩個人物——彼得和保羅——為焦點？這完全不合常理！然而，如果我們不僅以有關耶穌的歷史敘事，更以強調耶穌重要年日的角度來解讀路加福音；那麼，使徒行傳也必須以相同的角度被解讀。事實上，一些耶穌事工的凸顯之處，確實影響了使徒行傳中的門徒敘事。兩卷書卷之間的合一性，要求讀者將使徒行傳和路加福音視為同一體裁來解讀。在路加福音中，路加帶著重要的神學意義，向讀者敘述一位歷史耶穌（historical Jesus）；這羣讀者生活在耶穌復活和升天與父同在**之後**。延續著相同的寫作傾向，歷史教會（historical Church）在使徒行傳中出現，並以同樣的方式針對讀者的需要。顯然，這些讀者生活在初期教會的重要事件之後。如此說來，兩卷書卷（即路加福音和使徒行傳）融合而為一。它們成為一個故事！它們不是兩個故事，它們也不僅是歷史事件，更是以單一故事形式展現的神學理論。

我特意強調路加—使徒行傳，必須從頭到尾以一**個**故事來解讀。因此兩卷書卷之間的合一性，要求讀者將它們視為一個故事，而非一個有關耶穌與另一個有關其他人物的系列故事。兩卷書卷雖包含一系列的敘事，卻只是一**個**故事；許多互相連繫的片段，將這個故事變成一個完整和連貫的圖畫。我將特別注意許多門徒具有擬人化基督之特徵（Christomorphic characteristics）。有時候，本書可能顯得十分以基督為中心（Christocentric），因為路加似乎將教會和基督連在一起。可見，敘事彼此的回響，創造了路加要給予提阿非羅的信息。在這種情況下，許多人物的定義，自然取決於他們和這位耶穌的關係。

讓我舉一個例子。路加福音中的耶穌，在被聖靈充滿和被上帝的話語充滿之下，開始祂的職事。教會的開始也展現出，彼得在被聖靈充滿的兄弟中，自己也被聖靈充滿，並且被上帝的話語所充滿。這個平行顯示了使徒行傳二章的彼得，清楚地跟隨耶穌的傳承。教會的職事因此跟隨耶穌的模式。

詮釋角度三：敘事的視野

近年來，敘事研究（narratological studies）對聖經詮釋大有貢獻。敘事中有一些重要元素，在引導讀者共遊與經歷故事的過程中，特別有貢獻，因此故事不再成為一連串毫無觀點的事實。這個角度認真看待路加寫作的敘事特性。我們將先行討論敘事的一些議題，以幫助我們更具洞察力地解讀路加福音。

第一，敘事具有情節。在情節中，人物展現正面或負面的價值。對詮釋者而言，只將人物視為立體（round）或單調（flat），或古舊範疇鑑別者所歸屬的類別，已經不再足夠。觀察人物的正面和負面價值，實際更有幫助（例如，電視上傳統的「好人」或「壞人」）。了解情節的最佳著眼點，來自敘述者（narrator）和身為中心人物的耶穌的評論，因為他們同是最可靠的人物。他們的評論為每個尚未展開的事件賦予意義，並且為每個人物分配價值。

第二，敘事具有時間的要素。在此我們不僅談論作者的年代次序記錄，並且考慮作者如何使用時間，以創造某種象徵意義來帶出信息。有時路加排除年代次序，而刻意以相似的題旨安排寫作。我們必須留心，並且依照路加的寫作用意來詮釋經文。當我們碰到年代間斷時，我們必須詢問：「為甚麼路加在此間斷時間的次序？藉著將不按年代次序的故事串連在一起，路加試圖帶出甚麼題旨？」

舉例來說，使徒行傳十一章 19 節，應該追溯至使徒行傳八章 1 至 2 節，即司提反遭逼迫的開始。為甚麼路加必須間斷使徒行傳八章和十一章的敍事時間？因為哥尼流事件的插入，肯定了使徒行傳十一章外邦人合法地成為教會成員的重要性。尤有甚者，那些在耶路撒冷教會中就「是否容許外邦人進入教會」而猶豫不決的信徒（徒十一 1～2），和那些向外邦人傳福音的信徒（十一 20），佳美地成為反照。我們很容易猜測到，路加認為哪一方作了正確的事。這個對照證明，安提阿教會成為差派教會的合法性（徒十一章）。情節和敍事時間的間斷，帶出了清楚的論點。

詮釋角度四：社會歷史的背景

雖然我們無法取得，路加和提阿非羅所有的社會和歷史背景；但我們或許可以建構一個一般性的圖畫，來幫助我們詮釋經文。這個詮釋角度考慮文本之外的因素，這些因素也影響了路加和他的讀者溝通的方式。一方面，使徒行傳的故事指向羅馬，至終結束於羅馬。羅馬是吸引各種文化的磁鐵。宣教也被這個磁鐵所吸引。另一方面，奧古斯都（Augustus）在元首政治中，竭盡所能地培養一人掌權的政治。他藉著殖民地化、經濟貿易、建築和最後都市中心的建立，來達成他的目標。提阿非羅對於這種運作的模式，勢必相當熟悉。無怪乎，地理主導了使徒行傳，因為地理是了解羅馬帝國擴展的關鍵。提阿非羅對此也相當熟悉。如此說來，若無羅馬帝國背景的考慮，使徒行傳中任何一個對刻劃的詮釋，都不夠完全。總的來說，所謂的帝國主義，就是一個制度對於其他政治制度的政治掌控和主導。[17] 我的定義對本書的研究絕對足夠，因為它牽涉權力和制度。

找出使徒行傳準確的寫作日期並不容易。事實上，即便找出準確的寫作日期，也未必對詮釋者有甚麼實際的幫助。或許對帝國背景的一般了解，遠比得知使徒行傳寫作的準確歷史日期來得更重要。甚至隨意閱讀使徒行傳的讀者都會注意到，希律家族在使徒行傳中的深厚影響力：從路加福音九章的希律安提帕開始，經過使徒行傳十二章的希律亞基帕（即亞基帕一世），最後到使徒行傳二十四章的希律亞基帕（即亞基帕一世的兒子）為結束。在最近的學術研究中，希律家族獲得了不少正面的肯定。然而，路加對希律家族的評估，卻總是負面的。毫無疑問，學者的正面評估乃以希律家族的成就為焦點，但路加卻揭露他們成功背後的力量。對路加來說，成功並不包含藉著與帝國制度合伙而得的物質成功。這些希律家族不過是羅馬帝國統治巴勒斯坦南部的工具。帝國制度對提阿非羅相當重要。一個又一個的皇帝接續建造羅馬，直到羅馬在密度和繁榮上，甚至超越繼起的世代。

路加對羅馬也相當有興趣，但與其他人的原因大不相同。對於路加福音的讀者來說，國度的觀念不但常見而且生動。路加─使徒行傳聯合起來，成為新約聖經「國度」一詞出現最多的地方。而與其他新約福音書相較之下，路加─使徒行傳聯合起來，也包含最多「和平」一詞（大約二十次）的書卷。[18] 這個和平與羅馬的和平，成為直接的反照。單憑這些事實，就足以引發提阿非羅作出回應。

尤有甚者，路加福音在年代次序方面的協調，顯示那包含奧古斯都、提庇留（Tiberius）、居里扭（Quirinius）和希律安提帕分封王（例如，路加福音一至二章）的帝國題旨。年代和地理絕對與羅馬帝國有關。雖然雷維爾指出，羅馬花了約六百年的時間，才從一個小農業區的省分，發展成為一個帝國；但奧古斯都的成就，必須被視為帝國野心的高峯。[19] 因此我們不單從神學的概念來觀看國度，我們也從羅馬設立的政治建構來理解國度。這個政治背景似乎要求一種超越神學理論的觀察，因為抽象的神學理論未必能夠幫助提阿非羅更認識基督教的信仰。相反地，國度的觀念必須和羅馬比較，因為羅馬是一個可見的人為國度。

既然我們論及地理，我們也必須根據上述有關帝國主義的討論，來思考地圖的製作。路加腦海中的地圖製作，具有以宣教為中心的模式。羅馬帝國的地圖製作，則將羅馬視為宇宙的中心。更確切地說，它描繪一種遠超地理和地形學的意識理念。光是使徒保羅的旅行地圖，就值得和羅馬的意識理念地圖，作一番仔細的對照。儘管羅馬是羅馬帝國意識理念的中心，但羅馬卻是路加故事的目的地，因為它代表地極。然而，為甚麼是羅馬呢？因為羅馬是當時全世界的磁鐵。羅馬是全世界的匯集之處。羅馬顯然是現代之前的第一個大熔爐。如果世界都集中在羅馬，那麼抵達羅馬的宣教，就象徵福音傳到了地極。因此提阿非羅將要學習，國度如何在耶穌升天之後真實地展開。顯然，基督的國度已經降臨在世界的國度中了。

解讀路加的社會世界，還有一項同樣重要的考慮，就是人與人之間的關係。在路加—使徒行傳的研究和普受歡迎的宣講中，有一個領域還相當缺乏；這個領域就是這些人物所扮演的關係層面，這些關係更深層地象徵那些針對教會生活而提出的教訓。特別凸顯的一個領域是有關神蹟的記錄，這方面的討論可見於後文。我相信，在沒有考慮殘障和疾病對個人關係的影響之下，解讀神蹟記錄的方式將太過簡單，它值得重新被檢視。清楚可見地，幾乎在所有的神蹟中，耶穌都直接陳明，或路加也間接解釋神蹟所帶出的教訓。殘障方面的社會研究，加上對路加宏觀敍事藝術的仔細解讀，將為讀者帶出一幅更有助益的圖畫。所有的教訓都來自關係和社會角度的神蹟解讀。可見，成為今日討論中心的常見問題——「像這樣的神蹟，是否還會在今日發生？」——實際超越了路加的範圍。這種過度單純和誤導的問題，無法從路加的信息中獲得任何答案。本書將試圖校正這種常見的臆測傾向。

現在讓我舉一個能夠展現帝國背景有多重要的例子。在所有新約書卷的作者中，路加可能是一位放入最多帝國資料的作者。路加福音的家譜可能令人困惑，但如果我們從路加所賦予的帝國色彩來觀察，這個家譜比較容易讓提阿非羅感激這位嬰孩耶穌。在路加福音二章1節，路加談起奧古斯都要求人民報名上冊。這是提阿非羅自己可以研究的事情，因為他是一個政府官員。雖然存在著有些有關文學證據不足的辯論，但大致來說，現代學者都認為這些日期相當準確。[20] 在路加福音三章1節，施洗約翰的職事也被帝國的日曆所定義。所有的政府官員都是為人所知的人物，提阿非羅絕對可以從官方紀錄中找到。可見，路加展現一個真實的歷史耶穌，祂的出生和西方前所未見的帝國強權同時發生。對路加而言，耶穌的國度可以自然地運作在這個世界的國度中。

結論：甚麼是「情境」？

每當我們考慮詮釋原則時，我們總是論及「情境」(context)。然而，究竟「情境」代表甚麼意思？至少就路加—使徒行傳的研究來說，我可以解釋「情境」的意義。本書的詮釋情境，可由下列四個角度來定義。第一，讀者的情境，由路加─使徒行傳的前言來定義。第二，作者的情境，由路加訴說故事的方式來定義。第三，歷史的情境，是路加撰寫書卷時的年代與大環境。第四，現代的情境，是現代與路加當時的羣體一些不可避免的交會之處。從這些重疊之處，現代詮釋者可以為當今的基督徒羣體，帶出正確的原則應用。在了解這些情境之後，下列四項結論，將幫助我們更具體地應用路加─使徒行傳的教訓。

第一，我們必須將任何一段經文，與書卷的情境連結。有些故事和人物，是其他故事和人物的回響。第二，我們可以根據讀者的背景，將經文連結至作者的用意。第三，我們可以觀察特定人物，究竟是正面或負面的例子。最後，我們必須思考所有這些詮釋解答，如何澄清身為羅馬官員之提阿非羅的基督教信仰。這些結論將從每個人物的刻劃中，帶出一個整全的信息。

本書將從四個詮釋角度各自的情境中，觀察與處理路加─使徒行傳的各樣人物。在這種方式下，我們可以綜合觀察每個獨特的人物，以使我們明白這個人物為讀者所帶出的信息。如此，讀者不但可以了解神學的議題，並且可以將它們應用在教會的關切上。儘管本書的目的並非要成為最徹底研究所有人物的著作，但本書的確探討了一些路加著作中最吸引人的人物。因此，本書盼望能夠超越將路加著作視為歷史紀錄的靜態解讀，而進入了解路加意欲傳遞的屬靈信息的動態解讀。

註釋：

1 Henry J. Cadbury, *The Making of Luke-Acts* (London: Macmillan, 1927).

2 Charles Talbert, *Literary Patterns, Theological Themes and the Genre of Luke-Acts*

(Missoula: Scholars Press, 1974), 16～18, 23～24, 58～61.

3 F. F. Bruce, *The Acts of the Apostles* (Grand Rapids, MI: Erdmans, 1990), 98; C. K. Barrett, *Acts*, International Critical Commentary (Edinburgh: T & T Clark, 1994), 65; Susan Treggiari, *Terentia, Tullia and Publilia: The Women of Cicero's Family* (London: Routledge, 2007), 5.

4 A. T. Robertson, *A Grammar of the Greek New Testament in the Light of Historical Research* (Nashville, TN: Broadman, 1934), 670.

5 中文《新標點和合本聖經》未將這兩節經文的「啊」翻譯出來，這是正確的譯法，因為這是一種非正式的呼格。因此，使徒行傳一章1節，也不應該將「啊」翻譯出來。這顯然是一種不一致的譯法。

6 Daniel B. Wallace, *Greek Grammar Beyond the Basics* (Grand Rapids, MI: Zondervan, 1996), 69.

7 Louise Revell, *Roman Imperialism and Local Identities* (Cambridge: Cambridge University Press, 2008), 9.

8 Mark A. Powell, *What Are They Saying about Acts* (Mahwah, NJ: Paulist, 1991), 5; I. Howard Marshall, "Acts and the 'Former Treatise,'" in *The Book of Acts in Its First-Century Setting*, vol. 1, *Ancient Literary Setting*, ed. Bruce W. Winter, and Andrew D. Clarke (Grand Rapids, MI: Eerdmans, 1993), 169.

9 Marshall, "Acts and the 'Former Treatise,'" 166.

10 Robert C. Tannehill, *Narrative Unity of Luke-Acts: A Literary Intrepretation*, vol. 1, *The Gospel According to Luke* (Philadelphia, PA: Fortress, 1986), xiii.

11 Tannehill, *Narrative Unity of Luke-Acts*, 6.

12 路加福音和使徒行傳之間的確有明顯的張力存在。舉例來說，路加福音所使用的一些字詞(words)，並沒有出現在使徒行傳中。

13 Robert Maddox, *The Purpose of Luke-Acts* (Edinburgh: T & T Clark, 1982), 6.

14 David E. Aune, *The New Testament in Its Literary Environment* (Philadelphia, PA: Westminister John Knox Press, 1987), 117.

15 Robert C. Tannehill, *Narrative Unity Unity of Luke-Acts: A Literary Intrepretation*, vol. 2, *The Acts of the Apostles* (Philadelphia, PA: Fortress, 1990), 7～8.

16 Donald Juel, *Luke-Acts: The Promise of History* (Atlanta, GA: Westminister John Knox Press, 1983), 100.

17 更精確和細微的定義，參 John Richardson, *The Language of Empire: Rome and the Idea of Empire from the Third Century B. C. to the Second Century A. D.*（Cambridge: Cambridge University Press, 2008）, 2.

18 Werner Kelber, "Roman Imperialism and Early Christian Scribality," in *Orality, Literacy, and Colonialism in Antiquity*, ed. Jonathan A. Draper（Atlanta, GA: SBL, 2004）, 143.

19 Revell, *Roman Imperialism and Local Identities*, 24.

20 Brook W. R. Pearson, "The Lucan Censuses, Revisited," *CBQ* 61（1999）, 262～282.

二

路加福音的耶穌

我們的救贖典範

引言

我們不需在此為耶穌創造一幅全面性的畫像，因為路加福音與符類福音有如此之多的平行之處。然而，我們必須建構一個路加所描繪的耶穌。路加提到耶穌在三十歲時開始祂的職事；這正是羅馬男性進入政府服務的一般年紀。[1] 毫無疑問，路加想要顯示耶穌在許多職事中，都是令人尊敬的；但本書只以耶穌在倫理典範中的獨特角色，為觀察的焦點。甚至在當時，耶穌都可以從超越傳統「福音派基督徒」的範疇而被看待，祂完全可以從路加世界的範疇中被欣賞。這並不代表下文所展現的耶穌肖像，符合十九世紀古典自由派的歷史耶穌（例如，雷南〔Ernest Renan〕的《人之子》〔*La vie de Jesus*〕）；他們主要將耶穌視為某種倫理的聖者。[2]

我為耶穌創造倫理的肖像，乃為要將其與路加福音中的門徒和使徒行傳中的教會連結起來。我要在基督和祂的跟隨者之間，建立一個路加所描繪的倫理連結。本章藉著觀察路加筆下的耶穌其所具有的獨特之處，來為本書提供基礎的層面。路加所記錄的耶穌扮演許多角色，但祂獨特的倫理角色，卻常常不是神學研究的重要焦點。

耶穌：最被聖靈充滿的人

聖靈在耶穌身上的工作

許多人認為使徒行傳是一本被聖靈充滿的書卷，但聖靈那超乎尋常的工作，其實始於路加福音。在談論路加—使徒行傳中的聖靈時，我認為將聖靈和耶穌分開討論是一種錯誤。聖靈參與耶穌職事的方式，應該能夠使詮釋者避免任何一種針對路加—使徒行傳的聖靈而建構出來的簡易立論；這種立論未將聖靈和耶穌連結在一起。因此，與其在另一個獨立的段落中討論聖靈，本段落將徹底地展現聖靈和耶穌的職事那密不可分的關係。

路加對聖靈為耶穌降生所預備的工作，作了最仔細的描述。路加尤其在多少人物接受聖靈特殊工作的次數記錄上，更顯突出。例如，嬰孩施洗約翰從母腹裏，就被聖靈充滿了（路一15）。這是路加在寫作中第一次提及聖靈，並且它繼續為路加其餘的寫作，設下顯要的語調。「被充滿」（being filled with）是被動語態，它暗示上帝行使充滿的工作。[3] 被動語態強烈地暗示，上帝為了先知特別的工作，而行使的聖靈充滿。如此說來，約翰是為耶穌預備道路的先知。[4] 懷著約翰的伊利莎白也被聖靈充滿，並且發出關於馬利亞的嬰孩的預言；而在母親腹裏跳動的嬰孩，則成為另一個見證人（一42）。最後在約翰降生時，甚至約翰的父親、伊利莎白的丈夫撒迦利亞，都被聖靈充滿，並且發出關於自己兒子的預言（一67）。聖靈充滿的見證題旨，也將明顯展現在使徒行傳中；但這羣出現在此的人物，開啟了將在教會中應驗的循環。[5]

我們必須記住，路加對於耶穌降生敍事的特別記錄，將耶穌的家庭和約翰的祭司家庭連結在一起。來自祭司的見證和家譜，如何可能出錯呢？聖靈因此成為主導這些家庭成員——從嬰孩約翰到父母——一起互動的重要線絡。連耶穌的親戚，都被聖靈充滿。在降生之時，聖靈的工作在耶穌的生命中益發明顯。當孩童耶穌來到聖殿時，被聖靈感動的先知西面，也發出有關耶穌的預言（路二 25 ～ 27）。在路加福音三章 16 節，當施洗約翰開始他的職事時，他也預言耶穌將用聖靈為人施洗。雖然「聖靈」一詞的希臘文時態，似乎和關於「充滿」的語言不同；但在使徒行傳，聖靈確實和「聖靈充滿」相連的。[6] 在一些相當明顯的例子中，聖靈的施洗是耶穌的工作（例如，徒二章）。博克（Darrell L. Bock）認為，將耶穌以聖靈施洗，與使徒行傳二章教會被聖靈充滿連結起來，太過特定了，因為使徒行傳二章的語言，並不支持烈火般的圖像。相反地，博克看見象徵救贖的一般性聖靈施洗。[7]

我認為更重要的是那出現在路加福音三章 16 節之後的經文，也就是路加福音三章 17 節有關審判的預言。聖靈的事件象徵那逼近的彌賽亞祝福或咒詛。根據打麥場的隱喻和鐵耙的功能，麥子和糠已經被分開了。在聖靈施洗之後，審判即將發生，因此蒙祝福的和受咒詛的將被帶到自己所屬之地。[8] 換言之，末日已經到了！

既然我們已經觀察了耶穌職事的預備階段那種超乎尋常的景況；我們現在就必須檢視，聖靈在耶穌職事開始時的角色。與其他的福音書比較，路加對於耶穌受洗的紀錄，顯然簡明，甚至好像縮短了。顯然，路加只強調聖靈的層面。[9] 路加福音三章 22

節描述，耶穌受洗時，聖靈降在祂的身上，緊接著有聲音從天上來，想必是來自天父的，要肯定耶穌是上帝的愛子。這個受洗敘事更進一步地被耶穌的家譜所證實，因為這個家譜明言耶穌是上帝的兒子。[10] 在插入家譜之後，路加福音四章 1 節顯示，耶穌被聖靈充滿，並且進入曠野接受魔鬼的試探。這段耶穌被試探的記錄，以「耶穌被聖靈的能力充滿」為結束（路四 14），耶穌並且回到自己長大的地方。隨即，當人們對耶穌的拒絕成為平常之事時，逼迫就開始了；但這個結果並不是聖靈失敗的記號。我相信路加在前言部分，寫下關於耶穌充滿聖靈能力的評論，乃是為了消除一種不正確的看法，就是認為耶穌在自己家鄉不甚成功的職事，將使耶穌的權威變得無效。

在耶穌職事開始被拒絕之際，路加顯示耶穌是以先知的角色事奉的。耶穌的角色和舊約先知雷同，因為舊約先知的生命，也被聖靈所引導（參路一 17）。[11] 無疑地，耶穌念以賽亞書的預言，不僅代表預言的應驗，並且是對應驗的有力宣告。如此，聖靈同時證實耶穌身為先知，以及應驗預言的角色。路加的描繪相當合理，因為靈在以賽亞書的角色同等重要。耶穌身為先知和預言的雙重應驗，和以賽亞書的神學完全一致。先知以賽亞也是一個被聖靈加力的先知，因此他能夠部分地實現耶和華僕人的角色；這個耶和華僕人的角色，本應是由不順服的以色列來應驗的（參賽四十一 8，四十二 1 及下）。藉著成為真正的僕人，耶穌是先知和預言最終的具體應驗。

如此說來，在耶穌職事的早期階段，聖靈的角色乃為展現耶穌是僕人的角色，甚至在耶穌遭被拒之下，聖靈依然確認耶穌的工作。因此，聖靈也成為耶穌的辯護者。使徒行傳有關聖靈的敘事，也在使徒行傳二章，明顯指出開始的記號。我們將在下文針對這方面，進行更深入的討論。五旬節因此為使徒行傳所有的信徒，設立了衡量的標準。換言之，使徒行傳二章是一個可見的證明，它在使徒行傳的許多例子中，繼續成為救贖的肯定。將擁有聖靈的人（即信徒）和沒有聖靈的人（即非信徒）一分為二，這也是耶穌的工作。

魔鬼的敗落

聖靈在耶穌身上的工作，也帶出路加福音另一個題旨：耶穌勝過魔鬼。在最初被聖靈充滿之後，耶穌就遭遇了撒但的攻擊（路四 1 ~ 13）。魔鬼在這個試探中的目標，就是阻止耶穌完成祂的使命。如果耶穌屈服，那麼魔鬼就阻止了耶穌完成聖靈為耶穌所提出的工作，也就是藉著禁食來勝過魔鬼。[12] 國度的語言相當清楚地闡述那迫在眉睫的議題（四 5 ~ 6；參十一 20）；更確切地說，撒但在路加福音四章 6 節，誇耀自己的權威。路加福音四章 7 節下拜的姿勢，和羅馬臣民跪在皇帝或皇帝雕像面前的姿勢相似。可見，魔鬼扮演君王的角色。這個試探不僅要求耶穌作不該作的事，更意圖破除上帝在這個世界上設立上帝國度的目的，甚至還要羞辱上帝在耶穌受洗時的宣告（三 22）。

如果撒但贏了，他就證明自己是地上的君王。藉著使用提阿非羅能夠明白的語言（即提阿非羅隸屬於羅馬帝國的權威），撒但的權威引發了適切國度的政治語言。耶穌來，乃為向撒但的國度宣戰，並且入侵撒但的權威。耶穌勝過撒但的國度，就是上帝的國度的勝利。聖靈的工作就是要毀滅撒但在其魔鬼國度中的權威。

其中一項路加福音最重要的觀點，就是路加對「靈」（spirit）一字的使用，這字同時是用來描述聖靈和魔鬼（即邪靈〔evil spirits〕)的方式。在希臘文的一般用法中，路加可以使用不同的字彙來描述聖靈和邪靈。因此，路加的字彙選擇，顯示某種神學的強調。「靈」既描述聖靈，又描述邪靈，這種二元使用法不應該被輕易忽略。在古代的讀者中，很可能有人誤解聖靈就像其他的靈一樣；但耶穌那數量超羣的神蹟顯示出，聖靈不但與眾不同，並且超越其他的靈。毫無疑問，即使古代一些被稱為神蹟的事情和耶穌的工作有相似之處，但耶穌工作的強度和對耶穌工作的見證，都使耶穌的聖靈完全獨特。

這個字詞用法(lexical usage)具有深長的神學涵義。更確切地說，相同的字彙為兩種靈提供了強烈的對照。在路加福音，有些邪靈具有複數的形式，尤其可見於所有格(genitive)的名詞(路六 18，七 21，八 2，十 20，十一 26)；另一些則屬於單數的間受格(dative)形式(八 29，九 42 等)；還有一個例子屬於複數的間受格(四 36)。具有壓倒性多數的複數形式指出，耶穌有時必須對抗眾多的魔鬼。它也揭露撒但對以色列的濃厚影響。對抗撒但的工作，是艱鉅無比的，因此必須有一個對照的靈，即聖靈，來攻克如此強而有力的敵人。得勝的關鍵不在於靈的數目，而在於聖靈的本質。如此說來，耶穌的勝利展現了上帝的勝利(十一 14～23)。

一個值得稍作討論的重要事件，就是路加福音八章 26 至 39 節，耶穌對於被鬼附著的人的醫治。這個故事從許多方面，都展現了它的啟發性；它不但帶出路加意欲傳遞的幽默的神學陳述，同時也嘲諷了外邦信仰和撒但。這個故事最凸顯的層面，並非這些鬼厲害(雖然數目眾多)的程度。若以描述鬼的比例來比較，這段記錄對於豬的描述也和鬼的差不多(路八 32～39)。這些豬在格拉森地區作甚麼呢？因為肉非常昂貴，因此古代人不像現代人吃這麼多肉。何況猶太人根本不吃豬肉，因為他們視豬為不潔淨的動物（申十四 8）。當時豬多數被用來作為外邦人的祭牲，而非一般的日常飲食。當耶穌將鬼趕入豬羣時，祂清楚揭示祂對於外邦信仰和生活方式的看法。然而，格拉森的居民非常害怕，他們毫不願意去明白耶穌所行之事的意義（路八 37）。藉著除掉這些豬，耶穌甚至以一個猶太人的身分，成為攻克外邦人影響的征服者。

極為諷刺地，這些鬼的名字竟然是「羣」，這是一個翻出來的拉丁文軍事用語，代表六千名軍人的羅馬軍團。[13] 費茲梅爾（Joseph A. Fitzmyer）認為，豬的毀滅象徵鬼的毀滅。[14] 我相信這可能不是正確的觀點 ，因為鬼央求耶穌，准他們進入豬羣（路八 31 ～ 32）。被毀滅的是豬，而不是鬼。這些鬼如同一個軍隊一樣，被差前往毀滅耶穌；但取而代之地，他們央求耶穌讓他們繼續一個截然不同的使命：被趕入豬羣中。我認為最好的解讀方式是，將鬼被趕入豬羣，可被視為耶穌的一項諷刺行動，以及是鬼的絕望嘗試，為要從耶穌將他們丟到無底坑的權威中被釋放出來。對照馬可福音五章 10 節的記錄，路加沒有說，鬼央求「不要叫他們離開那地方」，這顯示出被丟入無底坑的嚴厲和超自然懲罰。鬼是如此懼怕耶穌的超自然權威，以致他們寧願摧毀那代表外邦影響力的事物（即豬羣），而不願降服於耶穌的權勢之下。

耶穌反諷地使用這個事件，來摧毀外邦的影響力。路加的幽默感，無疑流露在這個故事的信息中：耶穌派遣一支鬼的軍隊，來毀滅一羣豬。路加筆下的耶穌，嘲諷了魔鬼的國度和軍隊。撒但派遣一支像六千名羅馬軍人那般強壯的軍隊，來對抗耶穌；而耶穌則派遣這支軍隊，來摧毀撒但的工作。擁有這些豬的格拉森居民，竟然和鬼而非耶穌，站在同一陣線。他們有一天，也要接受審判！我們幾乎可以想像到，閱讀這個故事的提阿非羅，臉上如何帶著詼諧的微笑。

路加福音十一章14至26節和十二章8至12節，為我們帶出就路加對照聖靈和邪靈的方式所作的最佳總結。[15] 路加刻意藉著「耶穌正説這話的時候」(路十一27、37)的重複，帶出同類的敍事；至終以「耶穌先對門徒説」或類似的短語(十二1、22)，作為敍事的結束。這類説詞直接或間接地針對那毀謗耶穌靠鬼王趕鬼的控訴而發出的(十一15)。而耶穌顯著的回答，則出現於路加福音十二章9至11節。那看起來似乎極不合邏輯的路加福音十二章9至11節，常讓仔細觀察經文的詮釋者困惑不已。無怪乎，埃文斯(Craig Evans)如此評論：「這個區分的根據(即介於不認人子和褻瀆聖靈之間)並不明確，而所使用的語言也很難評估。」[16] 這實在是一段特別難以理解的經文，甚至著名的學者鄧恩(James D. G. Dunn)都説，他對這段經文的意義沒有肯定的答案。[17] 由於一個常見的詮釋錯誤，許多平信徒因懼怕「褻瀆」聖靈，而不敢坦白討論聖靈；但他們卻以為耶穌容許人褻瀆祂自己的名字。我認為沒有了解路加那有關聖靈對照魔鬼的神學，將造成一種錯誤的經文解讀。如果我們根據整個路加福音關於基督的工作和聖靈之間的關係，來解讀這段經文，一個可能的答案就會出現在我們眼前。

既然在路加的描繪中，耶穌的確是最被聖靈加力和最被聖靈充滿的人；任何一個褻瀆耶穌那對抗魔鬼之工作的人，自然也褻瀆了聖靈。[18] 耶穌的講論所作的區分，不過是一個修辭設計，為要根據這些人的誤解，來建構耶穌和聖靈之間的徹底劃分。換言之，耶穌的工作就是聖靈的工作！凡沒有看見「耶穌的工作是和聖靈合作的」的人，將陷入不得赦免的褻瀆的危險中。路加福音十二章 11 至 12 節確實更進一步指出，被聖靈充滿的耶穌所發揮的功效。在路加福音十二章 12 節，同樣的聖靈也幫助門徒面對逼迫。雖然有些人針對路加福音十二章 12 節而提出荒謬的詮釋，但這節經文絲毫不意味著，宣講前的預備是不合聖經和反對聖靈的。相反地，耶穌預言那審問耶穌的同一批人，也會審問門徒。並且那幫助耶穌抵擋魔鬼的聖靈，也會幫助門徒面對逼迫。耶穌的話語暗示，那些認為那幫助門徒的聖靈是魔鬼的人，也褻瀆了那給予聖靈的耶穌。褻瀆和教會中的逼迫情境，緊密相連（路十二 4～9）。[19] 那些褻瀆的人，和否認認識人子的人毫無兩樣。這個詮釋十分合理，因為人子藉著聖靈的能力來作工。總的來說，路加福音十二章 4 至 12 節只有在下列提綱的方式下，才顯得合理。

因此下列的結構將幫助我們，更深刻地認識聖靈和耶穌之間密不可分的關連。

十二 4～7：上帝對被逼迫之人的看顧

十二 8～9：否認人子的，必被人子否認

十二 10：干犯人子被容許？褻瀆聖靈不被容許

十二 11～12：上帝對被逼迫之人的應許

當今學者熱烈辯論在一世紀時，「人子」或「彌賽亞」究竟具有何種意義。極端的看法，即從完全否認「人子」帶有任何彌賽亞涵義，到「人子」強調耶穌的人性，甚至對「人子」採用另一種完全超自然的詮釋，都看法不一。[20] 那些想要以猶太教為焦點的學者，常常引述昆蘭文獻來理解一種看法；這種看法對於那些想要探究初期猶太教根底的學者，相當有幫助。然而，我並不確定昆蘭的意識理念，究竟對路加的來源有多少影響。根據這段經文，聖靈超自然地居住在耶穌之中，這真理甚至在耶穌的時代已經被挑戰和辯論了。因為聖靈居住的緣故，此處的「人子」符合了馬多克斯（Robert Maddox）將其與審判相互連結的看法。[21] 路加並沒有就「人子是誰」這問題，提出完整的答案；但路加福音的宏觀，可能可以提供部分的答案。不論答案多麼複雜（答案的確複雜），路加至少從他的來源帶出他的看法。更確切地說，「人子」的確包含一個超自然的層面。

反對者的看法實際過度強調耶穌的人性，因此促使耶穌藉著聖靈的引用來回應他們。根據上述的圖表，我們可以清楚看見在路加福音十二章 8 至 9 節和十二章 10 節之間，存有明顯的邏輯矛盾。一方面，路加福音十二章 8 至 9 節明說，人不可能因為否認人子而仍脫罪。另一方面，路加福音十二章 10 節似乎表示，褻瀆人子的，還可得赦免。要使這節經文符合邏輯的惟一方式，就是「否認人子」必須等同於「褻瀆聖靈」。路加福音十二章 10 節的第一部分只是一個錯誤的前提，它假設人子的工作和聖靈是分開的。既然最後的審判決定同時把那些否認人子**和**那些褻瀆聖靈的人定罪；那麼，否認人子和祂的工作，就等於褻瀆聖靈，因為兩者都面臨受上帝定罪的相同結局。就本書的目的來說，人子的工作和聖靈是不可能分開的，這明顯是路加福音前後一貫的故事情節。在上述詮釋說明之後，這個困難經文的邏輯，應該如同以下所列的：

十二 8～9 ＝ 十二 10 下半（否認人子 ＝ 褻瀆聖靈）

十二 10 ＝ 將人子和聖靈的工作錯誤地分開

這個邏輯的涵義，為我們引出十二章 11 至 12 節的意義。更確切地說，這兩節經文明示，那些拒絕耶穌的跟隨者的人（即那些被聖靈幫助的人），犯了褻瀆聖靈的罪。我非常同意鄧恩，在他有關耶穌自我了解的討論中，將這個說法稱為一種謎語；因為人需要一些邏輯方面的腦力激盪，才能夠明白它。[22] 如此說來，路加福音十二章 10 節在人子和聖靈之間所建構的分別，並非耶穌的觀念，實際有可能代表那些不相信耶穌的人的理解。因為路加福音十二章顯示，耶穌正在教導眾人。那勝過魔鬼的同一位聖靈，也會給面對逼迫者的門徒堅忍到底的毅力。

究竟耶穌如何得勝？我們必須注意，除了嬰孩敘事之外，路加福音九章 20 節第一次揭露耶穌的彌賽亞角色。[23] 一個令人驚訝的要素是，彌賽亞的角色和受苦有關。換言之，在路加福音中，彌賽亞的主要職責就是受苦。在受苦中，耶穌獲得戰勝撒但的最終勝利。

詮釋角度的教導

路加的確嘗試為提阿非羅帶出許多教導。有關靈之間的戰爭的教導，就是介於耶穌和撒但之間的戰爭（路十 17 ～ 18）。這並非一般的戰爭。它不是介於人的派系之間的政治性戰爭，它關乎另一種戰爭，以及一個有時肉眼無法看見的現實。更重要地，耶穌的趕鬼顯示魔鬼對以色列的影響，並不少於其對外邦人的影響。另外，門徒在這個戰爭中的參與，遠比鬼的存在來得重要。

經由一併解讀路加—使徒行傳的「詮釋角度二」，路加已經隱含地在路加福音十章 20 節，注意到門徒的工作。在路加福音十章 18 節，耶穌看見經由門徒（即七十二位門徒）的工作而揭露的另一場屬靈戰爭。這是屬靈戰爭的另一種現實。在關於試探的記錄中(路四 1～13)被擊敗的撒但，現在繼續在他與門徒的爭戰中，喪失他對世界國度的掌控。[24] 因此耶穌並沒有單打獨鬥地面對這場戰爭。門徒的工作是對抗撒但之大戰的一部分。含蓄地說，如果門徒的戰爭是耶穌起初對抗魔鬼之戰爭的延續，那麼，我們可以認定聖靈是門徒得勝背後的力量。若像加勒特(Susan Garrett)一樣從護教的角度來看，路加可能對當時有人所提出關於「耶穌和初期基督徒乃在行巫術」的控告，作出辯護。事實上，路加要讀者明白，耶穌和初期基督徒是在打擊這些巫術背後的邪惡勢力。[25]

耶穌的工作也暗示了祂對外邦信仰的想法(例如，路加福音八章 32 節被鬼附的豬羣)。聖靈最早的加力，和耶穌決定性擊敗撒但的得勝有關(路四 1～15)；這場勝利為撒但在路加福音中的結局，設下了有力的語調。藉著敘事情節的進展(即「詮釋角度三」)，聖靈的工作也由幫助耶穌得勝，進展至幫助門徒擊敗撒但的事工。這項觀察在路加福音依然是隱含的，但在使徒行傳卻明顯得多了。當我們進入本書關於門徒的段落時，我們將針對這方面的觀察，提出更仔細的討論。

究竟「詮釋角度四」為提阿非羅，就有關耶穌、聖靈和魔鬼這三方面，帶出甚麼教導？它教導那人為的兩層現實(two-tier reality)並不存在。更確切地說，不可見的現實和可見的現實，實際同時發生。耶穌揭露不可見的另一種現實，遠較可見的現實更致命。換言之，繼續在開展的歷史，同時具有屬靈和物質的層面。更值得關切的是地中海區域的屬靈環境。巫術咒語的處方，可見於巫術的蒲草本中。在他們的咒語中(PGM 3.146)，有些甚至可以向像亞伯拉罕或以撒這類過往的偉大聖徒祈求幫助。在耶穌事奉的期間，猶太教早已承認這種作法。如同《多比傳》（*Tobit*）和《所羅門遺訓》（*Testament of Solomon*）的某些文獻，都將魔鬼的討論作為它們部分的題旨（*TSol.* 1.6; 14.7 ~ 8; 15.14）。[26]

在保羅撰寫歌羅西書二章 18 節時，祈求天使來捆綁魔鬼的作法，可能已經傳到歌羅西了。因著對於背景的敏銳觀察，路加藉敘事清楚顯示，耶穌的來到，向世界展現一種超越人類肉眼所能見的屬靈現實。路加的敘事是針對猶太人和外邦人而提出的。最外圍的是那些竟然公開行使巫術的人。在眾多的宗教間，魔鬼的元素總是存在的。不論敬拜大母神（Mother Goddess）或酒神（Dionysus），一般宗教儀式都具有巫術的元素，而這巫術的元素可以產生有效的超自然利益。否則，那敬拜就不需要任何儀式了！耶穌的行動也指出祂對於外邦宗教的定罪。被投在湖裏的豬羣，很像小亞細亞大母神的儀式；它們也將祭牲從門口丟出，以宰殺牠們（Lucian of Samosata *De Dea Syria* 140）。[27]

耶穌的行動，向外邦宗教發出嘲笑！祂和當時的吹牛者與巫師截然不同。提阿非羅活在一個人們毫不質疑超自然力量的時代。他們的議題與力量的來源較有關係。同時，超自然力量的信仰總是和迷信交集，因此導致外邦人對邪靈的懼怕。對於接受並以經歷超自然力量為生活之一部分的人來說，耶穌的靈擊敗眾邪靈，這勝利具有非凡的意義！迷信也因此無法再掌控人們的生活。藉著認知耶穌和其餘術士的區別，提阿非羅可以真正信靠那出自耶穌之聖靈的力量。

門徒繼續耶穌的工作，這適當地表達出在現世生活行使國度工作的重要性；尤其當這些工作，能夠削弱邪靈的力量之時。雖然有些人甚至將聖靈的工作歸功於魔鬼，但門徒必須繼續向前爭戰，因為耶穌的國度兼具屬靈和物質兩層面。耶穌的跟隨者其在現世生活中的國度工作，成為耶穌國度繼續具體展現的管道。這個詮釋相當重要，因為古代世界常將神蹟記錄，解釋為巫術的事件。[28] 路加福音的國度詮釋，顯示一種以上帝為中心，而非以巫術為中心的世界。對於身處提阿非羅這種地位的人來說，或許他的國度參與，包括其以基督的名在任何可能的時候，運用公義的影響力，使自己成為他的城市的施惠者。舉例來說，他可以成為保羅或路加宣教和眾教會的贊助者。此時此刻在他的地位上，提阿非羅被邀請參與這個凱旋的與被聖靈充滿的國度勝利！

耶穌：局外人和平常人的施惠者

耶穌的降生：向局外人的介紹

路加那強調平常人或事物的傾向，很早就出現於路加福音中。在耶穌降生時，路加福音二章 8 至 21 節就記載了最先發現耶穌的牧羊人。這項事實具有深刻無比的涵義。費茲梅爾注意到，路加在路加福音二章 11 節，為耶穌冠了一個「救主」的頭銜。[29] 如同費茲梅爾的陳述，這個頭銜是要將耶穌指向耶和華的拯救（參路一 69）。經文中的事件是，奧古斯都下令要報名上冊（二 1）。「奧古斯都」是屋大維（Octavian）的皇帝頭銜。耶穌的運動似乎被帝王的力量所控制。耶穌降生時的人口統計，如此誇大地宣稱：「天下〔羅馬？〕人民」都報名上冊。這其實是一個意義深長的文學設計（二 1；參徒一 8），因為它展現一種已被古代世界承認的帝國地理。[30] 報名上冊是羅馬人為了稅收和其他目的，而用來控制臣民的方式。

「救主」的稱號也顯示耶穌是君王，因為皇帝常被視為人民的救主和世界的主。奧古斯都這位人民的救主和世界的主，似乎決定了耶穌降生的地點。然而，耶穌完全不在奧古斯都的控制之下，因為耶穌降生的地點寬廣，容許了局外人有機會經歷耶和華的拯救，以及接觸這位君王。這項觀察的涵義，將在下面的段落中繼續討論。

在現階段，我們應該注意關於牧羊人在野地的觀察。他們不在社會的主流之內，因為屬於社會主流的人民羣體，都因報名上冊而被迫到處移動。一般來說，這些牧羊人過著一種游牧的生活，因為他們必須為羊羣尋找更好的草地。他們的專業使他們免於帝國法規的控制。在這個時候，伯利恆似乎有草地存在。因此，他們恰巧出現在這個地方。因為他們在伯利恆的野地，因此他們能夠發現嬰孩耶穌。出現在嬰孩敘事之始的牧羊人，預示了耶穌將與平常人緊密相關的方式。他們是如此平凡，以致他們無名無姓地出現在經文中。雖然他們最先見到耶穌，但他們依然是無名無姓的。他們是社會的局外人，他們大部分都在城外從事他們的工作。同時，他們不但在路加福音二章 17 節，成為耶穌降生那首先和最不可能的見證人；他們也在路加福音二章 18 節，成為被眾人詫異的對象。

「詫異」（ἐθαύμασαν）一字，也被分別使用於使徒行傳二章 7 節五旬節的神蹟，和四章 13 節醫治瘸腿的神蹟之中。路加更使用「詫異」來描述上帝的工作（路八 25，十一 14）。詫異是當人們聽見或看見超乎尋常之事的一種感覺；而這種超乎尋常的事，常具有超自然的特徵。在這個例子中，牧羊人的見證令人詫異，因為他們是一羣未受教育的局外人，並且他們所宣稱的，竟然是關於一位君王和天使的狂野故事。除了在降生的敘事中帶出有關平常人的簡要預示之外，路加也使用另一種工具來傳遞關於如同瘸腿、罪人、被鬼附之人和婦女等局外人的信息（例如，路七

21～22，八1～3，十八35～43）。摘要的陳述顯示，路加藉著這些偉大的行動來傳遞上帝的國度；因為大部分的陳述，都提及關於國度的語言。雖然路加似乎在使徒行傳中，更明顯地使用摘要的陳述；但路加福音已經開始顯出，這種引人注意之文學設計的痕迹了。

在耶穌降生時，上帝將耶穌顯現給那些被社會棄絕的人看。而在惟一有關耶穌孩童時代的正典記錄中，那出現在聖殿的耶穌顯然屬於窮人的階層。在路加福音二章24節，耶穌的父母用一對斑鳩或用兩隻雛鴿獻祭。雖然耶穌的父母是好猶太人，但利未記十二章8節的引述顯示，他們並不被列為社會的特權羣體。相反地，他們是一個想要遵守上帝律法的貧窮家庭。如此說來，耶穌不但在降生時顯示自己是被社會棄絕的人；他更在自己的孩童時代，被列於社會的窮人中。

在路加描繪耶穌的敵對者的經文中，甚至在耶穌的職事開始之時，耶穌的地位就遭受敵對者的質疑。由路加福音四章22節，我們看見人們質疑耶穌身為約瑟的兒子的出身。我同意巴沃布（Richard K. Baawobr）的看法：他認為這段經文的背景，是將耶穌放在其文化情境中的；但我不同意他所認為的，因耶穌是一個好猶太人，所以這個故事贏得猶太人的同情。[31] 事實上，人們因為耶穌是一個平常人，因此他們輕視祂。清楚可見地，在耶穌念完以賽亞書六十一章1和2節之後（路四18～19），有些人因為祂是約瑟的兒子而質疑祂。顯然在念以賽亞書之前，耶穌已經在迦百農行了許多事（四23）；但祂現在返回自己家鄉的會堂中（四16）。

在古代的教師中，地位最低的就是四處遊走的先知。這種聖人在耶穌的時代和初期教會的時期中，或許相當普遍（Origen

Against Celsus 7.9）。[32] 耶穌在此從迦百農遊走回到自己的家鄉，祂不像有正式地位和宗教職責的法利賽人與撒都該人，倒是很像那些四處移動的先知。耶穌更像一個四處遊走的行神蹟者和哲學家，祂所講論的事情，無疑震動了既存的宗教制度。甚至在耶穌開始職事的這個階段，路加就展現耶穌卑微的地位，因此他可以藉著他的路加福音和使徒行傳，辯護基督尊貴的地位。他將使用他其餘的寫作，來回答一個重要的問題：「究竟出生時與卑微人民認同，並且被列在聖人最低階層的耶穌，如何變成初期教會中如此尊貴的人物？」

耶穌的醫治：身體、社會、宗教和種族的多重層面

路加福音為耶穌的能力，帶出一種與眾不同的描繪；這項值得重視的特徵，就是耶穌的能力源自祂和天父的關係。路加福音二章 41 至 52 節，為耶穌的身分，帶出了最完美的例子。這段記錄只出現在路加福音，是路加福音所獨有的。這段經文展現出耶穌對其和天父的獨特關係，及祂與自己父母的肉身關係的綜合認知（路二 41、51 ～ 52）。可見，耶穌的能力不僅因為祂那被聖靈充滿的生命，並且因為祂與天父獨一無二的關係和地位。對於耶穌的能力來源，路加不讓人有任何懷疑的空間。許久以前，著名的新約學者桑迪（William Sanday）已經針對這些經文，提出相當容易明白的評論：「〔耶穌〕已經是一個男孩，耶穌和祂的父母前往聖殿敬拜，祂知道那是祂和天父交通的地方，祂對天父有一個獨特的聲稱。我們從不懷疑，踏在巴勒斯坦土地上的耶穌，是一個真正並且百分之百的人。但我們也從不懷疑，耶穌同時並且永遠和祂在天上的父，共有相同的本質。」[33]

除了醫治許多被人輕看的人之外（例如，路五 12 ～ 26），耶

穌也和那些不在主流猶太教之內的人來往。在路加福音四章20節，耶穌引用出自以賽亞書六十一章1至2節的經文，來顯示祂對病人，尤其是盲人的使命。由彌賽亞的角度來詮釋以賽亞書這段經文，相當可能在耶穌出生以前，就是一個常見的傳統（11 Q Melchizedek）。[34] 對耶穌而言，在祂職事之始，醫治就是祂主要的事奉，為要例證祂是符合猶太傳統的彌賽亞職分。同時，耶穌也使用這些機會，來顯示祂的身分（參七18～23）。單從以賽亞書六十一章，耶穌清楚宣告祂醫治的神蹟，這證明祂就是以色列引頸盼望的拯救。對於那些被巴比倫俘虜、後又成為外邦殖民地的人而言，他們一心尋求的就是得釋放。耶穌在此的醫治職事，顯示一種比肉體疾病更大的拯救。如果我們觀察所有被耶穌醫治的人，我們可以發現一個重要的相同特徵：幾乎所有的人都是禮儀上有問題，甚或完全不潔淨的。藉著醫治這些人，耶穌揭示關乎自己的不同特質。

最明顯的就是耶穌在路加福音五章12至16節醫治長大痲瘋的人的神蹟，在此甚至那長大痲瘋的人都承認自己是不潔淨的（路五12）。耶穌藉著那長大痲瘋者自己的坦承，反過來回答他並且囑咐他，要照摩西所吩咐的去獻上禮物（五14）。這個獻祭的重要性在於，容許這個被社會棄絕的人，可以得到那些管理禮儀潔淨的人的證實和肯定。耶穌似乎不想這人讓眾人知道（五14），但祂要長大痲瘋者將自己的身體給祭司察看的吩咐，這流露出耶穌那要讓宗教權威人士知道長大痲瘋者之真實景況的心意。換言之，藉著證實這個人的潔淨，宗教權威人士已經接到耶穌要他們證實祂的神蹟的通知。無怪乎，耶穌的名聲遠播四處（五15）。路加在路加福音五章13節，刻意記載耶穌伸手摸了長大痲瘋的人。更確切地說，耶穌顯示祂可以在不被玷污的情況下，將潔淨傳遞給另一個人。

那長大痲瘋的人確實在宗教上被疏離，但有一些沒有明顯被稱為「不潔淨」的人，仍然被排除在以色列社會之外。這種人的最佳代表，就是路加福音五章17至26節的癱子。我們或許可以假設，癱子不准進入聖殿區域內敬拜；但這個故事讓我們看見一個更緊迫的問題。路加描述耶穌教訓人的地方是如此擁擠（路五19），以致癱子的朋友必須將他從房頂瓦間，往下吊入屋子中。可見，癱子的故事所強調的乃是這個人被社會疏離的光景。耶穌的醫治不但將癱子帶回社區中，並且顯示祂赦罪的權柄（五20～24）。隱含和明顯地，耶穌這些醫治多數展現，被醫治者的信心是可學習的榜樣（五20，七9，八48，十七19）。有些被醫治的人，不單在宗教上，並且在社會上被疏離。路加福音八章40至48節那位血漏的女人，就是最佳的例證。

在醫治十個長大痲瘋的人的故事中（路十七11～19），路加的敘事從宗教和社會的醫治，進展至種族的醫治。十個長大痲瘋的人的醫治和路加福音五章12至16節那長大痲瘋者的醫治事件，具有相同的情節。但兩者之間有一個明顯的差異：那感謝耶穌的人，竟是一個撒馬利亞人（十七16）。耶穌在路加福音十七章18節的評論，也以種族為焦點；因為在此之前，撒馬利亞人是拒絕耶穌的（九51～56）。藉著和這種人認同與交往，耶穌不僅沒有被玷污，還將自己的潔淨傳給這些不潔淨的人。耶穌來，乃為將那些被隔離在以色列宗教之外的人，帶回羊圈裏。在許多例子中（例如，六6～11，十三10～17，十四1～5），這些醫治導致耶穌和以色列的宗教，形成直接的對立。當然，耶穌已經贏得行使這些醫治的權利，不但因為耶穌醫治的結果（例如，六9），並且因為人的生命在道德—倫理上的重要性（例如，十四

5)。除了耶穌醫治的本質之外，觀察這類認同與交往的最佳之處，就是耶穌和這類人發生社會互動和關係的地方。

耶穌：罪人和女人的施惠者

第一個被刻意挑選出來描述的門徒，是路加福音五章27至32節的稅吏利未。雖然彼得是五章1至10節的主要人物，並且他所有的伙伴都和他一同跟隨耶穌。但利未卻因與眾不同，而備受讚賞。雖然利未相當富有，但他是一個局外人。在某種程度上，他的故事正確地和路加福音五章17至26節的癱子故事同屬一類。更確切地說，兩者都被社會疏離。癱子是因他的身體狀況，而利未則因他的職業而被疏離。路加福音五章30節的敘事顯示，耶穌的敵人(參路九22)，即法利賽人和文士，抱怨利未是一個罪人。他們的抱怨暗示，他們認為耶穌是一個平常人，因此耶穌會因為和這類罪人來往而被玷污。但事實是，耶穌並非平常人！他們的反應，使他們無法成為耶穌和與祂相關的人物的合法見證人。

利未也成為一個吸引其他稅吏和其他「罪人」來與耶穌一同吃喝的磁鐵。路加對於猶太世界的描述相當準確，因為耶穌在路加福音十八章9至14節的比喻中也顯示，稅吏一般是不敬虔的。耶穌與利未的來往，導致利未成為號召他人與耶穌來往的第一位見證人。直至目前，除了施洗約翰之外，路加福音中的人物，獨有利未具有見證的功能。耶穌向祂的敵人明說，祂和這些人一起吃喝，讓祂能夠醫治他們。對耶穌而言，交往和社會關係是醫治罪人的方式。也因此，利未成為第一個重要的見證人。

或許耶穌和局外人最具意義的交往，是以祂在路加福音中與女人交往的形式出現的(路七11～17、36，八3)；這是一種可以追溯至以利亞的社會公義傳統（參《七十士譯本》：王上十七10～24）。甚至在耶穌降生之前，路加已經引介了關於女人的題旨。嬰孩敍事之前的預備，並沒有以男人為強調，而是以女人馬利亞和伊利莎白為強調。這個主題將在婦女的段落中，進行更仔細的討論。就目前來説，我們只須注意耶穌的降生所導致的價值觀的倒轉。換言之，伊利莎白遭受年紀老邁無法生育和沒有孩子之羞辱這雙重痛苦。而馬利亞則遭受無法結婚和在婚姻之外生育的羞恥。然而，這兩個女人都因她們的羞辱，而獲得尊榮。這種社會轉變意義深長。尤有甚者，這種價值轉變的主要關鍵，乃是聖靈的工作！

除了關於降生敍事的討論之外，路加在路加福音中，比任何一位其他福音書的作者，更嚴肅地注意關於女人的議題。在路加福音七章11至17節，路加技巧地藉著一個兒子已經死了的寡婦，來引介關於女人的題旨。沒有兒子的寡婦，勢必落入悲慘的光景；因為在羅馬的法律中，兒子是家庭中合法的一家之主。離開她家中的男人，寡婦就無法獲得法律上的保護了。耶穌讓寡婦已死的兒子從死裏復活，不僅使寡婦的兒子重獲生命，同樣重要的是，耶穌使寡婦重得保護。這以防我們認為，路加只依循羅馬的法律常規而已；我們也需要留意，路加也藉著記錄耶穌使睚魯的女兒從死裏復活（路八54～55），來平衡他對男女的價值觀。更確切地説，女人也是一樣重要的！

這些故事被記錄的方式，也在路加自己些許的個人筆觸之下，再度得到肯定。路加藉著路加福音八章1至3節的典型場景，插入他的個人筆觸。否則，這段經文將顯得微不足道。路加福音八章1至3節關於婦女跟隨耶穌的典型場景，不過是路加福音七章36至49節的敍事摘要。雖然寡婦的故事具有社會的涵義，但路加福音七章36至49節的故事，卻打破了所有的社會界限。顯然，這個女人是一個眾所周知的罪人（路七39）。我們無法確定，她是哪一種罪人。在路加福音中，路加刻意讓「罪人」的定義模糊不清。許多註釋者同意，她散亂的頭髮顯示一種幾乎可以象徵不道德的淫亂。[35] 然而，在一些例子中，散亂的頭髮也可能是一種悲傷的記號。在敍事中，路加從未將禮儀界限的違反，稱為一種罪（例如，六1～11）；但這種違反觸怒了領袖的宗教觀念（六11）。這些違反究竟是不是罪？路加選擇讓這部分成為沒有答案的問題。他清楚回答的是耶穌赦罪的心意（七48～49；參五20）。這個女人奇怪的行動，或許在禮儀上，使她成為法利賽人的局外人；但這個完全相同的行動，使她得以進入耶穌的羊圈。這個典型場景藉著關於抹大拉馬利亞的描述——曾有七個鬼從她身上被趕出來（八2）——來強調身為局外人的重要題旨。

藉著教導馬利亞和讓馬利亞坐在祂的腳前（路十39），耶穌繼續打破界限。馬大的工作確實符合社會的慣例，因為她像當時被讚賞的佳美小婦人一樣辛苦地工作（十40）。一個有學問的女人，反而像「好撒馬利亞人」一樣，被視為一種矛盾（參九51～53，十25～37）。如此說來，耶穌不僅指出馬大過於忙碌，並且揭露她因為依循社會的規範，而繼續疲憊不堪。博克正確地提出兩項觀察。[36] 儘管作者使用敍述者的聲音，來指出馬大的分心；但馬大自己也控訴馬利亞將所有的工作留給她做。可見，敍事刻意展現，馬大的控訴來自一個根深蒂固的問題：她依循社會的規範。馬大被自己的事奉分心，因為那是當時女人所扮演的角色。她所作的並非不好，但馬利亞作的更好。因為馬利亞打破了常規的界限，而耶穌也給她肯定的讚賞（十41～42）。藉著與兩姊妹的交往，耶穌彰顯在社會上「好的」，可以變得「更好」！在耶穌生命的最後時刻，祂的婦女伙伴以她們的忠誠，來回報耶穌的友誼。她們緊緊地跟隨耶穌來到十字架下（二十三 49）。路加最後以一羣婦女為描述的對象，因為他要這羣婦女代表耶穌和這個羣體的關係。

詮釋角度的教導

路加對於耶穌的獨特描繪，可以為提阿非羅提供許多教導。雖然許多有關耶穌的故事，都充滿猶太人的色彩；但如同奧柯林斯（Gerald O'Collins）的陳述，這些故事「展現一種普世性的力量，使它們超越巴勒斯坦。它們過去是、現在也是，向每一個人訴說的故事；它們不僅是向局內人（即猶太人）訴說的」。[37] 在路加福音之始，耶穌的地位就被注意；如同在前言中，提阿非羅的地位被注意和轉變一樣。這是重要的觀察，因為藉著耶穌那諷刺的低微地位，上帝將帶出拯救。拯救的根本基礎就是彌賽亞為身體、社會和屬靈有病的人所帶出的釋放。

路加福音和使徒行傳還有許多平行之處，但此刻最重要的教導，當屬來自敍事的情節。信心主導了許多醫治的敍事，尤其是在被社會輕視的一羣人中間。提阿非羅應該學習的是，一個人所處的窮困光景，並不會減低這個人的信心本質。因此他應該照顧窮人，尤其是在基督徒羣體中的窮人，就像耶穌照顧那些相信祂的窮人一樣。換言之，敍事情節接二連三地教導社會的責任。

這項討論將我們帶進路加的社會世界中。筵席的社會歷史背景，肯定了我們的詮釋。路加福音有不少場景，和某種筵席場景相關，這種場景源自羅馬贊助人—被贊助人（patron-client）的社會制度。筵席場景的情境，因猶太人和羅馬人的不同而大異其趣。路加所描繪的耶穌，處於猶太人的背景中；但對提阿非羅而言，筵席場景明顯出自羅馬的習俗。為了欣賞路加如何用心地使這些故事能夠影響提阿非羅，我們應當將羅馬的背景，融合在這些場景的解讀中。這種解讀方式，具有重要的屬靈涵義。

一般來說，羅馬貴族的筵席，都在別墅中舉行。各個不同的團體，分別坐在不同的座位中。座位離主人最近的，其地位是最重要的。換言之，離主人最近的座位，都坐著最高階層的客人。在這種筵席中，白白的恩典根本不存在！取而代之地，施惠者總是期待有好處的回報。尤有甚者，女人通常不會出現在這種筵席中，除非她們在筵席中伺候客人，或她們是妓女和娛樂者。從一些花瓶的筵席場景雕刻中，我們可以根據女人半裸的外貌，來判斷她們的性角色。受人尊敬的婦女，不會作出半裸的打扮。另外，被社會輕視的男人（例如，罪人、癱子和奴隸等），也不會出現在這種筵席中。遑論窮人，他們一定被排除於外。如此說來，筵席是表達社會地位的方式。

然而，耶穌在祂的筵席中所作的，完全與羅馬的習俗相反。耶穌不但沒有根據社會習俗的要求來作事，祂更是反其道而行。祂容許那些被社會輕視的人靠近祂。祂在完全不要求性回報的吃喝場景中，和女人交往。祂將自己和那些被排除於社會之外的人認同。祂一點也不期待他們的互惠。恩惠是白白給予的！耶穌也在路加福音十四章 7 節，大大地談論羅馬的家庭制度，表達其對於尊貴的首位的看法。祂明顯提及，逆轉和富人吃飯之社會標準，以及成為一個將白白恩典賜給窮人之給予者的重要性。耶穌將贊助的制度（patronage system）完全顛倒過來。卡羅爾溪（Robert J. Karris）認為這種慈善的職事，是路加寫作的主要目標。[38] 更確切地說，路加想要教導提阿非羅某些和世界制度極端相反的價值觀；即基督徒並不計算別人所欠的好處，因為基督從來不計算人的虧欠。尤有甚者，耶穌擁抱社會中的弱者。

另一種筵席是古代具有高度禮儀性的筵席，在筵席中，人們在神明面前吃喝。這種禮儀似乎是一種邀請神明與膜拜者同在的巫術模仿。羅馬人和他們的屬民，都流露濃厚的禮儀特性。連筵席都不例外。神祕的祭祀儀式常是這類筵席的倡導者。[39] 既然筵席的討論，牽涉耶穌的朋友在禮儀和道德上是否受歡迎；現代詮釋者就不應該錯失這個社會場合的宗教層面。在不需要任何禮儀的情況下，耶穌自由地與那些跟隨祂的人同在。耶穌所參與的筵席，不但將平常變為神聖，並且將神聖變為平常。「平常」的社會意義，應該激發提阿非羅，向局外人履行他的宗教責任。耶穌在筵席中與人交往，是完全聖潔的，但祂卻廢除了所有的禮儀。藉著這個紀錄，路加使用耶穌的例子來鼓勵提阿非羅仿效耶穌，與那些在他的界限之外的人一同筵席。雖然處於每日的正常生活中，但這個筵席卻是上帝國度的神聖參與。在羅馬的贊助制度中，提阿非羅很容易因他施予窮人恩惠，而產生一些自以為是的心情。既然耶穌白白施予恩典並且擁抱局外人，提阿非羅理當在不自以為高人一等的心態下，跟隨耶穌而行！

從社會—政治的角度來看，路加對於耶穌的描繪，也帶有政治的涵義。在降生的敍事中，天使應許平安歸與上帝在地上的子民（路二 14）。到耶穌復活的時候，這個平安將在耶穌向門徒的問安中完全實現（二十四 36）。雖然「平安」是猶太人問安的方式，但路加的寫作卻以外邦人為目標。平安就是羅馬制度所要提供的。耶穌活在羅馬平安（*Pax Romana*）的時期，當時的平安是羅馬帝國藉著軍事行動而掌控的。在此，耶穌由降生時的卑微地位開始，祂將藉著祂尊貴的復活，而為人類帶來平安。如同范齊爾(Hermie C. Van Zyl)所言:「耶穌從社會的邊緣進入,來要求祂當得的權力中心。」[40] 提阿非羅被邀請來參與一種替代的制度,而不是停留在他自己的帝國世界中;因為社會的邊緣人物很快地將經由耶穌而成為主導的勢力。提阿非羅已經在權力的中心,但他現在為了國度的緣故,必須再次向社會的邊緣人物,分配他的權力資源。當人願意藉著行使耶穌的工作,來看待耶穌的平安時,真正的平安自然會來臨。耶穌的工作就是重新建構一個人工作和生活的社會制度。皇帝不是賜下平安的救主,耶穌才是!但耶穌的工作,現在經由路加的讀者不斷延續。

耶穌:新人類的領袖

新律法?

關於耶穌的政治情境,最早的暗示來自路加福音二章 2 節。如果提阿非羅願意,他可以追溯居里扭(Quirinius)的完整紀錄。此外,關於凱撒奧古斯都的提及也相當重要。在降生敘事的細節中使用這個解釋性的註解,路加要顯示出,耶穌屬於一個特定的政治環境,而耶穌的降生更成為上帝掌控歷史的表現。在路加福音二章 2 節,耶穌符合羅馬歷史的廣大範疇;而在路加福音二章 4 節,耶穌是大衛後裔的這個身分也被宣告出來,因此祂同樣符合猶太歷史。如此說來,路加福音的耶穌橫跨兩個平面:羅馬的和猶太的。

然而,甚至在完全揭露耶穌具備橫跨兩個平面的能力之前,路加似乎已經指出,耶穌的降生和舊約撒母耳的神蹟降生,是有關連的。不少註釋者注意到,路加福音一章 46 至 55 節,和撒母耳記上二章 1 至 10 節相似。但有一項我認為重要的假設,卻常被忽略。我認為撒母耳的角色的確和路加的情境平行。換言之，在以色列立王之前，撒母耳是最後一位士師。撒母耳因此代表著那引向大衛領導的新紀元的先知。在路加最初敘事的流程中，耶穌也是新紀元的先知，祂並且是出自大衛後裔的國王（路三31）。根據上帝的救贖計劃，馬利亞成為耶穌之真正身分的寫照。這個新紀元也是上帝救贖歷史的最後紀元。如此說來，就像撒母耳記上一開始，那以神蹟的降生來引進上帝的計劃一樣，路加在此，也以相同的神蹟降生，來展現那超乎尋常的大事。耶穌非凡的屬性，以許多不同的方式出現，其中包含成為新人類之領袖的特質。

其實在猶太的平面上，路加福音的耶穌行使了一些極端地與眾不同的事情。同時，博林（M. Eugene Boring）、伯傑（Klaus Berger）和科普（Carson Colpe）注意到，在某種意義上，路加對於耶穌的描繪，和斐羅（Philo）的《摩西的生平》（*On the Life of Moses*；1.18.24）是平行的，因為耶穌遵循猶太律法的訓誡而行。[41] 另一些像布羅迪（Louis T. Brodie）的學者，則以大衛的題旨為焦點；他回溯到歷代志建造新聖殿的情節。[42] 正如我們所將看見的，耶穌在教會中建立一個新聖殿。在開始的時候，經文顯示耶穌不過是一個遵守律法的普通猶太男孩。路加福音二章22至23節，自然地將耶穌放在猶太的律法中；因此當耶穌藉著祂的一些行為，來進行徹底的律法改革時，祂更令人感到驚訝！關於律法跟隨者拒絕耶穌，最早的暗示起初指向耶穌的先驅施洗約翰。甚至當施洗約翰為眾人和稅吏施洗時，法利賽人和律法師都拒絕施洗約翰（路七30）。因此，他們拒絕了上帝為他們預備的計劃。路加明顯的評論揭露，約翰的工作已經預示了耶穌的新律法。如果他們拒絕約翰，他們不是更加拒絕耶穌嗎？

如果耶穌就像一些現代的新約鑑別學者所說的，只是一個巴勒斯坦的平民百姓，那麼祂有何資格來詮釋新律法呢？為要了解這個較不為人注意的概念，我們必須仔細觀察路加福音四章 18 至 19 節。一般而言，讀者常以預言的價值，來解讀這些經文。這種神學解讀法並沒有錯誤，但多數的詮釋者沒有根據一世紀的知識環境，來解讀這段經文。更確切地說，一世紀時，並不是每個人都有閱讀能力。羅馬世界的文盲人數相當多，因此沒有多少人能夠閱讀。有些專家估計，當時的識字比率大約只有百分之十，因為缺乏那普及大眾生產和閱讀書籍的印刷術。鄧恩認為舊約的寫作先知，可以預設閱讀的大眾；這種看法並不正確。[43] 寫作的先知只可以預設那些聆聽的大眾和將書卷大聲念出的識字讀者。這項觀察解釋了，為何多數的新約來源鑑別學者，都接受關於福音書來源的口述傳達（oral transmission）理論。既然這不是焦點的主題，我不應該在此過度討論。我提及這項觀察，為要顯示耶穌的閱讀能力是多麼非凡與令人注意的。

從神學的假設來說，或許因為耶穌是上帝的兒子，因此祂能夠閱讀。但從口述的角度來看，還有許多可能的解釋，可以補充這個超自然的神學觀點。常見的看法就是，當時的識字比率大約只有人口的百分之十。[44] 有些學者所假設的比率，甚至更低。因為猶太人是神聖聖經的子民，因此他們或許有較高的識字比率；但在路加福音四章，耶穌在眾人面前念以賽亞書。尤有甚者，在路加福音二章 46 至 47 節，路加筆下的耶穌，是一個和宗教教師互動的對應者。或許，身為一個猶太男孩，耶穌比其他人有更好的教育（參 Josephus *Against Apion* 2.204）。至少，即使他們無法閱讀，但許多猶太男孩極可能用耳聽接收/記憶的方法，來背誦經文。在多種可能的解釋中，路加描繪耶穌和約翰的家庭的獨特關係，似乎給予了最清晰的暗示。根據路加福音一章 8 節，約翰無疑屬於利未支派。而在路加福音一章 36 節，路加提及約翰的母親伊利莎白，是馬利亞的親戚。如此說來，馬利亞的家庭可能和利未支派緊密相連。在耶穌的時代，惟一需要閱讀的猶太人，就是律法師。

根據耶穌時代的口述來解讀耶穌，將有許多豐富的發現；尤其是採用來自猶太和羅馬的雙重文化角度來解讀，更能為耶穌的故事展現多彩的寶藏。霍斯利（Richard A. Horsley）為識字的情境，作了最佳的一般摘要：「識字主要限於文士菁英。大多數人……都不會閱讀。尤有甚者，書卷不但麻煩，還相當昂貴；並且直到較後的時期，猶太和加利利的村莊，都還沒有開始建造可以存放這類書卷的會堂建築物。」[45] 那麼，就像約翰一樣，耶穌有可能來自那把閱讀視為其教育的一部分的文士圈。路加沒有像馬太福音十三章 55 節和馬可福音六章 3 節那樣，提及耶穌是來自一個木匠的家庭，我認為這並非一般的巧合而已。

雖然猶太拉比學習一門職業技術，是完全可敬的事；但閒暇依舊是階級的指標。因為惟獨閒暇容許整全教育和其他類似哲學與教學等興趣的追求。耶穌時代的文士，掌控了寫作的內容和方式。他們握有令人無法置信的權力；有時領導對抗羅馬帝國的反抗運動，另一些時候又得以享受希羅文化的益處。無怪乎，昆蘭的盟約者試圖將他們自己，從耶路撒冷的宗教圈分離出來。更確切地說，政治已經變得相當複雜。然而，路加福音的耶穌，具有許多可以取悅羅馬人的佳美特質。這些佳美特質令人難以置信！雖然耶穌來自一個卑微的小康家庭（參路二 24），但祂卻不是一個因不敷使用而抱怨，甚至起革命的不滿平民百姓。祂也不是一個猶大政治的操縱者。

藉著將耶穌的出身，連結至大衛的家譜，路加展現出耶穌那配得尊榮的皇家傳承。不過，耶穌不像文士那樣藉著身為人民的教育者和羅馬政治的中間人，而操縱那無法想像的驚人權力。耶穌常常被人拒絕，遑論成為羅馬勢力的中間人。耶穌實際符合柏拉圖（Plato）的（貧窮？）哲學君王典型（Plato *Republic* 5.437c），這是一個完美的統治者。換言之，從社會學的角度來看，路加藉著路加福音二章 46 至 47 節和四章 16 至 19 節，分別顯示耶穌是一個勝任的知識分子；祂不但能夠閱讀，並且能同時了解和準確詮釋聖經。耶穌足有資格詮釋上帝的律法，並且創立新的律法；不僅因為祂是上帝的兒子，也因為祂自己是一個勝任的律法教師。耶穌或許是一個平民百姓，但祂並不是一般的平民百姓。祂是一個神聖的哲學家—君王。縱使一些敵對者因為耶穌是約瑟的兒子這個地位，而選擇輕視祂（路四 22）；但耶穌的名譽，確實值得上述的這種辯護。

佔衝突名單之首位的是耶穌處理安息日的方式，這使祂公然成為被律法師控訴的對象。耶穌和宗教權威的早期對抗，出現於路加福音六章 1 至 11 節。在這段記錄中，「安息日」的重複出現，無疑指出耶穌所面對的議題。藉著宣稱「人子是安息日的主」，耶穌可能暗示，祂自己就是主上帝。但我們看不見這方面的明顯提示。清楚可見的是，路加福音六章 9 節對於安息日的詮釋：安息日是為行善的。變本加厲地，耶穌分別在路加福音十三章 10 至 17 節，以及在十四章 1 至 6 節的記錄中，在安息日醫治一個被鬼附的婦人和另一個病人。再次地，路加使用完全相同的寫作手法，來記錄這些事件：「安息日」的重複出現，以及關於必要善行的論證（路十三 10、14～17；參十四 1、2、5）。可見，安息日的故事情節，絕對是刻意安排的。在安息日的醫治事件上，耶穌藉著行動顯示，律法只有在行善時，才能展現它的有效性。

在觀察耶穌似乎藉著違犯律法來詮釋律法的方式之後，我們必須思考，究竟耶穌要用甚麼來取代禮儀。然而，如果耶穌要創立一個新的聖殿，那麼祂為律法創立一些新的詮釋，這就不會讓人感到太驚訝了！以下三方面的觀察特別突出。

第一，耶穌完全解除禮儀律法的種族層面。路加福音十章25至37節好撒馬利亞人的古典故事，時常被呈現為國度的倫理規範；但詮釋者很容易忽略，這個故事實際是針對律法師而講的（路十25）。這個故事的確流露慈心，但令人詫異的要素卻是，撒馬利亞人和那些知道律法的人的焦點對照（路十31～32）。[46] 那些知道律法的人，無疑是猶太人。事實上，這些猶太領袖沒有不幫助受傷者的藉口，因為他們都從耶路撒冷下來，根本不是要上耶路撒冷去執行他們的宗教職責。他們也不需害怕因幫助一個垂死的人而被玷污。[47] 如此說來，對照乃是介於毫無亮麗典範的猶太領袖，和一個極其平凡的撒馬利亞人之間。

這些在之前拒絕耶穌的撒馬利亞人（路九51～56），竟然比最好的猶太領袖還好。當路加撰寫這個撒馬利亞人的故事時，他無疑已經想到未來在使徒行傳八章中，撒馬利亞人將會信主的故事；他同時也想用撒馬利亞人的故事，來把猶太領袖定罪。此時，耶穌顯示那些在以色列之外的種族，不論他們是否接受耶穌，都比最好的以色列領袖，更有行善的能力。或許這對律法師來說，是一種震驚；但他的確無法再顯明自己有理（十29）。極其諷刺地，以色列的真正鄰舍，竟然是他們地理上的鄰舍，即撒馬利亞人；而模範的撒馬利亞人，實際也比模範的以色列人行得更好。至終，在新的國度中，在後的（例如，撒馬利亞人）將會在前，而在前的（例如，宗教領袖）將會在後。

第二，耶穌提出許多有關公義的討論。除了上述的例子之外，耶穌也以寡婦的小錢，展現以色列的不公義。這個最佳例子可見於路加福音二十一章1至4節。莉德（Barbara Reid）指出，路加顯示寡婦以一種被誤導的方式，向一個不完美的社會—宗教制度奉獻；而針對那些敵對寡婦者的定罪，也的確相當明顯。[48] 雖然耶穌沒有將她的奉獻定罪，但耶穌也未必像一般的詮釋那樣，稱讚她的奉獻。[49] 路加福音二十一章1至4節的奉獻層面，常被注意到。然而，這個故事並不足以被解讀為一個奉獻的故事；因為耶穌並未明顯提及，她的奉獻是信徒的典範，耶穌只提及，她所奉獻的比例比眾人還多。這個故事真正主要的意義，較不為人注意；它實際應與路加福音十八章1至18節，另一個寡婦的故事相連。儘管路加福音十八章1至18節的比喻，清楚展現上帝對被壓迫者的公義；但被壓迫的寡婦的題旨，也適切於路加福音二十章47節。

在路加福音二十一章，耶穌甚至可能把那成為不公義制度的聖殿—會堂定罪，它不配得從已經貧窮的寡婦得到任何奉獻。這位寡婦顯然錯誤地，將奉獻給了一個毫不值得接受奉獻的宗教制度。路加沒有完成他的故事，但他讓這些故事成為另一個類似題旨的回響，好為讀者重複一個重要的論點：以色列充滿不公義。在這個新紀元中，耶穌是微不足道之人的得勝者！這些微不足道的人，因此在路加有關耶穌的敍事中，成為重要的人物。在路加福音十七章16至19節，撒馬利亞人成為一個正面的例子。而在此，寡婦這個被壓迫的婦人，成為對照以色列宗教領袖的鮮活證據。路加天衣無縫地建立他的論證，以預備復活的耶穌所將要引進的新紀元；在這個新紀元中，律法將在教會這個新羣體中，承擔全新的意義。而這個全新的意義，尤其可見於教會對外邦人的宣教中。

第三，藉著廢棄其功能，耶穌審判敬拜的地方。毫無疑問地，審判因不公義而產生出來；而不公義的問題，已經在上文關於耶穌設立新律法的討論中出現。在路加福音十三章31至35節，耶穌為耶路撒冷那不可避免的命運而憂傷。現代詮釋者很容易將這個視為路加反猶太的傾向。誠然，如果路加筆下的耶穌，為耶路撒冷的悲慘命運高興，那麼路加勢必成為這種控訴的對象。然而，路加所描繪的耶穌，卻為耶路撒冷歎息。這整個敍事預備讀者，進入那即將在耶穌最後進入耶路撒冷時所發生的受難（路十三35）。當耶穌進入耶路撒冷時，祂的憂傷將更加深沉（十九41～44）。因著這種憂傷，耶穌潔淨了聖殿（十九45～46）。就在潔淨時，耶穌成為聖殿中的注意焦點（十九47～二十1）。緊接著，毀滅的題旨在路加福音二十一章20至24節中，變得更加濃厚；無疑部分乃因耶路撒冷不但不尊重窮人（二十一1～4），它更不尊重耶穌（十三33～34）。在路加福音二十二章7至23節，耶穌就在聖殿所在的地方，設立逾越節來記念祂的死。在這種方式下，耶穌建造新的次序和新的律法（二十二24～30）。路加福音二十二章30節的以色列用語指出，「服事」是涵蓋耶穌所有好行為的主要原則（例如，醫治被輕視的），當然包含門徒後來的好行為。一言以蔽之，最大的應當服事最小的（二十二26～27）！

耶路撒冷這個地方，尤其是在路加福音的末段部分，成為整個路加敍事的重要關鍵。尤有甚者，綜觀路加—使徒行傳，耶路撒冷的象徵意義，同時和耶穌與祂的跟隨者緊密相連。舉例來說，馬特拉（Frank Matera）注意到，除了耶路撒冷本身被提及之外，路加在描繪耶穌邁向耶路撒冷的最後之旅那極大的篇幅中，極少討論地理方面的細節。[50] 馬特拉的研究正確地指出，在耶穌的旅程中，每當地方改變時，都有針對耶路撒冷所發出的爭辯教導和憂心警告。[51] 反對的力量愈強，耶穌就愈針對這些反對而提出講論，其中一些講論實在很長（例如，路十五 3 ～十七 10）。那要糾正耶路撒冷所有錯誤的強烈渴望，生動地流露出耶穌對於耶路撒冷命運的真實憂情。更確切地說，如果耶路撒冷繼續她的行徑，她將淪落至悲慘的結局。

如此看來，如果路加將路加福音那超過三分之一的篇幅，都著眼在耶穌進入耶路撒冷的旅程之上，而這個旅程的中央焦點又是耶路撒冷；那麼，我們就可以同樣地詮釋路加福音中的耶穌，以認為祂對於耶路撒冷也懷抱著一種濃厚與激烈的關切之情。甚至在復活之後，耶穌也再次出現在耶路撒冷（路二十四 33 ～ 36）。耶穌在路加福音二十四章 44 至 47 節，更進一步地闡述，律法指著耶穌所說的話語的重要性。可見，耶路撒冷的重要性，並不因她的宗教禮儀，而是因她在耶穌受死和復活的重要事件中所扮演的角色。路加相當清楚地表達這個觀點。耶路撒冷這個地方成為「律法因為耶穌的來臨而變得黯淡無光」的關鍵所在。以色列真正脫離了被擄的光景，因為耶穌已經創立了一個新聖殿，也就是即將成立的教會。

一個新的亞伯拉罕家庭

路加福音中關於家庭的詞彙，是值得我們特別觀察的。事實上，針對這方面的研究，很可能可以成為另一本專著。一般來說，關於家庭的形象（image）那最被忽略的層面，是來自路加對於故事情節的刻劃；這個故事情節，同時和上帝的應許與家庭相關。雖然上帝的應許因以亞伯拉罕之約為顯著特徵，而受到許多關注（路一 55、73；參創十二 3，十五 5、13～14、18～21，十七 2、4～8）；但有關家庭方面的討論卻乏善可陳。格林（Joel Green）在他的註釋書中指出，上帝給亞伯拉罕的應許，和上帝給馬利亞的應許具有完全相同的情節。[52] 在亞伯拉罕敘事中的一些詞彙和其完全相同的情節結構，確實對路加相當有用，尤其是從應許到應驗的部分。下列圖表清楚展現兩者之間的平行。

創世記（《七十士譯本》）	路加福音
不生育的討論（στεῖρα；十一 30，十六 1）	不生育的討論（στεῖρα；一 7）[53]
大（μέγα）亞伯拉罕國（十二 2）	大（μέγα）約翰和耶穌（一 15、32）
至高的上帝（ὁ ὕψιστος；十四 20，十五 13～14）	至高者（ὑψίστου；一 32、35、76）
不要懼怕（μὴ φοβοῦ；十五 1）	不要懼怕（μὴ φοβοῦ；一 13、30）
義（δικαιοσύνην，十五 6，十八 19）	義（δικαιώμασιν；一 6）
上帝的顯現（ὤφθη；十七1）	上帝的顯現（ὤφθη；一 7、11）
完全（ἄμεμπτος；十七 1）	沒有可指摘的（ἄμεμπτοι；一 6）
割禮（περιτμηθήσεται；十七 12）	割禮（περιτεμεῖν；二 21）
孩子的未來（十七 16）	孩子的未來（一 13、31）
亞伯拉罕的僕人樣式（κύριε；十八 3～5）	馬利亞的僕人樣式（ἡ δούλη；一 38、48）
耶和華沒有難成的事（μὴ ἀδυνατεῖ；十八 14）	在上帝沒有不可能的（οὐκ ἀδυνατήσει；一 37）
孩子的成長（ηὐξήθη；二十一 8、20）	孩子的成長（ηὔξανεν；一 80，二 40）

路加極具巧思地將關於亞伯拉罕的敘事，融和成路加敘事的

一部分，但他絲毫沒有侵犯關於耶穌降生的敘事的本質。[54] 這些資料值得詮釋。我們清楚看見，路加為耶穌的生命展現一個神蹟性的和具尊榮的開始，這使應許的普遍題旨明顯已極。更確切地說，一個大有權力的男孩尊貴地出生在一個家庭中，祂至終將以一家之主的身分來統治家庭；因此尊榮得以實現的地方，就在家庭中。亞伯拉罕之約是這個敘事的中心，它顯示上帝古舊應許的完全應驗。然而，家庭和後裔的題旨，超越肉身兒女的限制。雖然猶太人和亞伯拉罕在肉身上的關連有時被提及（例如，徒十三 26），但施洗約翰在路加福音三章 8 節所言的亞伯拉罕子孫，卻好像不是從肉身而來的子孫。

我相信路加那關乎亞伯拉罕的主題是相當獨特的，因為他引進一個非屬肉身的家庭，為要顯示一種新的傳承。畢竟，並非所有屬肉身的子孫，都真是亞伯拉罕的子孫（路十三 28，十六 22～26、30～31）。家庭的題旨將以一個相當富創意的神學脈絡，貫穿在路加—使徒行傳中。這項觀察，可見於下文的討論。這個家庭不僅是由耶穌所設立的新屬靈家庭，它更是一個亞伯拉罕的家庭。雖然路加的普世屬靈家庭觀念，沒有像保羅的那樣寬廣，因為保羅首先將家庭與以色列相連。但路加對新家庭的描繪，為一個普世的亞伯拉罕家庭，留下極大的詮釋空間。

家庭和耶穌所賜予的救贖，具有不容否認的關係。耶穌創立一個新家庭的這個角色，早在祂降生時即開始。關於耶穌降生的敘事，其語言完全和家庭的詞彙相符一致。路加無疑想要表達，耶穌和施洗約翰之間存在著一個平行的情節。[55] 在路加福音一章 5 至 7 節，約翰的父母被介紹。而路加福音一章 26 至 27 節，路加也平行地介紹了耶穌的父母。在路加福音一章 8 至 11 節，天使向撒迦利亞顯現。而路加福音一章 28 節，路加也平行地記錄了，天使向馬利亞顯現。尤有甚者，撒迦利亞和馬利亞都驚惶害怕（路一 12、29）。天使告訴他們，不要害怕（一 13 ～ 17、30 ～ 33）。撒迦利亞和馬利亞同樣問了一個能表達其某種程度之震驚的問題（一 18、34）。接著，天使也回答了他們兩人的問題（一 19 ～ 23、35 ～ 37）。最後，路加給予了關於兩個兒子降生的報告（一 57，二 1 ～ 7）。

兩個兒子之間的驚人差異是，耶穌成為最被聖靈充滿的人，祂和約翰完全不同！約翰的職事很快就結束了（路三 18 ～ 20），而耶穌的職事則持續了一段頗長的時間。這是一個施洗約翰和路加雙雙承認的事實。換言之，施洗約翰和耶穌的開始雖然相似，但他們卻是徹底不同的兩個人。同樣的觀察，也可適用於地上的家庭。地上的家庭和屬靈的家庭，的確以不同的方式開始；但新的屬靈家庭卻因聖靈的工作，而遠遠超越地上的家庭。耶穌具有創立新家庭的權利，因為祂漸漸地將自己和自己的家庭區分出來。

為了使一個家庭能夠成功地產生，路加藉著路加福音中的家譜，指出所有家庭最原初的一家之主：以色列和亞當。和以色列的連結與和亞當的連結，同樣堅實與有力。在亞當裏，耶穌同時成為新亞當和新以色列，但讓我們不要太快地跨過這項觀察。我們必須首先檢視，耶穌成為新以色列和新亞當的重要理念。

實際上，關於試探的敘事涵蓋了這兩個題旨。在一篇極富洞察力的文章中，魯迪克（C. T. Ruddick）提出，在耶穌降生的敘事和《七十士譯本》的雅各故事之間，存在著重要的語句和題旨平行。[56] 雖然魯迪克假設，在那刻劃和初期教會主日聖經閱讀的經課集之間，具有一個歷史的連結；但我認為他的觀察，對於「耶穌象徵新以色列」的這項神學觀點，很有幫助。藉著使用雅各故事的詞彙，我們明白路加心目中的耶穌就是新以色列，因為雅各是「第一個」以色列。更確切地說，雅各最後的名字是以色列。新以色列的題旨相當重要，不僅因為鮑維均所建議的，耶路撒冷象徵上帝救贖工作的中心，並且因為路加—使徒行傳的敘事，是完全以耶路撒冷為中心的；這個來自敘事寫作的觀察，的確是一個相當實際的理由。[57] 以耶路撒冷為中心的題旨，將在教會試圖具體化耶穌的職事時，繼續展現出來。不過這項觀察讓我們超前地進入了後面段落的主題。

路加福音的家譜，引發許多人將其與馬太福音的家譜作比較，以尋找它的真實意義。不論它的意義為何，路加福音的家譜的確與眾不同。第一，它從約瑟往後溯源至亞當。第二，它包含了相當多可能是被擄後的名字（例如，路三 23～29）。第三，它指出耶穌和大衛、猶大、亞伯拉罕、挪亞及亞當的關連。所有可能的重要先祖，都包含在這個家譜中。因著和大衛、猶大與亞伯拉罕的關連，路加顯示耶穌和以色列歷史的起始，是密不可分的。而因著和挪亞與亞當的關連，路加顯示耶穌和人類整體緊密相連。因此在這個家譜中，人類和以色列同獲等量的重視。

尤有甚者，這個家譜是耶穌身為上帝的兒子那更大情境的一部分。在耶穌的受洗中，上帝的聲音宣告，耶穌是上帝的兒子（路三 22）。藉著家譜，路加顯示耶穌身為上帝兒子的歷史基礎。在兩個家譜的交集中，兒子的觀念更顯重要。更確切地說，在舊約中，以色列是上帝的兒子。雖然新約的基督徒，將自己被天父收納為兒子，視為理所當然；但最初被收納為兒子的，卻是以色列人（出六 25；民三十一 26；拉一 5，二 68，三 12，八 1；尼七 70 等）。這種身為上帝兒子的驕傲感，明顯地流露於猶太文獻中（4Q372；*Wisdom of Solomon* 14.3；*Sirach* 23.1, 4, 51.10 等）。

路加似乎對這種身為上帝兒子的感覺相當熟悉。孩童耶穌在一個令人希奇和罕見的宣告中，堅持祂自己和天父之間的關係是與眾不同的（路二48～49）。耶穌的堅持是如此奇特，以致祂在地上的父母，都不明白這事的意義（二50）。可見，路加必須帶出更多的解釋。換言之，耶穌像以色列一樣是真正的兒子。畢竟，路加特別小心地確定，人們了解這個彌賽亞運動的猶太起源。更重要地，耶穌像亞當一樣是真正的兒子。我們最好將路加福音二至四章視為兒子的記錄，因為兒子的身分在其中不斷地重複出現。

明知撒但在上帝面前是極有限的敵人，為何路加還刻意指出，聖靈將耶穌引到撒但面前受試探？顯然，路加有一個強烈的意圖，要從以色列和人類的角度，展現耶穌是完美的兒子。藉著勝過試探，路加筆下的耶穌傳遞了一項重要的信息，而撒但不過是完成這項信息的管道；這信息就是耶穌具有獨一無二的兒子身分。下文的討論，將以試探的一些特別細節作為焦點。

新以色列和新亞當的題旨，在試探的敘事中至為明晰。一般來說，研究路加福音的學者已經相當普遍地認為，路加非常純熟地運用他對於舊約，尤其是《七十士譯本》的觀點，來鋪排他的猶太敘事。路加無疑預期提阿非羅，對《七十士譯本》有某種程度的了解。或許這是支持「提阿非羅在改信基督教之前，原本是一個信奉猶太教之人」的證據。試探的背景是曠野，就像在曠野飄流的以色列一樣。以色列之所以飄流，乃是因為他們的不順服。可見，起初的出埃及，成為一種被擄。而在此，耶穌之所以在曠野，乃是因為聖靈的工作。

在出埃及記中，一個最令人沮喪和無益的題旨之一，就是以色列人對食物和飲水的持續爭鬧（參出十七2；民十一4，十四

1～4)。而在試探的記錄中，路加也以食物的試探為優先(路四3)。因此耶穌從約但河回到曠野的旅程，也具象徵性地將征服約旦河的以色列，回溯至以色列在曠野飄流直到整個世代在四十年中消逝的時期。如此說來，路加筆下的耶穌，具象徵性地行走著以色列的路徑。耶穌是新以色列的領袖，祂帶領著包含外邦人的信徒，進入上帝的救恩裏。無怪乎，路加也用最長的篇幅來記錄逾越節的筵席，因為逾越節在出埃及記中，實在太重要了(二十二7～23)。直至目前，路加的故事情節，顯然適切這種第二次出埃及的題旨。

四十天的時期，也在耶穌的新出埃及中扮演重要的角色。如果我們注意路加福音和其他兩卷符類福音書的差異，這個旁徵將更顯清晰。更確切地說，馬太福音四章1節和馬可福音一章12節，都不像路加福音四章1節那樣，指出約旦河是耶穌離開的地點。約旦河是以色列人進入迦南地之前必須跨越的關鍵地點。在此，「進入曠野」的這種倒轉，顯示一種聖靈引導的被擄；這種經驗和以色列出埃及與飄流的經驗，無疑相當類似。莫頓·史密斯(Morton Smith)將耶穌的經驗，歸屬在一種像黃教道士(或印度教導師)的荒謬範疇中。[58] 路加福音中的耶穌，並不在表演某種人類學的理論。在耶穌之後而有的解釋，其強度和次數，遠遠超越人類學家所謂的黃教(shamanism)。儘管馬太強調四十天之後的試探，路加卻強調整個四十天之內的試探(參太四2；路四1)。為甚麼有這種差異呢？我認為路加運用他的神學巧筆，來顯示耶穌再度行走以色列的四十年曠野道路(參民十四34；申八2)。[59]「四十天」在摩西和以利亞的生命中(出二十四18；王上十九8)，也意味著一個極具深義的數目，而這兩個人後來都出現在耶穌的登山變像之中。[60]

路加福音所記述的試探不像馬太福音那樣，僅在四十天之後發生。對路加而言，那四十天**就是**試探，因為「四十天」證明耶穌至少是摩西、以利亞和以色列國之化身的綜合地位。當然，在此的以色列國，是指耶和華心意中的完美以色列。雖然在後面的登山變像中，路加會更進一步區分耶穌為超越摩西和以利亞的至高權威（參路四 24～30）；路加先行引介這個題旨，為要顯示耶穌身為以色列人領袖的典範的至高性。雖然以色列（或摩西或以利亞）極度地失敗並且消逝，但耶穌卻凱旋地成功，並且再度被聖靈所充滿（四 14），以致祂大有能力，可以繼續行使祂的職事。

整個試探的觀念，也獨特地適切亞當的題旨。亞當經過試探，卻失敗了。而耶穌亦經過試探，但祂卻大大成功！在四十天之中，耶穌成為新以色列的典範。尤有甚者，在試探的得勝中，耶穌更成為新人類（即亞當）的典範。四十年，代表消逝的一代以色列人。因著四十天的勝利，耶穌引進新一代的信徒，他們將在以色列的失敗之處，贏得完全的成功。

試探和家譜的綜合觀察，讓我們看見耶穌所領導之職事的嶄新開始。更確切地說，亞當和以色列都創造了新的家庭，亞當所產生的是人類，而以色列所產生的則是上帝的子民。可見，路加前後兼顧直到他確定，舊約所有的偉大題旨都蘊含在耶穌身上。耶穌現在藉著對種族宗教的廢除，為祂自己的新人類設立新的規則。路加將討論從以色列的獨特性，轉入人類的普世性。這個新的家庭包含一些特殊的成員。百夫長的雙重記錄，顯示這些新外邦成員的重要性。在路加福音七章 1 至 10 節，百夫長的僕人得到醫治。雖然這位外邦帝國官長是以色列的施惠者，但他的信心和順服，此時被路加刻意強調，以對照那不信的以色列（路七 9；參二十三 47）。

極其諷刺地，一向是發號施令的百夫長（路七8），如今卻喜樂地順服在耶穌的命令之下。如此說來，耶穌變成祂的帝國殖民者的司令官。在此我們看見，耶穌早期的職事一方面征服帝國的勢力，另一方面擁抱外邦人進入新人類的羣體中。在這種方式下，耶穌為那接納所有種族的新家庭，鋪設了道路。這個新家庭，在彼得與百夫長哥尼流的交鋒互動中清楚展現（徒十章）。究竟為甚麼路加要在道成肉身的耶穌身上，展現以色列和亞當之間的平衡？他如此刻劃，乃為説明僅因外邦人接受彌賽亞運動，並不代表彌賽亞已經拒絕了以色列。

在種族界限之外，耶穌所打破的第二個界限是家庭的連結和性別。路加福音六章14至16節的門徒名單，顯示初期教會的信主模式；也就是家庭成員將另一個家庭成員帶進上帝的家庭中。彼得是和他的兄弟安得烈有關連的（路六14）。在路加福音六章12至16節的名單一開始，我們就明白彼得這個名字的由來。換言之，耶穌已經給西門一個新名字「彼得」，以此象徵一個新的身分。[61] 這個新身分很快就影響了他的家庭。在此，羣體的身分繼續展現更深層的意義。具體説來，使徒行傳一章13至14節的門徒名單，似乎混在一起出現。彼得和安得烈之間的關連已被打破。他們反過來將自己的家庭，向耶穌的家庭敞開。他們兩人佳美地融入上帝的新人類家庭之中。

耶穌所打破的第三個界限是政治的界限。在路加福音六章15節，馬太也接受了他正常的名字，這個名字顯然和他最初接受呼召時的名字「利未」，大不相同（路五27～32）。與羅馬人共事的馬太，和討厭羅馬人的奮鋭黨西門，連結在一起。他們不因政治的意見而集結在一起，因為他們顯然有大異其趣的看法；他們集結在一起，實際關乎上帝的旨意的實踐。耶穌在先前，已經闡述了上帝的旨意。門徒的聚集出自一個合一的目的。家庭關係、性別或政治理念的不同，都不應該減低任何一個人對耶穌的忠誠。如此說來，耶穌的家庭向門徒完全地敞開。反過來，門徒也完全地接受耶穌的價值觀。

那麼，甚麼是這個新家庭的規範呢？耶穌在路加福音十四章 25 至 27 節清楚闡述。第一，若與門徒的身分相比，地上的家庭關係佔次要的重要性（路十四 25）。對耶穌的愛，應該超越對家庭成員的愛（參九 59、61）。這種優先性預期了天上的榮耀，因為家庭的連結終於被打破，並且轉變成為一種新的現實（二十 34 ~ 36）。第二，耶穌期待每個人背起自己的十字架，並且計算代價（十四 27；參九 23 ~ 27）。因為耶穌尚未上十字架，因此祂的講論具有獨特的意義。當時的十字架，是犯叛亂罪的非公民所受的極刑。換言之，在跟從耶穌的探索中，門徒應該過著一種好像沒有地上公民權利的生活，甚至必要放棄自己的性命（參九 57 ~ 58）。第三，耶穌期待一種歡迎罪人和稅吏的態度。在浪子的比喻中，耶穌為假冒為善的大兒子，勾畫了一幅具嘲諷性的素描（十五 25 ~ 32）。法利賽人和文士的態度，一點也不被新家庭所歡迎！總的來說，所有的教導都指向一個家庭規範：順服（八 19 ~ 21）。在順服的要求上，耶穌儼如一家之主。這項觀察的帝國涵義深重無比，因為皇帝也是整個帝國家庭的一家之主。藉著作為所有人之新家庭的一家之主，路加福音中的耶穌，如今展現出祂自己是新國度的真實君王，新國度將使世上所有的國度都黯然失色。

人子：從受害者到得勝者

在研究人子的角色時，詮釋者必須思考人子僅是境遇的受害者，還是克服境遇的得勝者？路加福音有關人子的經文枚不勝數，我們可能用盡本書的篇幅，卻只能觸及冰山之一角。因此我只以一些獨特和重要的紀錄為焦點，尤其是那些能為路加福音之人子帶出偉大光芒的經文。

在回答上述問題時，登山變像和耶穌受審之間的平行是不容忽略的，因為這些記錄所流露的光輝榮耀，實在相當驚人！如果我們單單解讀那些引向耶穌受審的事件，那麼耶穌看起來的確像一個受害者。就在耶穌差遣十二個門徒時，統治加利利（不是猶大）的希律安提帕，已經聽見耶穌或祂的門徒所作的一切事。尤有甚者，希律王甚至可能想要找出耶穌，以便殺害祂。或許猶太宗教領袖為了趕耶穌離開他們的地區，而捏造希律恨耶穌的理由（路十三 31）。事實上，路加後來告訴我們，希律只是想要看耶穌行一些神蹟（二十三 8）。至終，希律無法發現耶穌有錯。他也沒有看見任何神蹟。毫無疑問地，審判對耶穌是一個非常痛苦的經驗。路加福音中的耶穌，誠然是一個受害者。祂被羅馬人視為囚犯。雖然最後羅馬人宣判耶穌無罪，但耶穌還是受了死刑。這也是使徒宣講時常常關切耶穌是否有罪的原因。

當我們將那些引向耶穌受審的事件，視為整個圖畫的一部分時，我們便看見路加所展現的耶穌，是受害者的反面。更確切地說，在登山變像之前，有幾件事情發生。耶穌首先在路加福音九章 10 至 17 節，講論著與給五千人吃飽相連的上帝國之道。不同的福音書對於給五千人吃飽的神蹟，各有不同的強調。舉例來說，約翰福音的強調明顯指出，耶穌超越摩西，因為生命之糧來自天上。而在路加福音中，給五千人吃飽並非一般的筵席。他不僅以吃飽的眾多人數，來使讀者驚歎。路加福音的強調更將這個筵席，和一種天國筵席相連。換言之，路加福音列出一張關於耶穌的國度工作的公式化名單，以此來開始記述給五千人吃飽一事(路九 11)。藉著展現十二個門徒為一個團體，路加顯示出一種以色列十二支派的組織結構，這實際是上帝國度的舊約版本。而在給五千人吃飽的記錄中，我們看見上帝國度的新約版本。在這個國度中，人們被餵飽。在人們吃飽之後，其他以國度為導向的事件很快地跟著出現。隨即地，彼得在路加福音九章 20 至 22 節，發出了有關彌賽亞的認信。彼得的認信，伴隨著與人子一同受苦的命令。

耶穌更進一步地預言，國度的榮耀將很快地被揭示，甚至向那些尚未嘗死味的人顯現(路九 27)。耶穌究竟在談論哪種榮耀？這種榮耀就是出現在路加福音九章 28 至 36 節的榮耀，因為它顯示出，摩西和以利亞認識耶穌。換言之，耶穌可以應驗所有這一切，乃是因為祂在道成肉身之前，已經是一個超自然的上帝。否則，摩西和以利亞怎麼可能認識耶穌，並且像老朋友一樣？最後，耶穌在山上禱告時，天上的訪客在路加福音九章 28 至 36 節向祂顯現。對舊約國度大有貢獻的兩個人，現在和那即將應驗新國度的耶穌說話。整個記錄以天上來的、宣告耶穌是上帝獨特的兒子的聲音為結束(九 35)。這個記錄因此可以連結至耶穌職事的起源，因為當耶穌受洗時，也有一把來自天上的聲音，證實耶穌是上帝的兒子的地位(三 22)。

讓我們再度造訪，路加福音九章 28 節及其後經文的登山變像的記錄。現在我們要觀察關於耶穌和彼得之問答的細節描述。耶穌建構問題的方式，使得耶穌和彼得之間的對話顯得相當生動。耶穌首先以兩個問題問門徒，眾人說「我是誰」。然後耶穌告訴彼得，不可將耶穌是基督的事告訴任何人；並且明說「人子」必須受許多的苦，還要被宗教領袖棄絕，甚至殺害(路九 22)。為甚麼耶穌在問題中使用「我」，卻在祂的聲稱中使用「人子」？最簡單的答案就是，路加取材自不同的來源（參太十六 13～16）。但我對來源的詮釋並不滿意。我比較同意，路加刻意對照「我」和「人子」。路加藉著問題中的「我」，來強調當時世界對耶穌身分和地位的模糊認識。耶穌提出問題，並非祂沒有安全感，或祂不知道自己是誰。已極其清楚地，路加顯示出耶穌極度自信並且清楚自己的身分；祂就是人子（路九 22）。真正的問題是，世界對於耶穌的身分深感困惑與不安。「我」顯示耶穌是問題中的模糊人物，因此要求路加福音九章 18 至 20 節中的回應。耶穌有關人子的宣稱，澄清並且為自己的身分，提出了最後的確定答案。耶穌後來的受苦，並不代表祂是一個有罪的囚犯。相反地，祂的預言顯示祂是一個先知—受害者。很快地，祂的地位將從一個受害者，一個似乎平凡和模糊的人（例如，路加福音九章 18 至 20 節中的「我」），變成一個得勝者。不論這個人子是誰，祂絕不是受害者！

登山變像的勝利國度模式，繼續在路加福音九章和二十二章的平行中出現。在邁向耶路撒冷的旅程中，耶穌再度在路加福音十二章 7 至 19 節，論到與筵席相連的國度。而彼得也再次在路加福音二十二章 31 至 34 節，發出另一項榮耀的認信。耶穌隨即出現在橄欖山，並且在那裏禱告。在路加福音二十二章 39 至 44 節中，一個天使從天上顯現，加添耶穌的力量。如此說來，第一個榮耀的登山變像事件，預示了路加福音二十二章的這個時刻。即將出現的受難不是陰霾和沉淪，而是全然的榮耀和崇高！耶穌命定要成為一個新國度的榮耀勝利者，祂不是地上國度（即羅馬）的受害者。

雖然在事件的次序上有變化，但登山變像和升天之間的平行，仍然必須在路加福音九章和使徒行傳一章之間被注意和觀察。我們不應該因變化而驚訝，因為路加只是嘗試不讓自己的神學議題扭曲事實，他儘量尋求忠於事件。路加福音九章的情節情境和使徒行傳一章的完全相同。換言之，登山變像可見於路加福音九章 1 至 6 節關於差遣十二門徒的上下文中，而耶穌也在使徒行傳一章 8 節，差遣門徒作祂的見證直到地極。另外，國度的暗示出現於路加福音九章 11 至 17 節，而使徒行傳一章 3 至 4 節也談論上帝國的事。耶穌升天的事件發生在山上（徒一 12），與路加福音九章 28 至 36 節耶穌上山的上下文，不謀而合。尤有甚者，路加福音九章 29 節指出潔白放光的衣服，而使徒行傳一章 10 節也提及白衣。路加福音九章 30 至 32 節，和使徒行傳一章 10 節，都同樣提到兩個人。路加福音九章 34 至 35 節描述有一朵雲彩出現遮蓋他們，而使徒行傳一章 9 節，則指出一朵雲彩將耶穌接去。雖然此時國度的工作尚未建立，但使徒行傳的其餘部分將顯示出，國度的工作將如何建立與發展，以致對整個世界作出革命性的改變。

究竟所有這些榮耀的記錄，具有甚麼意義？我相信主要的高潮，出現在使徒行傳七章 55 至 56 節司提反的殉道中。在司提反的異象中，人子站在充滿榮耀的上帝的右邊。這是一個何等榮耀的異象，它傳遞了清晰與寶貴的信息。更確切地說，當聖徒行走十字架的道路時，國度的榮耀隨之展現；因此司提反的異象，成為教會的異象！司提反具體實踐了，耶穌在兩個情境中極力要求的命令：耶穌要信徒背著自己的十字架來跟從祂（路九 23，十四 27）。這是一個犧牲的門徒道路。這個以上帝為天父、以耶穌為人子，以及以門徒為主耶穌的仿效者的新家庭，在耶穌離開地上世界時，繼續活潑有力地發展。雖然成為世界所逼迫的受害者，但門徒就像司提反一樣，將成為得勝者。世界的迫害，將引向天上的勝利！

詮釋角度的教導

當提阿非羅從「新」這個觀念角度來看耶穌時，他必然獲得一幅非常豐富的耶穌畫像。凡跟隨耶穌所代表的新人類的人，必須以耶穌得勝試探的同樣方式，來克服世上的挑戰。他們也必須行走新的出埃及，這條道路展現在教會的宣教中。在路加撰寫書卷時，初期教會的宣教，已經觸及遠近之地。在一世紀那多元化的環境中，魔鬼的勢力藉著蓬勃蔓延的巫術儀式流露殆盡。當時的人很容易將基督教，視為這些巫術儀式中的一種，因為基督教確實不是一個國家許可的宗教。路加有關魔鬼失敗的討論，不僅強調基督教和巫術儀式的區別，並且釐清外邦人任何對於基督教多種不同禮儀的誤解。

路加將提阿非羅帶回到撒馬利亞人和猶太人互相輕視的起初光景。藉著預先解讀使徒行傳的歷史，路加顯示新國度的發展何其深廣；它從不同團體之間的互相排斥，進入彼此之間的互相擁抱。種族的界限已經消失，因為律法在耶穌來了之後，扮演一種截然不同的角色。同時，敘事也沒有忽略凸顯耶路撒冷的角色。耶路撒冷的特質，確實已經改變。雖然它先前象徵猶太教，但它的新角色同樣具有絲毫不遜色的重要性。凡住在耶路撒冷的人，應當應驗錫安先前的殊榮；錫安，就是以賽亞書所提及的錫安，這個錫安亦代表真以色列。[62] 如今，耶路撒冷成為基督被釘十字架和死裏復活的地方。耶穌因此將成為錫安其餘居民能否活出被召的樣式，或他們將像被擄之民那樣痛苦失敗的決定因素。因著耶穌的來到，耶路撒冷的角色具有前所未有的重要性。她的角色似乎和被擄之前的時代大異其趣，但她對基督教信仰的發展，依然具有舉足輕重的地位。從社會的角度來看，耶穌的使命將不同團體的人羣帶進羊圈，這些人是主流猶太教所不看重的。如此說來，提阿非羅必須檢視自己相似的社會情況，並且將那些不在他自己社會圈中的人，帶進上帝的國度。他們必須跟隨耶穌的國度的倫理。耶穌的新律法，要求這種擁抱的態度！

生活在猶太和羅馬的社會中，並且將其制度傾覆顛倒的耶穌，為自己的事工引進一種前所未見的反對力量。路加費心地在路加福音二十三章 12 節，顯示希律和彼拉多之間的友誼。在此我們看見，為了反對耶穌，猶太人的王希律和至高的羅馬政客成為朋友。或許，提阿非羅在當時也知道這段友誼，但他不明白這個政治結盟的宗教意義。路加的闡釋生動地將這個似乎無辜的結盟那猙獰的面目流露出來。可見，為了改革猶太和羅馬的制度，耶穌吸引了全世界（即猶太人和非猶太人）對祂自己產生敵視。凡跟隨祂的人，也將引來相似的反對。凡相信祂的人，必須行走祂的道路。對提阿非羅而言，司提反代表了終極的標準。世界的制度勢必與教會對抗。教會必須得勝！

結論

路加的耶穌畫像，從耶穌的個人層面開始。然而，他沒有停止在個人的層面上。路加福音中的所有人物，都由他們與耶穌的關係來定義。換言之，有些人拒絕耶穌，有些人則被召入祂的羊圈。在各樣的反對中，耶穌贏得了祂個人的戰爭。至終，所有跟隨祂的人，都會落入並經歷那與祂相似的痛苦。路加福音中的耶穌，創造了一個好像烏合之眾的新羣體。祂藉著打破人的傳統和界限，帶來新羣體的產生。尤班克（Nathan Eubank）提出一個重要的問題：「耶穌的死如何證實，耶穌是主和彌賽亞的雙重身分？」而路加福音十九章 38 節，卻一次提及耶穌的君王和僕人身分（特別是「服事餐桌的僕人」）。[63] 整個命運倒轉的觀念令人困惑，因為使徒行傳二章的描述證實了耶穌的身分。尤班克認為，路加筆下的五旬節顯示，已實現的終末論（realized eschatology）至終將降臨在窮人中間。主為窮人所預備的恩年，已經來到了。[64] 尤班克使用巴廷（Baktin）嘉年華會的觀念，來描述階級的混合，因耶穌的死而變得人人平等。[65] 我認為五旬節實際以不同的方式，來對照如同農神節的外邦假日，在這些假日中，奴隸擁有參加慶祝等活動的大量自由。

更進一步地，路加福音二十二章 25 至 26 節似乎像一個社會評論一樣，它並非將外邦人具有君王和恩主的制度定罪，而是反對這種制度存在於新社會中。[66] 耶穌的方法與外邦的制度恰成反照。耶穌是否為了創造一個公義的社會，而永久性地對調社會的次序？耶穌是一個社會革命家嗎？最令我注意的是，神蹟和奇事常與受苦相隨而來。耶穌因此再次地成為倫理的榜樣。耶穌所創造的新羣體將藉著遵循祂的新生活原則，而成為耶穌在地上的使命的代表。尤有甚者，這個新生活原則，實際超越當時多種不一的猶太教。[67] 因此，耶穌自己成為新人類所必須跟隨的倫理典範。

省思與應用

當我們從提阿非羅的視野來解讀經文時，我們確實看見了現代情境的反映。在現代的世界中，屬靈的向度因著世界的唯物主義而減少。甚至連超自然的，都幾乎一併消失。或許，在一些第三世界的國家中，屬靈的現實反而更加真實。

對那些未曾在每日生活中經歷超自然之事的人來說，現代世界的屬靈和超自然向度，都從物質的角度來表達自己。諸如全球化、文化意識轉變和貧富之間的差異，都具有超自然的向度。換言之，今日的基督徒未必總是在趕鬼（雖然有些是），但我們的超自然戰爭可能在社會—倫理的前線進行；在其中我們嘗試藉著我們的資源來改善世界，好消除物質的改變所帶來的負面影響。每個人都以不同的方式參與屬靈的戰爭，不過撒但和牠的魔鬼相當鮮活與猖狂，這卻是不容否認的事實。聖靈的工作可能相當奇特，但祂也可能以普通的形式出現。

明白路加可能針對基督徒實行巫術而提出的護教，這實際是相當重要的。對於現代信徒而言，我們不應當忽略這個事實：耶穌的生命揭露超自然戰爭是繼續進行的。因著福音宣教的緣故，基督徒也必須區分超自然信仰和迷信之間的不同。例如在中國，許多知識分子仍然將基督教，視為一種毒化人心的迷信。基督徒必須清楚區分，但一方面不可完全陷入自然主義的世界觀（naturalistic worldview），另一方面也不可完全陷入迷信的世界觀（superstitious worldview）。當我們比較耶穌的神蹟和古代世界的巫術儀式時，兩者有一些表面的相似之處，這有可能誤導不仔細的觀察者。無庸置疑地，我們甚至有證據顯示，初期教會的基督徒藉著祈求耶穌的名字而進入迷信的儀式。[68] 我們必須記住，在歷史上，搜捕女巫是在西方建立基督教之後才發生的。在這之前，凡事皆可行；任何一種涉及神蹟甚或魔鬼的儀式，都不見得被視為壞事。在耶穌的世界中，近在眼前的議題並非超自然是否存在，而是耶穌的超自然作為，是否和祂當時的人一樣。

耶穌很容易被看成為當時迷信和憑藉魔鬼力量的行神蹟者。

同樣地，基督教和其他宗教，也在自然和超自然的領域中，共有一些相似之處。究竟兩者如何相異？我相信最主要的相異之處在於，基督教是以國度為中心的。如果我們僅以討論神蹟為焦點，我們將錯失更重要的議題。因為神蹟不過是國度這個更大議題的一部分。從這個角度來看，我們就不會堅持，重新創造耶穌的神蹟，是現代門徒真正處於國度領域中的必要。雖然神蹟依舊發生，但基督教和古代巫術儀式的比較研究，讓我們看見一幅更大的圖畫。尤有甚者，耶穌的工作也影響祂的社會。可見，耶穌的社會職事和神蹟職事同樣重要。以現代的應用來說，在靈恩（charismatic）教會趕鬼的基督徒，並不比以耶穌的名餵飽窮人的基督徒，來得更重要。兩者都是國度的工作！在兩者之間，沒有一個應該比另一個更為優先。當詮釋者只焦點於神蹟時，詮釋者（不論是靈恩的還是非靈恩的）都將因太過重視微觀，而錯失了宏觀的整個圖畫。總的來說，整個的國度觀念，仍然是使基督教和其他宗教大異其趣的最有效證據。

為了要實現耶穌所產生的那種影響，基督徒必須活出清楚帶有社會影響力的國度生活。福音派基督徒非常善於公然抨擊一些表面或黑白分明的事情。換言之，人們總是很快地攻擊在性上的不道德、沉迷賭博、毒品上癮（包含酒精）和非法移民等問題，但卻對那些與倫理有關的議題，毫不敏感。我們很容易使用福音來對付明顯不道德的行為，但在揭發曖昧不明的不公義方面，卻相當遲緩。尤有甚者，在公然抨擊時，基督徒時常缺乏憐憫之心。他們的信息原則可能正確，但傳達的語調卻十分錯誤。凱理（Greg Carey）在他的近作《罪人》（*Sinners*）一書中，將公然抨擊稱為「右派基督徒的攻擊語調」，我實在太同意他的看法了。[69]這種光景導致絕望的凱理，將耶穌所認同的罪人寫成一本書。更令人驚訝的是，耶穌從來沒有被那些主流的宗教人士所尊敬。他的敵對者無疑將耶穌和祂的跟隨者視為罪人。究竟從甚麼時候開始，基督教變得令人尊敬又體面呢？

在路加福音中，耶穌處理律法的方式顯示，這個世界的確相當複雜，它要求基督徒採取具深度的思考。路加的理念比一般福音派的單純黑白世界（例如，遵守安息日），更形複雜。路加所表達的倫理理念之一，就是經由耶穌與局外人的認同，而展現出基督徒的社會責任。基督徒具有社會責任！在世界的許多角落中，貧窮和政治制度導致了令人無法想像的苦難。其中一個例子就是貧窮所帶來的人口販賣。無法溫飽、難以維生的婦女，只能以販賣自己的身體來殘存。有些家庭販賣自己的女兒，來維持一家之生計。我們可以膚淺並且自以為義地，把這類的性罪行定罪；但在這些罪行的背後，卻是撒但用來傳播這種社會病態的社會制度。基督徒不單有責任把這種性罪行定罪（也就是許多人快快去做的），基督徒更有責任提供資源來改變那導致問題的社會制度。

同樣的原則適用於移民勞工的議題，無數的外籍勞工面臨被歧視的痛苦。這些外籍勞工侵犯我們這些比較繁榮的城市和國家，因為他們自己的國家相當貧窮；而這些國家的貧窮，很可能源自富有國家的貿易方式。福音宣教必須伴隨著社會改變。更確切地說，那些具有資源的人，必須以行動朝向福音宣教的目標行。因為僅是福音的宣講並不足夠！良好的社會行動應該和任何一種優質的宣講並肩而行。基督徒不應該容忍社會問題，而應該成為解決問題的部分答案。那些比較富有的人不應該自以為他們是向世界施予恩惠。相反地，他們應該體認這是他們的呼召，使他們成為世界的施惠者。上帝白白地給予恩典，因此擁有資源的人，也應該白白地給予！幫助社會，絲毫不足自傲，因為這是我們當行的責任。路加傳給提阿非羅的信息相當清楚：我們必須盡力而行，並且不存任何得到回報的期望！

當我研讀耶穌的慈善行動時，羅馬的贊助制度和我們的宗教世界之間的一些平行，讓我非常驚訝。羅馬人通常藉著豎立紀念碑和其他認可的公共形式，來回報贊助人的恩惠。[70] 而許多顯著的富有基督徒，也常常期待相同的回報。無數的基督教機構，是由富有而非具有屬靈智慧的董事會會員所掌控。其他的則為奉獻者製作可以和古代羅馬公共紀念碑相比的紀念匾額(尤其是墓碑)。尤有甚者，許多富有的奉獻者，自然地期待坐在權力的位置上。在其他敬虔人士的面前，這些奉獻者精準地根據他們所能獲得的權力和認可程度來奉獻。許多基督教機構被富有的男士俱樂部所掌控。這些都不是耶穌所要建立的制度。屬靈領袖的職位，絕對不是財富所能購買的！

可能是教會成員的提阿非羅，也面臨相同的挑戰。購買宗教上的認可，和世俗的羅馬贊助制度毫無兩樣。如果提阿非羅陷入這種贊助制度的惡性循環中，那麼基督教和其他任何一種羅馬宗教與社會制度，又有何區別呢？耶穌對於不被社會歡迎的人的肯定，清楚展現福音的核心。耶穌不是為了金錢而與人交往，祂乃是擁抱那些可能使他名譽受損的人。耶穌的典範要求提阿非羅，在不考慮自己的利益之下謙卑地事奉。財富不是社會—宗教控制的管道。財富也不是獲取宗教敬虔之名的途徑。相反地，財富是不具名地、且白白地祝福他人的媒介！

羞辱和尊榮的終極對調，來自十字架的榮耀。身為上帝之子的耶穌，白白地捨棄自己的生命！有關耶穌的榮耀的無數記錄，顯示耶穌的確為了承擔人類的羞辱，而作了無比的犧牲。這幅圖畫也適用於門徒。十字架是帶來榮耀的羞辱！這個世界羞辱了耶穌！這個世界也將羞辱門徒，雖然門徒所作的是對的，他們甚至作出巨大的犧牲，但這個世界勢必輕笑門徒那不預期任何回報而白白施予恩典的行動。耶穌的十字架所遭受的攻擊，將繼續挑戰那要活出福音的教會。

耶穌在新人類中的領袖地位，響亮地向提阿非羅和我們說話。新人類關乎我們的身分。它的重要性不在於我們作甚麼，而在於我們成為甚麼樣的人。凡事都出於這個身分。因此，基督徒必須將這個新人類的領袖的生命，具體實行在自己的生命中。

註釋：

1 Mary Rose D'Angelo, "The ANHP Question in Luke-Acts: Imperial Masculinity and the Development of Women in the Early Second Century," in *A Feminist Companion to Luke*, ed. Amy-Jill Levine and Marianne Blickenstaff（London: Sheffield Academic Press, 2002）, 61.

2 James D. G. Dunn, *Jesus Remembered*（Grand Rapids, MI: Eerdmans, 2003）, 36～37; Ernest Renan, *The Life of Jesus*（London: Trübner, 1864）.

3 如果被充滿的事件是預言的，那麼最有可能的是未來時態（例如，路一 15），但如果所強調的是一項事實，那麼作者就使用不定過去式（aorist；例如，路一 41）。在這個例子中，聖靈屬於所有格（genitive）。

4 約翰是否拿細耳人，這成為學者熱烈辯論的議題。參 Darrell L. Bock, *Luke*（Grand Rapids, MI: Baker, 1994）, 84～85。我認為辯論很可能脫離那明顯的事實：約翰是舊約傳統中，被聖靈充滿的先知。

5 參照使徒行傳二章 38 節和十九章 4 節。

6 此處的聖靈屬間接受格（dative），和使用所有格的關於充滿的經文不一樣。

7 Bock, *Luke*, 322～323.

8 Robert J. Webb, "The Activity of John the Baptist and the Expected Figure at the Threshing Floor（Matthew 3.12 = Luke 3.17）," *JSNT* 43（1991）, 109.

9 Paul Garnet, "The Baptism of the Son of Man," *JSNT* 9（1980）, 62；作者顯示出和《以斯拉四書》（4 Ezra）十三章的一套平行，它甚至強調與其他符類福音有更多的平行。

10 路加福音和馬太福音在家譜上無法協調的差異，的確導致一些人懷疑家譜的史實性。最好是將兩個家譜視為各具有不同的神學目的來解讀。這個疑點永遠不可能被解決。更多討論，參 Raymond E. Brown, *The Birth of the Messiah: A Commentary on the Infancy Narratives in Matthew and Luke*（New York, NY: Doubleday, 1993）, 66～94。

11 《聖經新譯本》準確地翻譯一章 17 節為：「他必有以利亞的靈」。

12 Joseph A. Fitzmyer, *The Gospel according to Luke I～IX*, AB, vol. 28（New York, NY: Doubleday, 1979）, 515；作者認為，對於耶穌是上帝的兒子之地位的質疑，和路加福音二十三章 35 至 39 節類似。我認為他的理論，比較適合馬太的故事（參太二十七 39）。至多，路加以更明顯強調彌賽亞的方式，編修了馬太的故事，

13 在此，路加依循馬可福音五章 9 節，他描述「因為附著他的鬼多」，而馬可福音五章 9 節則是「因為我們多的緣故」。藉著敘述者的觀點，路加的筆法強調鬼的眾多數目。馬可使用較多的單數詞來描述鬼，旨在強調鬼藉著一個被鬼附的人，如同一體地行事。路加在記錄中使用較多的複數詞，來顯示鬼龐大的數目。

14 Fitzmyer, *The Gospel according to Luke I～IX*, 739.

15 如果我們必須比較路加福音十二章 1 至 12 節，馬可福音四章 20 至 30 節，與馬太福音十二章 22 至 32 節；路加分開了路加福音十一章 14 至 23 節的猶太人問題，和路加福音十二章的逼迫問題。Eduard Schweizer, *The Good News according to Luke*, trans. David E. Green（Atlanta, GA: Westminister John Knox Press, 1984）, 205；作者認為，路加分開了褻瀆聖靈的說明，以除去來自魔鬼議題的焦點；而魔鬼議題的焦點，則是馬太和馬可想要注意的。我比較偏向將魔鬼的議題，視為路加描述之圖畫的一部分，而逼迫則是另外的描述。

16 Craig Evans, *St. Luke*（Philadelphia, PA: Trinity, 1992）, 518.

17 Dunn, *Jesus Remembered*, 743.

18 Bock, *Luke*, 1143；作者認為褻瀆耶穌是暫時的，而拒絕聖靈則是永久的。他的論證來自使徒行傳七章 51 節、十三章 40 至 49 節和二十八章 23 至 28 節的解讀。他的答案有優勢，因為它在使徒行傳中找到平行之處。我認為路加

福音在此的神學，或許足以回答這個問題，而使這個問題有一個獨立的（self-contained）答案。

19 Joel Green, *The Gospel of Luke*, NICNT（Grand Rapids, MI: Eerdmans, 1997）, 484；此書作者明確地認為，在逼迫的時期，褻瀆是一種背道的行為。在經文的上下文中，他的觀點有很強的支持。Bock, *Luke*, 1141～1142；此書作者似乎過度關切於定義那被拒絕的準確時期。他認為否認聖靈，是永遠的被拒。我認為他非常努力地想要辯護「一次得救，永遠得救」的神學立場。事實上，耶穌在此的觀點相當簡單，祂乃在說明，祂的工作和聖靈的工作密不可分；因為在那個歷史時刻中，祂是第一個和惟一一個如此被聖靈充滿的人，祂被聖靈充滿的程度，使祂的工作無法和聖靈的工作分開。

20 當今辯論的摘要，參 William Horbury, *Messianism among Jews and Christians: Biblical and Historical Studies*（New York, NY: T & T Clark, 2003）, 125～130。

21 Robert Maddox, "The Function of the Son of Man," NTS 15（1968）, 47～52.

22 Dunn, *Jesus Remembered*, 743.

23 Ivan S. C. Kwong, *The Word Order of the Gospel of Luke*, LNTS 298（London: T & T Clark, 2005）, 133.

24 這解釋了路加福音十章 18 節「我曾看見」的未完成時態（imperfect tense）。耶穌在祂被試探時，看見撒但從天上墜落；祂繼續在祂的跟隨者的工作中，看見相同的事實。這個時態顯示那繼續但未完成的行動。換言之，耶穌繼續看見撒但的墜落。

25 Susan R. Garrett, *The Demise of the Devil: Magic and the Demonic in Luke's Writings*（Minneapolis, MN: Fortress, 1989）, 2～5。然而，我依然無法確定，路加在這段記錄中，是否以護教為主要目的。

26 Clinton Arnold, *The Colossian Syncretism: The Interface Between Christianity and Folk Belief at Colossae*（Grand Rapids, MI: Baker, 1996）, 47～51.

27 Marvin Meyer, ed., *The Ancient Mysteries: A Sourcebook of Sacred Texts*（San Francisco, CA: Harper, 1987）, 140。更多有關大母神赫卡特（Hekate）的資料，參 Arnold, *The Colossian Syncretism*, 141～146。

28 John M. Hull, *Hellenistic Magic and the Synoptic Tradition*（London: SCM, 1974）, 54；作者將國度詮釋稱為終末詮釋（eschatological interpretation），而終末詮釋和其他記錄的巫術詮釋（magical interpretation）是有區別的。

29 Fitzmyer, *The Gospel according to Luke I～IX*, 409. Joe Fantin, "The Lord of the Entire World,"（Unpublished PhD dissertation, University of Sheffield, 2007）；此文章給予豐富的羅馬證據，以證明「救主」一詞，是皇帝使用的正式頭銜之一。

30 Fantin, "The Lord of the Entire World"；文章指出將皇帝描述為「全世界之主」（lord of the entire world）的碑文，約在哥林多前書寫成之後一個世紀左右被發現。這項發現對路加特別具有啟迪的作用。相似看法，參 Green, *The Gospel of Luke*, 135。

31 Richard K. Baawobr, "Opening a Narrative Programme," *JSNT* 30（2007）, 30.

32 Albert I. Baumgarten, "Pharisaic Authority: Prophecy and Power（Antiquities 17.41～45）," in *Common Judaism: Explorations in Second-temple Judaism*, ed. Wayne O. McCready and Adele Reinhartz（Minneapolis, MN: Fortress, 2008）, 83.

33 William Sanday, *Essays in Biblical Criticism and Exegesis*, JSNTSup 225（Sheffield: Sheffield Academic Press, 2001）, 69～70.

34 Gert J. Steyn, "Soteriological Perspectives in Luke's Gospel," in *Salvation in the New Testament: Perspectives on Soteriology*, ed. Jan G. van der Watt（FS Andrie du Toit; Leiden: Brill, 2005）, 76.

35 有關這方面的討論，參 Charles Cosgrove, "A Woman's Unbound Hair in the Greco-Romans World with Special Reference to the Story of the 'Sinful Woman' in Luke 7. 36～50," *JBL* 124（2005）, 675～692。此文作者最後拒絕道德的解釋，並且辯證悲傷的解釋。

36 Bock, *Luke*, 1041.

37 Gerald O'Collins, *Salvation for All: God's Other Peoples*（Oxford: Oxford University Press, 2008）, 89；此書作者特別談到比喻，但他的陳述對於路加福音中任何一幅耶穌的圖畫，都同等適用。亦參 Ferdinand Christian Baur, *Church History of the First Three Centuries*, vol. 1, trans. Allan Menzies（London: Williams and Norgate, 1878）, 78～79。

38 Robert J. Karris, "Missionary Communities," *CBQ* 41（1979）, 88～89.

39 例如：Walter Burkert, *Ancient Mystery Cults*（Cambridge, MA: Harvard, 1987）, 106～107。

40 Hermie C. van Zyl, "The Soteriology of Acts: Restoration to Life," in *Salvation in the New Testament: Perspectives on Soteriology*, ed. Jan G. van der Watt（FS

Andrie du Toit; Leiden: Brill, 2005）, 147.

41 M. Eugene Boring, Klaus Berger, and Carstenn Colpe, eds., *Hellenistic Commentary to the New Testament*（Nashville, TN: Abingdon, 1995）, 189～190.

42 Louis T. Brodie, "New Temple and New Law," *JSNT* 5（1979）, 24～25.

43 Dunn, *Jesus Remembered*, 314.

44 Dunn, *Jesus Remembered*, 313n277；此書作者引述自哈理斯（W. V. Harris），杜威（J. Dewey）和赫塞（C. Hezser）的權威研究。

45 Richard A. Horsley, "The Origin of the Hebrew Scripture in Imperial Relations," in *Orality, Literacy, and Colonialism in Antiquity*, ed. Jonathan A. Draper（Atlanta, GA: SBL, 2004）, 107.

46 Michael P. Knowles, "What was the victim wearing," *Biblical Interpretation* 12（2004）, 147～148；文章作者認為這個故事的背景出自歷代志下二十八章。

47 Michel Gourgues, "The Priest, the Levite and the Samaritan Revisited," *JBL* 117（1998）, 709.

48 Barbara Reid, "The Power of the Widows and How to Suppress It," in *A Feminist Companion to the Acts of the Apostles*, ed. Amy-Jill Levine and Marianne Blickenstaff（London: Sheffield Academic Press, 2004）, 81.

49 例如：Dunn, *Jesus Remembered*, 221。

50 Frank Matera, "Jesus' Journey to Jerusalem（Luke 9.51～19.46）," *JSNT* 51（1993）, 58～59.

51 參下列著作中的圖表：Matera, "Jesus' Journey to Jerusalem," 62, 65。

52 Green, *The Gospel of Luke*, 53～55. Fitzmyer, *The Gospel according to Luke I～IX*, 317～318；這裏也指出相同的平行。

53 事實上，路加藉著明說這對夫婦「沒有孩子」，來更強調不生育這個事實。重複的筆法，揭露沒有嬰孩的危機。

54 Fitzmyer, *The Gospel according to Luke I～IX*, 309；作者注意到舊約的題旨，但我無法接受他的陳述：他認為嬰孩記錄「大部分是路加自由寫作的」。無疑地，路加模仿了無法生育之婦人的較早模式，這個敘事的「形式」和其他的模式一樣。然而，圖表中不確定的情節流程，顯示路加對於事件的發生，盡量保持忠實的態度。

55 有關情節的平行，參 Fitzmyer, *The Gospel according to Luke I～IX*, 313～314。

56 C. T. Ruddick, "Birth Narratives in Genesis and Luke," *NovT* 12（1970）, 344～348.

57 David W. Pao, *Acts and the Isaianic New Exodus*（Grand Rapids, MI: Baker, 2002）, 51～52.

58 Morton Smith, *Jesus the Magician*（San Francisco, CA: Harper, 1978）, 106。當然，莫頓．史密斯可能有部分正確的觀察，因為在路加福音四章 1 節的字義翻譯中，耶穌是「在聖靈中」（in the Spirit, ἐν τῷ πνεύματι）被引導的。因此耶穌處於一種聖靈的境界中（Spirit-state）。

59 R. Alan Culpepper, *The Gospel of Luke*, New Interpreter's Bible, vol. IX（Nashville, TN: Abingdon, 1995）, 99；此書作者正確地將其稱為四十年的試探。

60 聖靈和以利亞—以利沙的關連，早已被注意。參 Fitzmyer, *The Gospel according to Luke I～IX*, 319。曠野的題旨模仿摩西五經。Brown, *The Birth of the Messiah*, 277；作者指出，引自 *Sirach* 48.10 的引述，幾乎一字不換，也和路加福音一章 17 節平行。

61 Green, *The Gospel of Luke*, 259.

62 Pao, *Acts and Isaianic New Exodus*, 51～52.

63 Nathan Eubank, "Bakhtin and Lukan Politics: A Camivalesque Reading of the Last Supper in the Third Gospel," *Journal of Greco-Roman Christianity and Judaism* 4（2007）, 32.

64 Eubank, "Bakhtin and Lukan Politics," 33.

65 Eubank, "Bakhtin and Lukan Politics," 37.

66 Eubank, "Bakhtin and Lukan Politics," 44～45.

67 我使用複數的（即各樣的）猶太教，因為死海古卷的發現已經肯定，猶太教是一個多種的和有時極端不同的宗教。這並不代表，它們沒有共同的題旨；但當我們解讀路加福音的耶穌和猶太人的對話時，猶太教的差異性，必須成為了解經文的重要考慮。

68 有關巫術蒲草本被廣泛使用的證據，參 Smith, *Jesus the Magician*, 102。

69 Greg Carey, *Sinners: Jesus and His Earliest Followers*（Waco, TX: Baylor University Press, 2009）, 5.

70 例如，參 David A. deSilva, *Honor, Patronage, Kinship, and Purity: Unlocking New Testament Culture*（Downers Grove, IL: IVP, 2000）, 113。

三

門徒

引言

路加福音中的門徒之所以重要，乃是因為他們和耶穌的關係。甚至在耶穌升天之後，他們依舊重要，因為他們執行耶穌的工作。如此，他們在團體和個人的層面上，都分別扮演著相當複雜的角色。大多數註釋者所一致同意的一項觀察是，門徒分別地反映了耶穌。但他們以哪種方式反映耶穌呢？本章將仔細觀察，這些門徒在執行耶穌的國度工作上，如何以不同的方式扮演各自的角色。

成為一個團體的門徒：從跟隨者到領導者

數目「十二」

我一點也不害羞地借用我的摯友的書名，作為本節的副題：「從跟隨者到領導者」。埃斯特拉達（Nelson Estrada）是我分外尊敬的好友與過去的同仁。這個副題是他出版之博士論文的書名。我之所以借用這個書名，不僅因為他的研究成為我的研究的基礎；並且因為根據門徒的身分轉變，來描述路加—使徒行傳的門徒，這實在是最佳的方式。[1] 甚至就背景來說，數字「十二」也有一段非常漫長的傳統。在他優質的研究中，霍伯理（William Horbury）指出十二族長對以色列的自我觀，具有毫無間斷的影響力（Josephus *Antiquities of the Jew* 3.220）。[2] 華爾基（Bruce Waltke）在其重要的著作《舊約神學》（*An Old Testament Theology*）中指出，數目「十二」作為一個被擄後的羣體的記號而言，是十分重要的。[3] 雖然被擄回歸的人只是包括來自兩個支派——猶大及西緬——的人，以及那些無土地的利未人，但以斯拉記及尼希米記卻把這剩餘的「十二」，視為整個理想的羣體的象徵，這個羣體並沒失去任何人。這記號「十二」在關於獻祭的經文中顯而易見，在那段經文中，全體以色列的罪因十二隻作為贖罪祭的公山羊而得贖（例，拉六 17，八 35）。「十二」象徵著上帝全體的子民。提阿非羅應當了解這項事實，因為他可能曾經接受某種程度的聖經訓練；而當時教會惟一擁有的聖經，就是舊約聖經。

事實上，路加簡要地從門徒那身為被上帝差遣之民的身分，轉入門徒作為道成肉身之基督的化身這個終極身分。在使徒行傳中，門徒的身分因耶穌的死亡，而需要許多的解釋。路加抓住機會，闡明門徒的成員身分。那成為一個團體的門徒，也在他們和假門徒之間，畫上了分隔的界限。當耶穌升天時（徒一 4），門徒也暫時和世界分離。使徒行傳一章的敘事的開始，顯示了門徒和世界的分離。他們有許多事情需要處理，首先，他們必須解決關於猶大的事件；其次，他們要接受上帝的聖靈（一 4～5）。更重要的是，路加長久以來就已認知，數目「十二」在使這個團體顯為特別上，是重要的。

使徒行傳一章的數目「十二」，顯示這個使徒團體的獨特性。在這個觀點上，路加的平行情節，再度地凸顯了它的重要性。要了解為何數目「十二」如此重要，最佳的暗示實際出自路加福音二十二章，也就是猶大和其他使徒一同出現的經文。在這段經文中，數目「十二」主要具有終末的象徵意義。更確切地說，在路加福音二十二章那更廣的範圍中，使徒行傳一章提醒讀者，處在最軟弱的情況中的門徒，將很快地變得完全有力量，並且能執行他們的使命。尤有甚者，在路加福音二十二章 24 至 30 節，耶穌把天上的國度和地上的羅馬帝國作出比較（例如，路二十二 24～25）。耶穌身為最後晚餐之主的角色，和祂聲稱外邦國度不值得仿效的宣言，逕相符合。[4] 耶穌以一個偉大族長（patriarch）的身分，藉著命令和權威的講論，來執行逾越節的筵席。耶穌正在建造新的以色列。比這更重要的是，耶穌將權威傳給這個獨特的團體，以彰顯耶穌所帶來的國度實際遠遠超越外邦的國度。

根據耶穌所言，天上的國度有十二個門徒，坐在寶座上審判以色列的十二支派（路二十二 29～30）。換言之，天上的國度需要有十二位審判官。然而，我們也必須注意，路加在路加福音二十二章，低調處理猶大的離去，直到在使徒行傳一章猶大的數目才被補足，因為維持使徒團體的完整是非常重要的。可見，彼得認為數目「十二」是重要的，或許因為在終末的國度中有審判的發生。更確切地說，使徒行傳一章將教會預備好，以迎接終末。因著數目「十二」，教會現在接受了她完整的權威！

使徒行傳一章 18 至 19 節詳細闡述猶大的死亡，他不啻是十二使徒的羞辱。在門徒的團體中，路加看見使徒和一般門徒之間的重要區別。相信路加具有顯示初期教會領袖階層的寫作目的。有關猶大的敘事的確指出其身為一個使徒的特別地位。使徒的題旨似乎沒有在路加—使徒行傳中，受到太多注意；但這並不是因為它不重要，而是因為初期教會對使徒特殊身分的了解，是一件被視為理所當然的事。

路加之所以在使徒行傳的一開始，就大量地討論使徒的地位，乃是因為猶大成為羞辱和背叛這個團體的極致象徵。雖然從某個角度來說，上帝揀選猶大成為毀滅的工具；但路加藉著顯示猶大必須為自己的錯誤負完全的責任，從而證明使徒團體的清白。為了明白門徒在使徒行傳中的角色，我們必須回到起初耶穌呼召他們來事奉祂的時候。

在路加—使徒行傳的敘事中，「十二」確實是一個刻意和重要的數目；因為它展現耶穌是新人類和新亞伯拉罕家庭的領袖。這個數目顯示門徒不但是新以色列，更重要地，門徒跟隨新以色列的偉大領袖。正如我們在前文已經討論的，這個領袖的先存性（pre-existence），在登山變像的記錄中已被證明。一言以蔽之，數目「十二」將配得的榮耀再度歸還耶穌！

終末的宣教士

為要完全了解耶穌的職事和祂的門徒——他們至終跟隨祂的腳蹤而成為領袖——之間的平行；根據路加—使徒行傳的情境來觀察使徒行傳一章 8 節的文學涵義，就是不可或缺的詮釋考慮。使徒行傳一章 8 節是差遣故事的一部分，但路加福音已經充滿了差遣的故事。這個典型場景必須和其他兩個差遣故事相互比較：即路加福音九章 1 至 9 節和路加福音十章 1 至 24 節。路加福音中的典型場景，不但是宣教的，還具有終末的特質。而在這兩個差遣的故事之間的，就是路加福音九章 28 至 36 節的登山變像；在登山變像中，榮耀基督的光輝向幾個門徒顯現：彼得、約翰和雅各。無疑地，基督改變容貌的榮耀，至少和使徒行傳一章的基督升天平行。所有路加福音和使徒行傳的差遣故事，大多數是和醫治與宣講有關的，因此是和基督自己的職事平行的。而路加也在路加福音四章 15 和 44 節，清楚地描述基督的職事。

那提及希律的路加福音九章 7 至 9 節，並不只是一個講述「施洗約翰像以利亞一樣」的佳美故事。尤有甚者，它描述十二門徒的工作是如此有力，以致希律將他們和約翰甚至以利亞相比。事實上，門徒只是行耶穌所行的事。希律說他聽見耶穌所作的一切事，然而，行這一切事的是十二門徒。十二門徒就是耶穌的化身。如此說來，這是路加對十二門徒和耶穌的間接讚賞。耶穌的門徒是如此善於模仿耶穌，甚至像希律這樣的帝國統治者都驚慌害怕。這個宣教行動是世界的羅馬國度和基督國度之間的直接對照。羅馬國度的征服，至終是教會成為耶穌之化身的結果。

上述所提及的世界和天上國度之間的比較，只會產生一個贏家；因為在使徒行傳一章 8 節，基督清楚看見有一天，這個偉大的宣教運動將征服地極。路加福音十章 18 至 19 節所提到的踐踏蛇和打敗撒但，預示了在使徒行傳二十八章 4 至 6 節中，保羅被蛇咬、卻完全無大礙的事件。當時保羅在要將福音帶至羅馬的旅途中。無論蛇或撒但，都無法阻擋保羅的宣教。使徒行傳一章 8 節因此指出上帝那完全的終末勝利；這場爭戰由耶穌開始，但由祂所揀選的門徒所完成。無論這個數目對外邦人來說，是十二、七十二或一位使徒；終末的工作將藉著教會的職事，向所有在世界國度中的人展現出來。使徒行傳一章 8 節的差派命令驚天動地，因為它甚至很快地就會超越以利亞或施洗約翰的偉大！

終末的題旨無疑返回連結至耶穌最初的聖靈工作。當時聖靈充滿耶穌，使耶穌能夠行使神蹟奇事，其中包括祂面對魔鬼的決定性勝利。一言以蔽之，終末是魔鬼的勢力被削減的時候，不但藉著耶穌，並且藉著教會！

教會是基督的化身

耶穌和門徒之間的一個重要平行，就是聖靈的角色和上帝的話語。耶穌在路加福音二十四章 49 節和使徒行傳一章 4 節，明顯地論到聖靈是舊約的應許。尤有甚者，彼得也在使徒行傳二章 16 至 21 節，提出相同的解釋。耶穌告訴祂的門徒關於聖靈的洗和約翰的洗之間的對比；而有關聖靈的預言，則再度出現於使徒行傳一章 5 節。路加福音三章 16 至 17 節也讓我們看見，施洗約翰在他的時代論到聖靈的工作。這絕非偶然的事。從這段經文，我們看見約翰的宣告的確是獨特的，因為約翰明白，耶穌的天啟工作（apocalyptic work）不僅提供救贖（把麥子收在倉裏），還要執行上帝的審判（把糠用不滅的火燒盡）。換言之，約翰對這個時刻的預言，顯示聖靈是上帝審判的記號。這個平行相當重要，因為耶穌是在聖靈明顯降在祂身上的時候受洗的（路三 21～22）。聖靈和禱告之間的關連也相當強烈。耶穌在受洗時禱告（三 21），而門徒在等待被聖靈施洗時，也在禱告（徒一 14）。如此說來，這些門徒遵行耶穌在路加福音十一章 13 節所給予的命令，耶穌要他們祈求聖靈，因為當時聖靈尚未降臨在教會中。

尤有甚者，聖靈和施洗之間的關連也十分緊密。耶穌的洗是聖靈的洗之明顯記號。畢竟，如果耶穌要在教會中建立新聖殿，那麼聖靈的潔淨的確是必要的，因為如此才能確保新聖殿的潔淨。在使徒行傳四章 31 節，聖靈繼續使用一種可見的方式，降臨在不同人身上，如同聖靈彰顯在哥尼流的家庭中一樣（徒十

37～38、47)。聖靈是耶穌話語應驗的記號，同時也是信徒屬於耶穌的明證(十一 15～16)。使徒行傳二章1至2節明顯記載，聖靈工作的第一次展現，也在初期教會形成時發生。如此說來，初期教會職事的開始，和耶穌職事的開始逕自平行。這個平行之所以不可或缺，乃是因為耶穌的升天。更確切地說，人們再也看不見耶穌！他們需要一個明顯可見的記號，以使他們能夠相信。如同巴雷特(C. K. Barrett)所指的，雖然門徒分別是耶穌的代理人，但他們共同是耶穌的繼任者。[5]這個記號可見於那像基督的門徒團體中(即全世界的教會)。舍薛勒(J. A. Ziesler)指出，路加並不認為聖靈是基督的本質和行動的另一個模式；尤有甚者，基督在過去提供主權和權威，而聖靈則於現在提供力量和經驗。[6]我認為舍薛勒所肯定的事是相當正確，但他所否定的卻未必正確。換言之，聖靈的確藉著基督的教會，即祂的新聖殿，來代表基督的行動。

在耶穌和教會的職事一開始時，團體就被吸引在一起。例如，在巴勒斯坦地區，約翰吸引了一羣包含稅吏和兵丁的團體(路三 12、14)。路加刻意展現人物的混合，因為這些人和外邦的帝國關切相連。換言之，稅吏和兵丁都是事奉帝國的人。同樣重要的是，當我們將包容性(inclusiveness)和五旬節連結一氣時，這類職事便對以色列產生意義。在使徒行傳二章，五旬節將不同團體的人吸引在一起，其中大部分是來自整個羅馬帝國的猶太人(徒二 9～12)。這些都是歷史上相當重要的觀點，因為某個人民運動，在羅馬帝國的屬靈藍圖上，導致了不朽的影響。如同耶穌藉著施洗約翰，吸引來自以色列的人；上帝也從整個帝國，吸引人來經驗教會五旬節的奇妙。同時，因為被擄，所以散居各地的猶太人，如今已經返回，俘虜也成為過去。這一切並非經由以色列國的復興，而是藉著將每個人吸引在一起，並將信息散布到自己的家鄉而成就。

除了耶穌的職事和教會的職事，皆以聖靈為開始之外；教會當前的職事，也是耶穌的職事的寫照。在路加的筆下，只有聖靈是不夠的，上帝的話語是同等重要的。換言之，耶穌和教會也同樣充滿上帝的話語。路加福音四章描述耶穌的第一個挑戰，就是聖靈引導祂到曠野，四十天接受魔鬼的試探。在這整段記錄中，耶穌展現自己充滿上帝的話語。同樣地，在使徒行傳二章 17 至 21 節、25 至 28 節和 34 至 35 節，彼得的講道也充滿上帝的話語。彼得的三重聖經引用，幾乎可以比得上耶穌受試探時，對上帝話語的三重引用。就在試探記錄之後，耶穌更進一步地使用上帝的話語，來解釋彌賽亞職事的應驗（路四 18～19）。彼得也在使徒行傳三章 18 節，指出耶穌之死的預言應驗。更重要地，綜觀整本使徒行傳，應驗的題旨充滿在門徒的整個職事中。

下面的段落將為「應驗」帶出一些相關的討論。在現階段，我們所關切的應驗，只限於耶穌和門徒的原始職事。耶穌在路加福音四章 16 至 30 節提到應驗，緊接著應驗的例子就出現在路加福音四章 31 節至八章 56 節中。而彼得在使徒行傳二章解釋預言，並在使徒行傳二章 41 節至十二章 17 節，說明這些應驗。預言相當重要，因為路加福音四章 18 至 19 節所引用的以賽亞書六十一章 1 至 2 節，是緊接著以賽亞的審判宣告而出現的。[7] 可見，耶穌和彼得所共同宣講的好消息，也可能包含審判的層面。兩種充滿，即聖靈的充滿和上帝話語的充滿，同樣發生在耶穌職事的開始和初期教會職事的開始。這絕對不是偶然的巧合！路加確實要顯示，教會是耶穌工作的直接寫照。

在耶穌之死的討論上，那成為門徒記號的受苦題旨，清楚可見。更獨特的是受苦僕人和教會之間的關連。雖然如同范德甘(James VanderKam)所正確聲稱的，舊約書卷在一世紀時，各具不同程度的正典權威；但無庸置疑地，以賽亞書關於受苦僕人的部分，甚或以賽亞全書都已經具有相當的權威性，因為它在新約聖經中被廣泛使用。[8] 使徒行傳八章是探討這個題旨的最佳例子。使徒行傳八章的教會，可能是希臘化的猶太基督徒，分散到撒馬利亞。長久以來，歷史家批評這段記錄在歷史方面不準確；因為雖然有逼迫，但顯然使徒和許多耶路撒冷的領袖，都仍然留在耶路撒冷。

與其挑剔歷史的細節，我相信我們可以從路加的神學和文學用意，擷取更多有益的信息。在使徒行傳八章1節中，教會被視為一體。路加如此刻劃，乃為配合即將出現在記錄中的經文。更確切地說，南方的猶太人和撒馬利亞人之間的敵意，已經超過一千年以上；從南北兩國分裂開始，北國以撒馬利亞為首都，直到其於公元前七二二年被亞述所亡，並且最後延續至兩約之間的時期(Intertestamental Period)。[9] 一千年來的敵意，終於被聖靈瓦解。當人信主時，聖靈就賜下人與舊有敵人之間的合一。不太明顯的是，這個「信主」題旨和以賽亞「受苦僕人」之間的關連。

聖靈和施洗之間的關連，發生在耶穌職事的初始階段。這項觀察顯見於路加福音三至四章。在耶穌的受洗中，聖靈的提及繼續在路加福音四章18至19節的以賽亞預言中出現。以賽亞的預言，將耶穌刻劃為被聖靈充滿的僕人。除了年代的次序之外，聖靈和施洗的相同題旨，也連結了兩個信主的故事。在信主的故事中，當腓利在解釋以賽亞的預言和僕人耶穌之間的關係時，聖靈就在腓利的不遠處(徒八32～33節)。雖然經文沒有明顯討論，聖靈是否充滿那太監；但在這段記錄之前，確實有聖靈在撒馬利亞人身上工作的記載，而腓利從水裏上來之後，聖靈也將他提了去。我們將在下文更多討論腓利，但現在，我們必須重訪那引介使徒行傳大段資料的重要簡摘，也就是使徒行傳八章 1 至 2 節。

更確切地說，教會現在正行走在受苦僕人的道路上，原先受苦僕人應該是以色列，後來變成先知以賽亞，最後變成耶穌這位彌賽亞先知。如果我們從整個路加—使徒行傳的以賽亞神學角度來解讀這個故事，那麼受苦僕人的三重意義，就在聖靈和耶穌的關連上變得十分清楚。那降臨在教會身上的受苦，實際導致了耶路撒冷之外的第一個信主事件，也就是撒馬利亞人和衣索匹亞太監的信主。當耶穌以受苦僕人的身分事奉時，福音被傳到以色列。而當教會以受苦僕人和新以色列的身分事奉時，福音則被廣傳至遠近之處。

門徒成為一個團體，也展現另一項重要的事實。這項重要的事實就是，外邦人也被包括在其中。早在使徒行傳十一章 26 節，門徒已被稱為基督徒(即「小基督」)。他們被冠上這個別名，乃是因為他們針對外邦人和局外人所作的工作。在局外人中間的工作，這最能顯示他們像耶穌的品質；因為這種工作不是在像門徒的局內人中間行使，而是在清楚看見這個職事的局外人中間行使的。換言之，非信徒對於這個外邦職事的經歷是如此豐富，以致他們將門徒視為基督本身的化身。凡接觸教會的局外人，都能完全地經歷教會是基督之化身的鮮活表現。這是一項不容忽略的重要事實。更確切地說，教會是為一羣能夠產生正面經歷、而將讚美歸予耶穌的局外人而存在的。除了對外邦人的接納之外，世界如何經由門徒這個團體，來經歷基督呢？上述資料的總結無疑顯示，世界主要以兩種不同的方式，經由門徒來經歷基督：受苦和應驗。

第一，世界將看見門徒跟隨耶穌的腳蹤行，也就是祂受苦的腳蹤。早在耶穌職事的初始，祂已經暗示自己和門徒團體之間的平行之處。藉著仿效耶穌的行動，門徒成為新的「上帝的兒子」或真以色列。具體來說，耶穌的地位已經轉讓給門徒了！在路加福音九章23至27節，當耶穌宣告門徒之道時，耶穌提及十字架的跟從。雖然路加似乎低調處理門徒在耶穌被捕時的四散奔逃，但他卻在路加福音二十一章16節，記錄耶穌有關「門徒必要經歷與祂相同之逼迫與審判」的預言。路加在前瞻使徒行傳的筆法中，確實超越了耶穌被捕的當前事件。受苦的強調將在我們更仔細觀察彼得和保羅等不同門徒時益發流露；就目前而言，路加明言受苦是教會無法避免的必經之路！

第二，世界將藉著基督的門徒宣講聖經的應驗，來經歷基督。聖經的應驗是耶穌和教會的共同題旨。從施洗約翰開始的宣講直到彼得（例如，徒二38，三19），部分的應驗展現於門徒向各地人民持續所發出的悔改呼召。保羅雖以不同的方式挑戰讀者，但他從來不逃避那具強烈暗示有悔改必要的復活和審判（例如，徒十三40～41，十七31）。施洗約翰的職事基礎，無疑和預言的應驗緊密相關。他在耶穌和門徒開啟職事之前，已經展現了預言應驗的趨勢。在路加福音七章27節，耶穌根據瑪拉基書三章1節來解釋施洗約翰的職事。他誠然是一個開路先鋒！而使徒行傳十八章24至28節的強調，也顯示約翰的確**只是**一個先鋒。尤有甚者，耶穌在路加福音四章16至30節和二十章17節中，明說自己是舊約盼望的應驗。無疑地，門徒將耶穌視為像摩西這位至高先知的應驗（徒三22～26）、新聖殿的應驗（四11）、救贖的終極來源（十43）、大衛真正的兒子（十三23）、受苦的彌賽亞（十七 2～3），和整本聖經的應驗（二十八 23）。這些應驗流露耶穌的豐盛，因為人們對於彌賽亞的期望，是如此之不同與多樣。[10] 雖然人們對彌賽亞的看法似乎不勝枚舉，但耶穌依然涵蓋一切！

儘管先前提及的使徒宣講，已經展現使徒的多項強調；但耶穌在祂的教導中，卻有自己的獨特強調。為免有人誤以為「猶太人拒絕基督」是一種偶然的意外；路加以證據確鑿的論證，來記錄這項並非意外的事實：路加福音二十章 17 至 18 節指出，猶太人拒絕耶穌；使徒行傳十三章和二十八章也同樣指出，猶太人拒絕耶穌是應驗先知的話（徒十三 40～41、27，二十八 25～27）。

綜觀路加福音，耶穌清楚地將自己的受苦和復活視為聖經的應驗（路九 22、44，十三 33，十七 25，十八 31～34，二十二 37，二十四 7、25～27、32、44～49）。耶穌也不斷重複祂對於受苦和復活事件的強調。照樣地，教會也根據彌賽亞是大衛的子孫（徒二 25～28、31）、先知的教導（三 17～18，二十六 22～23）、亞伯拉罕的後裔（三 24～25），和以賽亞的受苦僕人（八 30～35，十七 2～3、11），來指出耶穌受死和復活的應驗層面。有時候，耶穌的受死和復活，是由摩西到大衛等無數重要預言的綜合應驗（十三 27～39）。

應驗不僅關乎宣講，也與宣教的實行緊密相連。更確切地說，教會不僅宣講預言，也在積極的職事中，成為預言的應驗。教會扮演她的角色。路加福音二十四章 47 節，顯示舊約論到外邦人的宣教。舊約在教會對外邦人的宣教中得到應驗，因為教會彌補了以色列向外邦人作見證的慘痛失敗（徒十三 47）；同時教會也藉著重建大衛倒塌的帳幕，使外邦人信主（十五 15～18）。門徒視外邦人的信主，為摩西預言外邦人必定信主的最終應驗

（二十六 22～23）。

為甚麼教會必須存在？根據路加福音，教會存在乃是為了彰顯基督是真實的。對我而言，僅將教會視為塔特姆（W. Barnes Tatum）所聲稱的「聖靈的羣體」，並不足夠。我也未必同意范齊爾（Hermie C. VanZyl）所認為，耶穌和聖靈在使徒行傳中幾乎可以互換的極端看法。[11] 然而，聖靈的確是復活基督和選民之間的連結點。既然人們無法看見基督，教會因此填補了這個間隔。[12] 在使徒行傳一章的升天記錄中，兩個身穿白衣的人向門徒說，被接升天的耶穌將以跟「你們見他怎樣往天上去」的同樣方式再度降臨。「同樣的方式」代表耶穌的復臨，將像祂升天時一樣是公開的、可見的和榮耀的。因此在期盼這個未來的榮耀之日時，教會藉著聖靈的能力，繼續在地上行使她的工作。如此說來，當教會存在時，人們就可以看見耶穌。教會的存在彰顯上帝在歷史中有祂偉大的計劃。更確切地說，教會的存在填滿了基督兩次降臨之間的間隔！

教會將愈來愈發現，自己和基督有許多相同之處。藉著這些平行，門徒這個羣體開始展現像基督的特質。因此世界將從門徒的職事中，親見基督的榮美！

詮釋角度的教導

在任何一個使徒行傳的研究中，門徒這個羣體都為解讀其餘的耶穌跟隨者，設下了重要的語調。敘事的情節顯示，門徒在他們最終的職事中，成為耶穌的寫照。這些門徒以跟隨者的身分開始，當時他們對於自己所當行的還是相當困惑。但在耶穌升天之後，他們變成領導者；部分是因聖靈的工作，部分也因他們完全委身於耶穌所作的工作。對世界而言，他們在本質上已經成為基督的化身。

路加福音的社會—歷史背景，和神學議題佳美地連結一氣。路加已經藉著施洗約翰展現出，聖靈最後的工作象徵著普世的拯救和審判。歷史的關鍵時刻容許提阿非羅，不僅以一連串的事件，更以邁向決定性高潮的過程來解讀歷史。藉著在教會中的參與，提阿非羅就像每一個信徒一樣，在上帝的歷史中佔據了重要的地位。與提阿非羅更相關的是，針對稅吏和兵丁這兩種帝國工作者而發出的悔改呼召。路加使用施洗約翰的挑戰，指向提阿非羅。因為他 —— 身為一個信主的外邦人 —— 是舊約和新約預言的應驗。他必須結出和悔改的心相稱的果子。提阿非羅的地位，就像每一個信徒一樣，在上帝的全盤計劃中都是重要的。羅馬帝國的社會沒有聖靈，因此上帝的國度和人的國度之間，的確有巨大的差異。聖靈的工作將藉著上帝國度中的門徒，而使這個世界的國度黯然無光。雖然身為羅馬官員的提阿非羅在帝國的制度中工作，但提阿非羅必須在他的生活中，將自己奉獻給超自然的國度 ，以使他在地上的生命不致徒然。

在充滿活力的教會的對照下，帝國的理念也流露它超自然的一面。不論是哪位皇帝，都藉著各地可見的雕像而展現他的鮮活精神。人們有時向這些雕像致敬。然而，這些雕像不是真的！它們不能說話，但它們確實傳遞了皇帝與人民同在的信息。這些雕像甚至超越皇帝在世的時期。同時，它們只是活人的模仿，因為它們本身是死的雕刻品。相反地，教會佔據重要的地位，因為她藉著聖靈，成為真正有生命的實體！當教會聚集她的成員時，聖靈彰顯基督的工作。教會也是一個持續表達耶穌的實體。雖然教會的成員不斷死去，但她卻藉著新的信徒在這個世界中展現耶穌的聖靈，而繼續存在。在這個意味上，教會的永恆價值和有機本質指出，她具有超過世界任何一種政治制度的優越性。羅馬帝國消失不再存在，但教會依然蓬勃。學習這項教導將使提阿非羅獲益匪淺，因為這樣他才會明白他必須將他的精力，用於能夠帶動教會往前行的一切事上。

彼得：最優異的使徒

身為領導者的彼得

在路加的記錄中，彼得無疑受到最高的讚賞。如同即將展現的，路加筆下的彼得，是十二門徒中最重要的領導者；他也是初期教會中，單一最具影響力的革命家。甚至在彼得不認主的記錄中，路加都在路加福音二十二章 54 節，加上「彼得遠遠的跟著」這額外細節。馬太福音和馬可福音似乎對彼得，並非如此有善意。約翰福音更是藉著和耶穌受審的交織，而帶出一幅痛苦的敘事。雖然約翰提到彼得跟隨耶穌，但約翰是使用彼得來凸顯成為佳美典範的另一個門徒。然而，當我們觀察路加的記錄時，彼得比較起來似乎是無害的。至少他有勇氣跟隨耶穌。這就是路加為彼得勾畫的畫像。或許路加對彼得在當時教會的領袖地位非常敏感，因此他給這位偉大的使徒一點面子。無論如何，當我們解讀路加福音所記載的彼得時，我們看見一位很像英雄的彼得，他是最優異的使徒！他的出現同時主導路加福音和使徒行傳的第一部分。路加筆下的彼得，發揮了上帝給他的所有潛能！

甚至在路加福音五章耶穌對門徒的初次呼召中，彼得已經具有首要優先的重要性。在路加福音五章 3 節，彼得擁有自己的漁船。他成為第一個將船借給耶穌，作為向眾人演講之講台的人。在路加福音中，耶穌只用會堂作祂事奉的地方（路四 44）。耶穌使用彼得的漁船，成為以突破傳統的方式來事奉的記號。彼得的領袖地位，也在他拉上因依從耶穌的話，而獲得滿網魚兒的行動中流露無遺（五 4～5）。在路加福音五章 8 節，彼得很快地意識到耶穌的特殊力量，和他在基督面前的不配。這個第一次相遇的對話，似乎只介於彼得和耶穌之間；但整個記錄顯然指出，耶穌一次地呼召了所有門徒（五 10～11）。雖然耶穌只對彼得說「他」要成為得人的漁夫，但彼得的跟從，導致其他門徒也跟從耶穌。可見，路加的記錄生動顯示，彼得是第一個為他的「打魚團隊」工作的得人漁夫。

這個最初的呼召，將在路加的寫作中，主導彼得的事奉方式。無怪乎，彼得名列整個門徒名單之首，而彼得這個名字又是耶穌所賦予的（路六 14，八 51；徒一 13）。甚至在因一個有罪的女人而獲得的教導機會中，耶穌都直接與彼得而非其他門徒對話，可見耶穌藉著彼得來教導其他門徒（路七 40～47）。當耶穌問門徒他們認為祂是誰時，彼得提供了代表性的答案：「是上帝所立的基督。」（路九 20 下）究竟是甚麼原因，使彼得如此特別？

在尊榮和羞辱的社會中，彼得的關切和行動總是以團體的利益為優先。舉例來說，當猶大因為自殺而消失時，十二門徒的聲譽受到極大的損害。事實上，甚至連耶穌對這些門徒的起初呼召，都受到某種程度的羞辱。消失的第十二個門徒，成為這個羞辱的不斷提醒。因此在使徒行傳一章 15 節，彼得站起來；因為那時需要有一個人來補救這個情況，以使基督徒羣體能夠建立它的可信度。路加對彼得的描述，顯示彼得身處一個權威的位置（參徒二 14，十一 1～18）。更確切地說，在使徒行傳中，當彼得站起來並且說話時，每一個人都安靜聆聽。沒有人會懷疑，路加是否認同彼得那堅持填補第十二位門徒的作法；因為彼得在使徒行傳中所佔據的人物角色，已經揭露路加的心意。換言之，彼得所作的是一件值得尊敬的事。這也是彼得在路加眼中如此特別的原因！然而，彼得的特殊地位，更進一步地超越了社會的慣例。

路加根據終末的角度，佳美地為彼得的畫像帶出審判的題旨。這個題旨和保存國度的尊榮，也緊密相連。彼得似乎相當熟悉以色列的十二個支派，因此需要十二個人坐在寶座上審判（路二十二 30）。路加對於以數目「十二」來描述耶穌跟隨者的極度堅持（徒一 21），指向具有十二個新領袖的以色列十二支派。這些領袖並非天生的，他們是上帝所指定的。彼得對需要十二使徒的堅持，顯示他對這個終末事實的認知。既然門徒正在等候耶穌降臨，來復興以色列（徒一 6 及下）；彼得確定他行使了自己當盡的責任，以使準備更加完善。

彼得敏銳的神學認知，在他宣告「末後的日子」已經來到的第一篇講道中（徒二 17），益發明顯。而在他的第二篇講道中，審判的題旨更加流露。這個傾向明顯可見於，彼得在公會面前公開指控耶穌的敵人黨羽犯了謀殺罪。尤有甚者，在亞拿尼亞和撒非喇的死亡事件中，彼得繼續扮演審判的角色（五 1 ~ 11）。在這個故事中，彼得代表羣體，並且辨識聖靈的心意（五 3）。彼得的宣告被這對夫婦的當場死亡所證實。審判的題旨因此成為彼得表達實現終末論（realized eschatology）的方式；然而，這個預表（topology）所象徵的未來，將展現令人無法想像的嚴厲性。

彼得無疑是領導者，但他絕對沒有超越耶穌的權柄，因為他對數目「十二」相當執著。耶穌是原始新以色列的呼召者。彼得不過繼續執行耶穌所成就的事工。他在耶穌的權柄之下行事。換言之，在彼得成為羣體的領導者之前，他首先是一個好的跟隨者。

身為基督仿效者的彼得

在五旬節的事件中，彼得和耶穌有極大程度的相似性。彼得的生命和耶穌相似的第一個範圍，來自耶穌開始職事的方式。第一個平行之處在於路加福音四章16至30節和使徒行傳二章14至40節，因為這兩段記錄都為書卷的其餘部分鋪設模式。路加福音四章16至30節無疑顯示，在拿撒勒開始事奉的耶穌滿有上帝的話語。耶穌那使局外人和被拒之人得自由的職事（路四16～30），很快就會在使徒行傳三章的解讀中，證明它的重要性。顯然我們的討論，跳得太快了。現在讓我們先專注來自以賽亞書六十一章1至2節的引用。這個引用顯示耶穌是引進上帝的新時代，和為以色列被擄之民帶來新出埃及的僕人。[13] 而彼得對散居各地的猶太人的宣講，則代表了耶穌對被擄之民的拯救。這些散居各地的猶太人，是被擄的產物。尤其重要的是關於「報告上帝悅納人的禧年……今天這經應驗在你們耳中了」的終末宣告（四19～21）。在念了/引用了上帝的話語之後，耶穌開始祂的職事。

同樣地，彼得也以宣告有關「末後的日子」的終末用語，開啟教會事奉的新階段。更確切地說，教會的職事就是讓「從天下各國」遠近而來的被擄猶太人得到自由（徒二5）。如此說來，耶穌和彼得再度在此展現平行之處。路加並不是說，彼得就像耶穌一樣；他是說彼得藉著像耶穌，而成為具體化教會職事的代表。這個平行也為耶穌和教會之間的更廣平行（路四31～八56；徒二41～十二17），設下語調。

耶穌的終末職事有許多層面，現在已經傳遞給彼得；尤其是在藉五旬節來肯定「末後的日子」之後。其中最主要的平行，可見於彼得的宣講和醫治。秉持一貫的寫作風格，路加在使徒行傳一至二章的大串資料之後，帶出一個摘要的陳述。他的摘要出現於使徒行傳二章 42 至 47 節，這段摘要將在使徒行傳三至六章，得到更詳盡的闡釋。就目前來說，值得關注的重要層面，是使徒在使徒行傳二章 42 節的教導職事，和使徒行傳二章 43 節的神蹟奇事。根據路加福音四章 14 節和 31 至 37 節，耶穌在事奉的一開始，就是作這些完全相同的事情。耶穌也在路加福音七章 22 節明顯強調，這是一種彌賽亞的職事（參路五 17 ~ 26，七 22；徒三 1 ~ 10，八 7，十四 8 ~ 10；賽三十五 6，二十九 18；路七 11 ~ 17，八 20 ~ 56；徒九 36 ~ 43，二十 7 ~ 12）。

無庸置疑地，耶穌的職事吸引了很多跟隨者，以致宗教領袖緊張起來並且害怕百姓（路二十二 1 ~ 6）。而在使徒行傳五章 26 節，彼得的宣講也有完全相同的震撼力。如此說來，彼得以相似的領袖特質和能力，繼續這個彌賽亞的職事。彼得的宣講早在使徒行傳一至四章就已出現，他的宣講關乎耶穌受死和復活的見證，不啻是使徒行傳多數宣講的典型。這種內容可見於他的使徒宣講中。當我們以彌賽亞的職事為焦點時，我們可以從彼得的生命中，發現更多的平行之處。

在路加福音五章 17 至 26 節，耶穌因為醫治一個癱子而引發衝突。耶穌面臨了關乎權柄的問題。尤有甚者，路加福音五章 29 節至六章 11 節，展現耶穌和宗教領袖之間的衝突。同樣地，門徒彼得和約翰在使徒行傳三章 1 至 10 節，醫治了一個瘸腿的人；而關於權柄的問題（耶穌的名）也隨之而起。門徒也在使徒行傳四章 1 節至八章 3 節與宗教領袖起了衝突。彼得使多加復活的神蹟（徒九 36 ~ 43），也和耶穌叫一個寡婦的兒子復活的神蹟相似（路七 1 ~ 17）。在使徒行傳四章 13 節，宗教領袖不但看出彼得和約翰原是沒有學問的，並且認定他們是跟過耶穌的。而在路加福音二章 24 節，耶穌的家庭也被列在窮人和平民百姓中間。在宗教領袖的眼中，耶穌那局外人的地位，現在已經傳給彼得和約翰。

另外，我們絕對不可忘記的最重要平行之處，是耶穌被捉拿和使徒行傳四章 1 和 5 節彼得的被捉拿。那來自守殿官和大祭司家庭的討厭人物，再次登場。這批相似的人物，在路加福音二十二章 52 節，使用對待武裝強盜的方式來逮捕耶穌。而在路加福音二十二章 66 節，長老連同祭司長和文士，都聚集一處來把耶穌定罪。這裏的用語和使徒行傳四章 15 節及下的經文，具有驚人的相似之處。在路加福音二十二章三次不認耶穌的彼得，如今勇敢地抵抗那針對他的審判。五旬節之後的彼得經歷了耶穌的審判，並且得勝了宗教的領袖。五旬節之後的彼得能夠如此誇勝，乃是因為聖靈的能力（徒四 8）。這也具有終末和彌賽亞的特質。使徒必須跟隨耶穌的腳蹤行！住在耶穌裏面的聖靈，現在以一種超乎尋常的方式為使徒加力，並且確保使徒可以活出仿效基督的生命。

儘管關於耶穌的能力已經傳給彼得的好消息，似乎貫穿使徒行傳的前面篇章；但職事的黑暗面，卻也充滿在耶穌和彼得中間。舉例來説，那些捉拿彼得的黨羽（徒四 1、5～6，五 17～39），跟逼迫與審判耶穌的那羣人非常相似（路二十二 52、66 等）。彼得甚至在他早期的職事階段，就經歷了耶穌的受審。當故事進展至使徒行傳十二章時，故事的題旨和平行每況愈下；我們看見希律王殺了約翰的哥哥雅各，並且逮捕了彼得。當然，尋找路加福音的平行之處，應該從路加福音二十二章 1 節開始。在耶穌被捉拿的行動中，猶太人主動地違反了猶太人的節期；這個捉拿的行動，導致他們與羅馬人（即彼拉多）的合作。

有些註釋者過快地指出，路加強調猶太人的罪過，卻免除彼拉多的任何過錯。然而，彼拉多將耶穌交給眾人，他這角色顯見於路加福音二十三章25節的語法記號中，[14] 因此兩者犯下相等的罪過。另外，許多註釋者著迷於，這個事件發生在逾越節的歷史可能性。宗教節期的時間，顯示彼得所處的景況；他實際處於和耶穌先前相同的艱難困境中。時間的反諷，正是路加的用意，他未以此處為開始，而以耶穌的被捉拿為開始。如此說來，路加在此對希律和猶太人之間的歷史興趣，比其他任何部分更明顯。尤有甚者，耶穌在路加福音二十一章12節，對於會堂和外邦統治者的一併提及，顯示兩者之間的密切關連。

在彼得被捉拿時，羅馬殖民地的代表希律亞基帕一世（Herod Agrippa I）和猶太人之間的合作幾乎天衣無縫。而在耶穌被捉拿的行動中，路加指出猶太人雖然沒有違反自己的節期，卻同意外邦統治者肆意而行，好使他們能夠逼迫耶穌和那些跟隨耶穌的人。路加福音二十三章7至9節記載，希律安提帕在彼拉多將耶穌交給他之後，逕自審問耶穌。塔爾伯特（Charles Talbert）指出路加福音九章和二十二章14節至二十三章15節之間的許多平行之處，都揭露希律的確是上帝國度的邪惡敵人！[15]

在希律審問下靜默無聲的耶穌，為許多詮釋者帶來困惑。事實上，耶穌的靜默無聲，和猶太宗教領袖傳遞給希律安提帕的先前信息有關（路十三31～35）。路加福音十三章和二十三章之間的關連更生動地被強調，因為它們同樣有希律和猶太宗教領袖在其中。藉著為自己辯護，耶穌將無法應驗祂在先前信息所預言的受死（十三31～35）。如此說來，耶穌保持靜默以確定祂自己的死亡；耶穌反諷地向希律安提帕證明，祂先前預言的有效性。

彼得也保持靜默。至少在使徒行傳十二章，路加沒有記錄任何講論。當天使降臨和希律安提帕一世被上帝刑罰而死時，上帝的旨意至終得到應驗。在使徒行傳中，那違反節期的次序恰好相反：雖然猶太人發出贊同的暗示，但這次違反的過程，卻由希律安提帕一世，而非猶太人開始。在這兩個例子中，不論是由猶太人或外邦統治者發起的節期違反，其過程皆具相同的特徵。更確切地說，在耶穌和彼得被捉拿的行動中，都有猶太人和外邦人一起合作的記載。就像宗教領袖逼迫耶穌一樣，他們現在也逼迫彼得。惟一的差異，就是嚴重的程度各有不同。耶穌受死，而彼得直至目前還能保住性命。耶穌最後被釘十字架，而彼得和使徒則被鞭打。耶穌所承擔的彌賽亞痛苦，現在落在使徒的身上，其中又以彼得為使徒之首。這種痛苦的記號，不僅是逼迫。它們也象徵耶穌在路加福音二十一章 12 至 13 節所論到的末期；那時耶穌的跟隨者，將被交給宗教領袖。可見，隨著使徒行傳的進展而愈發加增的逼迫，更讓彼得在使徒行傳二章，關乎末後的日子的早期宣告得到證實。彼得那和耶穌的受難相關的刻劃，顯然具有終末的特質。這不僅是一個佳美的故事，故事的情節並且再度誇讚彼得是耶穌職事的一種具體表現。

如同我們在上述可能注意到的，使徒行傳的終末論和彌賽亞羣體，不可能和倫理分開討論。換言之，彼得在倫理角色的典範上，具有重要的地位。彼得也成為教會公共生活的原型（prototype）。在某種意味上，彼得所設立的模式，被教會緊緊跟隨。彼得因此成為最優異的領導者。他和教會的關係尤其親密。在使徒行傳一章 12 至 26 節，教會開始聚集在一起禱告。在彼得的職事之後，教會再次地聚集在一起（徒四 24 ~ 31）。尤有甚者，使徒行傳二章 1 至 13 節第一次的聖靈充滿，也繼續在使徒行傳四章 31 節的第二次聚集中發生。在使徒行傳二章 14 至

41 節，彼得在五旬節宣講。而在使徒行傳四章 31 節，教會也宣講。另外，在使徒行傳二章 42 至 47 節，來自彼得宣講的公共生活，繼續出現在使徒行傳四章 32 至 35 節彼得醫治之後的聚會中。在使徒行傳二章 43 節，從彼得第一個五旬節的宣講所產生的懼怕，也繼續出現在使徒行傳五章 5 節。在使徒行傳二章 43 節，使徒在五旬節之後所行的神蹟奇事，也繼續出現在使徒行傳五章 12 節的第二次聚會之後。

雖然在使徒行傳三章 1 至 11 節，彼得和約翰共同醫治一個生來瘸腿的人；但彼得卻在使徒行傳五章 13 至 16 節，變得特別突出與卓越。使徒行傳三章 12 至 26 節，第一個醫治事件發生在所羅門廊下，那裏繼續在使徒行傳五章 12 節，成為教會聚會的地方。彼得被捉拿和被釋放，他這角色也在兩個記錄中顯為重要（徒四 1 ～ 18、21 ～ 23，五 17 ～ 28、30 ～ 42）。更重要地，它應驗了耶穌有關國度展現的預言。路加福音四章 18 至 19 節已經從以賽亞書六十一章 1 至 2 節，引用人們相當熟悉的經文。總的來說，耶穌的國度屹立不搖！使徒行傳五章 19 至 24 節和使徒行傳十二章頗為幽默的釋放，無疑繼續了這個傳統。

彼得藉著他的職事使自己成為領導者，就像耶穌成為祂所創造之新人類的領導者一樣。彼得大部分時間都在窮人中工作，並且以成為耶穌所行之事的一部分，來嘉惠這些人。彼得也在新律法中事奉，因此禮儀不再成為社會福祉的重要考慮。彼得是一個完美的仿效者。然而，為了仿效耶穌，彼得必須付上代價，就像耶穌必須付代價一樣。

身為革命者的彼得

就倫理的角色來看，彼得所扮演的最偉大角色，和猶太傳統緊密相連。我們可以辯論在彼得的職事中，最重要的一個事件可能是使徒行傳的哥尼流信主事件；因為這個事件引發使徒行傳許多其他的事件。哥尼流成為使徒行傳十一章那些耶路撒冷信徒的先例。在哥尼流成為集體的先例之前，哥尼流首先成為彼得個人的先例。縱貫使徒行傳十至十一章，路加一點也不令人訝異地，強調彼得的異象過於哥尼流的異象。因為問題不在於哥尼流。問題主要來自彼得和耶路撒冷的領袖。使徒行傳十至十一章記錄了，猶太人對外邦人在某一個特定範圍內的掙扎：宗教禮儀。正如彼得的異象所指，這個掙扎相當嚴重。異象本身相當極端，因為它似乎違反所有上帝在舊約所教導的禮儀律法。然而，這種掙扎仍然存在，這實在是一件很奇怪的事；因為事實上耶穌時常觸摸不潔淨的人（路十七 11 ～ 19），以及和罪人來往（例如，十五 1 ～ 2），並且違反安息日（例如，六 1 ～ 11）。舊習慣實在難以改變！

在這個故事中，彼得以諸多的方式突破界限，因為異象本身成為故事的詮釋者。這個異象包含了一個食物的元素，而這個元素又代表兩項重要的特徵：食物和社會—宗教身分。飲食是一項社會事件。對猶太人而言，它也是一項宗教事件。教會並沒有改變，因為在使徒行傳二章，她的成員每日擘餅。可見，彼得被呼召來違犯禮儀的界限，他將超越他自己對於社會—宗教身分的理解。最先，彼得以邀請外邦人到他家中，開始這段突破路徑的旅程；但至少在他家中的食物，符合猶太人的規矩。彼得接著進入外邦人的家中，帶領他們信主並且與他們同住。根據耶路撒冷的信徒，這是一項嚴重的舉動。因此食物的異象不僅代表食物，並且代表人的社會—宗教身分。然而，如果彼得要和外邦人來往，他必須在他們家中吃飯。

尤有甚者，彼得的宣講模式也稍有改變，並非因為他想要如此，而是因為他必須如此。甚至在他要求外邦人悔改之前，聖靈已經充滿了悔改信主的外邦人。在哥尼流的故事中，宣講的全新模式向彼得和耶路撒冷的信徒顯示，信主並沒有一個特定的模式；只要宣講的信息牽涉基督是上帝旨意的應驗，信主可能以不同的模式出現。在有關使徒行傳情節的較後討論中，我將針對這方面提出更多的觀察；因為尤其從司提反受死和安提阿信主的角度來看，使徒行傳的情節產生了令人驚奇的轉折。就目前而言，彼得在教會完全經歷界限的突破之前，首先藉著這個挑戰設立了倫理的標準。

當我們解讀有關突破宗教界限的故事時，我們應當將彼得的經歷和耶穌的經歷相互比較。因為在路加福音七章 36 至 50 節，法利賽人也批評耶穌被一個有罪的女人所觸摸。這個團體繼續在路加福音十五章 1 至 2 節，批評耶穌和罪人來往。同樣地，在使徒行傳十一章 1 至 18 節，彼得也因和哥尼流（一個在禮儀上有問題的人）來往，而被奉割禮的門徒批評。彼得先前對於禮儀的執著，已經在異象中被主所斥責（徒十 15）。彼得接著將主的斥責，傳遞給那些膽敢挑戰哥尼流在社羣中的成員身分的耶路撒冷信徒（十一 9）。這個故事展現，法利賽人是真實信仰的主要敵人。以禮儀為焦點的態度，實際阻礙而非幫助彌賽亞的職事。如此說來，上帝的聲音成為所有使徒行傳讀者的警告。他們對於禮儀必須採取富有彈性的態度，以使他們不致成為大使命之進展的敵人（一 8）。

實際說來，彼得在許多事奉上，仿效耶穌的職事；尤其是醫治瘸腿（路五 17～26；徒三），使瞎眼看見（路七 21；徒三 14，二十五 11、16，二十七 24），醫治有病者和趕出污鬼（路六 18～19，七 21，八 2；徒五 16 等）的工作。這些列舉也可見於昆蘭古卷（例如，4Q270 6 II 8～10；1QSa II 3～9；1QM VII 3～6 等）。[16] 我並不是説路加或耶穌直接受到昆蘭傳統的影響，但這種針對利未記二十一章 17 至 23 節的詮釋，卻是一個值得注意的議題。換言之，將這種醫治視為彌賽亞時代的特別指標和終末實現，是相當普遍的看法；因為這些人已經從他們被輕視的境界，進入了上帝國度的內圈。許多新約學者持守這種觀點，但究竟彌賽亞職事中的這些神蹟，具有甚麼意義？是否我們可以從這些神蹟的共同之處，取得一個綜合的觀點；以使我們對彌賽亞職事的本質有一個更明確的評估？否則，「彌賽亞職事」的標記，將成為凡與耶穌有關之事的流行用語了。

彼得（和耶穌）的醫治對象的地理位置和社會地位，值得我們注意。最好的例子就是，使徒行傳三章那位瘸腿的人。醫治發生的地點，在被稱為美門的門口。學者辯論這個殿門的地理位置。布魯斯（F. F. Bruce）和約翰遜（Luke Timonthy Johnson）指出，美門就是擁有哥林多銅像的尼加諾爾（Nicanor）殿門，它為這個地區帶出了美麗的金碧輝煌。[17] 更重要地，這個地點在外邦人院中。從外邦人在保羅晚期宣教中的角色來看，這個瘸腿的人得醫治的地點顯示，他身處在一個不受猶太人所歡迎的地區。這個地方象徵和真以色列人院的隔離。這個人到聖殿的動機和使徒的全然不同，他不是來敬拜而是來乞討，因為他是以色列宗教的局外人。當然這也是一項重要的事實，因為殘障具有很多不同的涵義。

殘障的第一個涵義是社會寄生蟲的現象。使徒行傳三章的情節非常清楚地顯示，這個人的角色是一個接受施捨的人（徒三 6）。在以色列的社會中，敬虔人士應當施捨。要接受這種利益，還有甚麼比以色列敬虔人士聚集敬拜的聖殿更好的地方呢？在我們的社會中，我們常有許多政府的福利政策，可以幫助殘障人士。然而，在路加的社會中，殘障人士沒有任何福利可言。尤有甚者，在羅馬帝國的社會中，肢體健全的人備受尊重。而與其相反的殘障人士，不但在和平時期沒有生產力，在戰爭時期更是沒有戰鬥力。另外，這個人被他人抬到聖殿門口的事實（三2），使他置身於寄生食物鏈的最底層。在以色列的社會中，猶太人對於舊約潔淨律法的詮釋，也將這種人置於圈外。這項觀察為我們帶出殘障的第二個涵義。換言之，除了成為敬虔福利的接受者之外，殘障人士人完全被隔絕在宗教生活的全面參與之外。

殘障的第二個涵義相當重要，因為如同上述討論所指，一個無法完全參與的殘障人士，與外邦人毫無差異，他至多不過像一個改依猶太教的外邦人。在此，路加的焦點似乎在於宗教層面，而非他社會寄生蟲的地位。因為使徒行傳三章的用語，主要以聖殿「門口」的精確描述為焦點。另外，「禱告的時候」（徒三1）的時間指示，無疑也強調這是一個宗教事件。更重要的是，瘸腿者在可以行走之後的行動。他走著和跳著，並且與使徒一同進入以色列人聚集的內院地區。再次地，他身處的地理位置，顯示他的社會和宗教地位。當他還瘸腿時，他只能坐在外面並且觀看。如今他全然得醫治，他可以參與以色列的宗教生活。他不再是福利的接受者，他成為亞伯拉罕家庭完全的成員。如此說來，彌賽亞究竟藉著彼得完成了甚麼職事？祂完成了「包含在內」（inclusion）的職事。這位先前被排除在以色列宗教之外的瘸腿者，如今進入了上帝的國度。

彼得還有另一個角色，對了解路加的人物描繪相當重要。更確切地說，當彼得還在地上時，他代表了終末的審判。在使徒行傳五章，路加敍述教會歷史上最令人震驚的事件之一，即彼得對亞拿尼亞和撒非喇這對夫婦的嚴厲定罪。人們通常會問，究竟彼得如何得知這對夫婦的欺騙行為？是經過自然的謠言相傳，或來自聖靈的超自然了解？然而，這不是重點，因為路加並不停留在這個議題上。在引向使徒行傳五章的敍事中，路加所關切的是聖靈在信仰羣體中的角色。路加陳明定罪的兩個原因。彼得首先在使徒行傳五章 3 節，論及亞拿尼亞欺哄聖靈；及後他在使徒行傳五章 9 節，提到試探聖靈。這個關乎聖靈的討論無疑引發這問題：彼得為何使用具有上帝位格的聖靈，來處理定罪事宜？

這個問題的答案其實相當簡單，並且必須以聖靈在使徒行傳中的角色，為答案的根據。更確切地說，聖靈居住在教會之中。所有上帝的子民，集體地擁有聖靈。因此欺騙和試探教會，與干犯聖靈毫無兩樣。這種罪行之所以嚴重，乃是因為教會是耶穌的化身，而耶穌也擁有聖靈。可見，這對夫婦的罪行不再是對組織的隨意欺騙。相反地，他們干犯了一個有活力的「有機體」，即身為上帝的子民的教會。居住在教會中的聖靈，無疑以一種前所未有的方式來表達終末。當彼得把這對夫婦定罪時，他不過是遵循這個理念罷了。然而，從路加—使徒行傳的更大架構來看，彼得的定罪蘊涵更深廣的意義。

在觀察耶穌的生平時，我們看見彌賽亞的部分職責是審判（路十二 49，二十一 36）。然而，在路加福音二十二章 29 至 30 節，耶穌論及使徒要審判以色列的十二支派。耶穌的陳述指向終末，即審判勢必發生的時候，但這個審判已經發生了。耶穌將審判的責任，重新分配給十二使徒，而彼得則是使徒之首。因此在審判的宣告中，彼得不僅顯示終末已經開始發生，並且展現他身為使徒之首的權威。他向上帝的子民代表上帝的旨意。這個定罪的嚴厲性，成為每個人的警告（徒五 11）。藉著容許彼得成為這個審判的領袖，凡他所行的，將代表十二使徒在終末對十二支派發出的審判。

彼得的行動和職事，再次跟隨耶穌的腳蹤。彼得不僅像耶穌一樣，接近那些被排除在社會之外的人；他也像耶穌一樣，藉著心靈的新律法審判自以為義的人。如此地，彼得像耶穌一樣，清除新以色列應受譴責的這個關乎正直的問題，這個問題已經長久地危害以色列的宗教羣體。

詮釋角度的教導

實在有太多可以讓提阿非羅學習的教訓。身為一個帝國官員，他可以欣賞彼得的權威和彼得的平民地位。彼得只是一個毫無學問的漁夫，但他所帶出的巨大衝擊，卻使人無法忽略彼得的缺乏教育和他無比的影響力（徒四 13）。可見，彼得的領袖地位不僅被逼迫者注意，並且被他周遭的每一個人所察覺。在使徒行傳早期部分扮演主要角色的彼得，是猶太人職事的領袖。他的每個行動，都對耶路撒冷教會影響至深。眼見這一切，提阿非羅無疑認識到聖靈行事的大能。

提阿非羅可以學習的最重要教訓之一，即彼得處理低下階級和宗教局外人的方式。上述的討論已經顯示，彼得和耶穌之間的一些平行之處。這些平行相當重要，因為它展現彼得是耶穌彌賽亞職事的延續。身為一個帝國官員，提阿非羅或許已經在階層上，晉升到真正名流的地位。同時，那針對低下階層的彌賽亞職事要向提阿非羅展現，為要像彼得那樣跟隨耶穌，提阿非羅必須將自己的階層放在次要的地位，以使自己成為低下階層的贊助人。他的資源不再專屬自己。他應該使用這些資源來幫助他人，不再落入「給與取」的拉鋸戰中；因為這種拉鋸戰，常是帝國贊助制度的結果。給予低下階層的恩典，應該是白白的！

彼得在敘事中扮演一個重要的角色。他是猶太人領袖的巔峯。他代表教會中最佳的猶太人領袖。身為一個如此重要的人物，凡他所行的都有後果。他成為其他領袖仿效的榜樣。路加在此對於彼得的刻劃，成為所有耶路撒冷領袖的挑戰；因為這些領袖可能還想要堅持，他們過去在宗教上的殘餘痕迹（即禮儀和傳統）。這種不健康的宗教懷舊之情，實際有它自己的負面後果。一個尤具毀滅性的後果，就是拒絕外邦人進入上帝的國度。這種拒絕直接違背上帝在使徒行傳一章 8 節的旨意。如此說來，問題遠遠超越傳統和個人的障礙。尤有甚者，它關乎一個人是否違抗上帝的旨意。路加筆下的彼得肖像，完全沒有失去鋒利和挑戰的尖銳度。雖然猶太人可能逼迫彼得那非傳統的職事，但對抗猶太人的意識理念，絕對比違反上帝要人將福音傳至萬民的命令來得好。

彼得在使徒行傳五章處理物質財富的行動，也成為提阿非羅一項非常嚴肅的教訓。顯然，給予是自願的，但給予者的正直也相當重要。更重要的是彼得看待聖靈的觀點。在羣體面前處理物質財富，主要是面對聖靈的議題。彼得的權威是確定的，他要確保第二代基督徒認知，十二使徒的使徒權威是獨特並且不可被複製的，其中尤以彼得的權威為顯著。今天世界有許多所謂的使徒四處遊走，並且扮演各樣權威事迹，這世界所作的很多宣稱無疑將使路加和提阿非羅至為震驚。更糟糕地，這類宣稱破壞了使徒權威的觀念。事實上，當今這類宣稱嚴重地冒犯了路加對於十二使徒的理念。

另外，社會行動的涵義也是真實的。提阿非羅必須謹慎地以正直的方式來處理他的物質財富。如果這一切在現今的生活中，已經和審判有關；那麼在很快就要顯現的國度中，將彰顯更深的嚴重性！提阿非羅要重新認識，上帝國度的目標應該總是優先於他的帝國野心。顯然，羅馬無法與彼得和教會所展現的能力相比。

在路加對彼得的描繪中，演講的要素相當重要。彼得是一個優異的演講者。尤其在宗教的意味上，了解演講如何被使用，是重要的觀察。在提阿非羅的世界中，宗教的演講時常牽涉來自異教先知和祭司的神諭宣告。彼得絕不是異教的先知和祭司。有時，他的演講會產生嚴重的結果(例如，徒三章，五章)。然而，演講的結果總是指向三一上帝中的其中一位。彼得的演講不以個人的利益為中心，而以福音的利益為焦點。他勢不可擋的復活題旨顯示，他的演講不像他的異教對手一樣，在似乎隨意的場合中舉行。相反地，他藉著指出耶穌的權威，來證實自己的權威。尤有甚者，所有的演講都指向上帝。這些演講的主要目的是高舉上帝。彌賽亞的演講勝過異教的演講，因為它達到上帝在終末的目的。

司提反：第一位殉道者和宣教的引動使者

路加對司提反最基本的描繪，是他成為希臘化猶太基督徒(Hellenistic Jewish Christians)的代表角色。在使徒行傳六章5節，他名列七位領袖之首，這些領袖將照顧希臘寡婦的需要。根據他們的名字，這七位領袖無疑是希臘化猶太人。名字具有「冠冕」之意義的司提反，也非例外。尤有甚者，他還得到更多描述。他不僅如同使徒行傳六章3節的所指，充滿聖靈和智慧；並且使徒行傳六章 5 節指出，他也充滿信心。司提反的事奉是如此有能力，以致他在食物的供給（徒六 1）、神蹟（六 8）和宣講上（六 9；參二 42～43），都與使徒們平行。[18] 然而，我認為僅將司提反視為希臘化基督徒的代表並不足夠，因為路加在使徒行傳六章 9 節，提供了一個直接的對照。在使徒行傳六章 8 節，司提反的職事以「恩惠和能力」（χάριτος καὶ δυνάμεως）這個短語為其最佳特徵，因此司提反能夠在眾人之間行神蹟。

使徒行傳六章 9 節，列出司提反的逼迫者的名單。這些人也是希臘化猶太人。而這個地方則成為自由人的會堂。雖然學者猜測，可能不只一家會堂牽涉其中，但經文只顯示一家會堂。先前以奴隸身分服事羅馬人的散居各地的猶太人，如今以自由人的身分返回祖國。他們因此形成了這個會堂。他們的主要目標是反對司提反。可見，在此教會沒有主動地對抗猶太教，教會和猶太教分離的開始，實際來自這些想要和基督跟隨者分離的希臘化猶太人。有關司提反的職事的故事也顯示，初期教會在社區中相當活躍，到一個地步她的工作被社區中的人們所注意。在司提反的例子中，他們以負面的方式注意，並且以反抗為回應。如此說來，司提反的角色不僅代表希臘化猶太人的一種模範領袖，並且展現初期教會在社區中的社會實踐或職事。司提反的職事值得注意，因為它代表初期教會的典型。因此司提反也代表了初期教會所產生的傳道人典型。

司提反和基督的平行頗為特殊，但多數學者只注意到審判方面的平行。我認為兩者間的平行，在審判之前早已出現。除了被聖靈充滿的明顯事實之外（參路三～四章），司提反也被自己的人民拒絕。如果我們記得耶穌職事開始時（路四章），耶穌自己都明說祂被本鄉所拒絕（四 24）。事實上，人們是如此恨耶穌，以致他們要將祂推下山崖（四 29）。在另一個關鍵點上，司提反和耶穌還有平行之處——即路加福音九章 28 至 36 節的登山變像的故事。引發比較的主要題旨是榮耀。司提反的經文段落，以榮耀為開始和結束（徒七 2、55）。而另一個世界的異象也和另一個人子的敍事相似。兩段經文同時包含受苦的題旨，因為這個題旨和人子的榮耀緊密相連（路九 30；徒七 52、57～60）。路加不僅提及耶穌和司提反的面貌，路加也大幅討論上帝的榮耀（路九 31、32）和人子（九 26）。另外，人子也出現在使徒行傳七章 56 節，一方面接受司提反，另一方面為他辯明無辜。

摩西在路加福音九章 30 和 33 節出現。司提反也在路加福音七章 20 節及下的經文，論及摩西。甚至更重要的是，司提反因聖靈的幫助而得以看見異象；這個異象是沒有聖靈的人（即局外人）所無法看見的。從與登山變像主題平行的角度來看，聖靈在司提反異象中的功能，並不常被注意。路加福音九章 28 節的登山變像，也將使徒彼得、約翰和雅各等圈內人士，與其他的局外人區分為二。耶穌的圈內至少包含彼得和約翰這兩個重要的使徒，他們在使徒行傳的初期，扮演決定性的角色。司提反的異象只能依靠聖靈的幫助才能看見，因此聖靈也將屬上帝和不屬上帝的人區別開來。如此說來，司提反的殉道應驗了，西面和施洗約翰有關耶穌的職事必要在以色列中導致分裂的預言（路二 34～35，三 17）。[19]

路加福音和使徒行傳有足夠的平行之處，可以讓我們將兩者相互比較。在路加福音中，榮耀來自十字架上的受苦。在使徒行傳中，榮耀來自基督跟隨者為他們的信仰付上代價。當義者的受苦發生時，上帝的榮耀緊緊隨之出現。這一切都引向新以色列的第二次出埃及。尤有甚者，司提反的受審也和耶穌的相似。在路加福音二十二章 23 節，一些人和耶穌爭論，這導致耶穌的被捕。而在使徒行傳六章 9 節，相同的情形也發生在司提反身上。司提反為敵人向上帝尋求饒恕的態度，也和耶穌的相似（路二十三 34）。無疑地，司提反的態度，也和耶穌在路加福音六章 27 至 28 節的教導相一致。

路加還以另一種方式描繪司提反。更確切地説，司提反是一個在歷史中看見上帝救贖的歷史家。我們必須注意在使徒行傳中，司提反的演講是最長的，並且是內容最廣泛的。司提反從亞伯拉罕開始，接著轉向摩西，最後以君王/君王後（monarchic / post-monarchic）的時期為結束。更重要地，在以色列歷史的意義上，司提反的演講包含一些最仔細和最清楚的討論。更進一步地，司提反的演講也影響了當時尚未信主的保羅。在使徒行傳十三章 16 至 41 節，保羅論及亞伯拉罕、摩西和大衛。雖然保羅使用的措辭不及司提反那般尖鋭，但保羅也提到基督的受苦。至終，保羅的宣講是如此受到司提反的影響，以致在使徒行傳二十一章 28 節和二十五章 8 節，保羅被控訴和司提反一樣的罪名。換言之，他們兩人都干犯了律法和聖殿。司提反根據彌賽亞的模式而提出的歷史詮釋，的確具有相當的影響力。

雖然過去的歷史重要，但路加展現司提反在現在的歷史中更顯重要，尤其是司提反引動宣教的敍事角色。[20] 為了這個全面性的理解，我們必須觀察司提反的工作和殉道，對整個宣教過程的影響。首先，我們可以從路加所強調的司提反的禱告為開始。路加技巧地低調處理使徒行傳七章 57 節中眾人的喊叫；但他卻清楚地記錄，使徒行傳七章 60 節司提反大聲的禱告。很快地，在使徒行傳九章，司提反的禱告在保羅的信主中蒙應允。然而，更重要的是司提反殉道之後，這禱告立即產生的結果。因為接下來的一章記錄了撒馬利亞人的信主，和來自非洲的外邦人的信主。司提反的禱告誠然激發了大使命的小型應驗。因此，這個禱告具有轉接至撒馬利亞人宣教，和至終轉接至保羅宣教的功能。它也驅使了，使徒行傳全書宣教敘事的預言應驗。最後，保羅是真正將福音傳給外邦人的宣教士。司提反的死亡，是宣教的開始。司提反的禱告，是激起使徒行傳一章 8 節開始應驗的真正火花；而使徒行傳一章 8 節，則是使徒行傳進展的主要方向。

路加對司提反的最重要刻劃，當屬他身為末後日子（last days）之使者的角色。我們可以從使徒行傳七章 55 節司提反的最後異象，開始回溯觀察，因為它精確地應驗和證實使徒行傳二章 17 節。司提反是使徒行傳中，第一個看見異象的人，因此他更顯重要。現在，我們可以觀察司提反的辯護內容，以了解司提反演講材料中一致性的終末題旨。司提反在講道的最後一部分，指出聖殿建築物比較不重要的角色（徒七 48～50）。尤有甚者，耶穌在路加福音所談論的聖殿，與建築物所扮演的終末角色有關。舉例來說，路加福音二十一章 5 至 38 節，記錄耶穌在聖殿教導**有關**聖殿的教訓。耶穌當時的教導，主要是負面的。路加有關耶穌討論耶路撒冷被毀的記錄，比其他符類福音書更為強烈。可見，如果司提反的教導，忠於來自橄欖山講論的耶穌傳統；那麼反對他的人，的確有理由控告他干犯聖殿。

然而，從更廣的角度來看，耶穌的傳統，與終末（eschaton）而非建築物更為相關。耶路撒冷的毀滅，僅是人子第二次降臨所帶來之審判的隱喻而已。換言之，人子復臨時的審判，是突然的並且悲慘的。儘管使徒行傳一章 9 至 11 節顯示人子復臨的正面性，即它是一個榮耀的、公開的和可見的事件；但耶穌先前有關自己復臨的教導，卻以復臨的負面性為焦點。如果控告司提反的罪名，誠如使徒行傳六章13節所說的是假的；那麼逼迫者或許了解有關終末的信息，但卻拒絕接受它。路加的描繪因此關乎人對耶穌傳統的了解和拒絕，而非對耶穌傳統的誤解。這些逼迫者藉著誤傳司提反的信息，來表明他們對於信息的拒絕。他們的行動導致司提反被石頭打死的私刑。

透過路加—使徒行傳更大的宣教和終末觀點，司提反所受的逼迫預表了，將發生在末後日子的事情。更確切地說，在末後的日子，上帝將智慧賜給像司提反這樣沒有預備的受害者，來回答逼迫他們的權威（路二十一12～15）。這一切有關異象和逼迫的談論，顯示末後的日子已經在此！逼迫只是證實，耶穌在路加福音二十一章所教導的聖殿傳統的確真實。在復臨之前的末後日子中，那必須發生的彌賽亞痛苦，象徵了人子可能很快再來的末後日子。很可能在路加寫作的時候，耶路撒冷的聖殿已經被羅馬人所毀滅。因此在路加—使徒行傳的更廣架構中，整個司提反的敍事展現，耶穌的預言將一筆一劃地應驗。司提反的情況，是路加豐富的終末鑲嵌細工中的一個預言要素。然而，它不過是許多要素中的一個而已。司提反的故事，啟動了一連串勢必引向耶穌再來的事件。經由他的講道、他的行動和他最後的殉道，司提反在本質上，成為了末後日子的典範先知。[21]

司提反殉道的最大成果，是安提阿教會這個外邦宣教基地的建立。使徒行傳十一章19節的時序記錄極不尋常，因為它和之前的哥尼流敍事（徒十一1～18）不相符合。在時間的次序上，它並不在使徒行傳十章1節至十一章18節之後。事實上，我們無法確定這節經文發生的時間。可見，路加中斷故事的時間次序，乃為表達他的觀點；他不但連結來自使徒行傳十章1節至十一章18節，和使徒行傳十一章19至30節的事件，並且將故事連結至使徒行傳八章開始的司提反逼迫事件。從使徒行傳十一章之內來觀察，故事由奉割禮的信徒的問題為開始；但以來自安提阿的外邦基督徒，成為猶太弟兄的施惠者為結束。耶路撒冷整體的畫像和安提阿教會的比較，顯得相當負面。尤有甚者，使徒行傳十一章18節的末了評論相當生動，因為耶路撒冷的信徒，竟然藉著明說「甚至」連外邦信徒都可以接受聖靈而讚美上帝。多數註釋者正確地專注讚美上帝的正面性，但我無法忽視他們回應中的「甚至」用語所隱含的負面輕視色彩。甚至連在各方面都低於猶太人的污穢的外邦人，現在終於被納入上帝的國度裏。事實上，根據使徒行傳一章8節，這正是教會建立的惟一目的。

在使徒行傳十五章，耶路撒冷羣體中的其他奉割禮派信徒，將使這個醜陋的禮儀和種族優越議題再度浮現。就目前而言，故事的情節已經非常像司提反的故事，因為它展現一羣起初被死硬奉割禮派信徒所拒絕的基督徒。然而，就是這個被拒絕的團體，像司提反一樣，嘗試成為這些死硬派信徒的施惠者。雖然這羣信徒起初拒絕他們，但如今他們猶疑不決地接受了他們。司提反的殉道無疑引向保羅信主的事件，因為司提反為逼迫者的禱告產生了結果。同樣地，安提阿教會的慈善，將導致猶太人和外邦人之間更大的合一；這不僅發生在使徒行傳十一章28至30節，並且發生在使徒行傳十五章的最後決定中。因著這個決定，耶路撒冷會議送出一封肯定合一的統一原則的書信。

在此我們僅看見司提反的故事情節，被隱含應用的單一層面；其實，司提反的故事還在其他層面，和使徒行傳十一章相互連結。如果我們把使徒行傳十一章1至18節和使徒行傳十一章19至30節的情節作比較，耶路撒冷教會和安提阿教會在整體上的對照，立即凸顯。雖然路加為耶路撒冷帶出正面的描述，因為她是耶穌受難、復活和升天的地方；但路加並沒有以天真的正面性，來看待耶路撒冷母會。最後的比較，顯示態度上的差異。更確切地說，保守的耶路撒冷教會想要控制一切與外邦宣教有關的事宜，但她並沒有主動地向外伸展。相反地，耶路撒冷教會首先根據狹窄的限制，來詮釋彼得的演講。一個明顯的例子就是，耶路撒冷教會詮釋哥尼流信主事件的方式(徒十一18)。註釋者並未在這方面多作解釋。但我認為注意彼得或路加對哥尼流被聖靈澆灌的詮釋，以及耶路撒冷教會對彼得的說明的詮釋，實際相當重要。因為兩者的詮釋顯然不同。無疑地，在路加和彼得對哥尼流被聖靈澆灌的記錄中，沒有呼召和悔改回應的出現。事實上，聖靈似乎等不及要澆灌這些外邦人。我認為我們可以假設，悔改發生在被聖靈澆灌之後，但這並非重要的關切。

重要的是這個事件的獨特與非凡，因為它展現上帝多麼渴望將外邦人接納入祂的家中。彼得和路加所缺乏的悔改記錄，現在被耶路撒冷的信徒填寫補足了(徒十一18)。就好像他們在提醒彼得，甚麼才是「正統的」信主過程。悔改的完全缺乏的確奇特，但聖靈的顯現使所有知道五旬節事件的人(即耶路撒冷教會)不再懷疑。如此說來，他們對於填補使徒行傳十一章18節之細節的堅持，強烈顯示耶路撒冷教會是如何想要將五旬節的經歷，放在一個佳美整齊的框框中。他們完全不考慮，在路加—使徒行傳中，根本沒有門徒在接受聖靈和生命之前，已經悔改的記錄。然而，他們現在竟然堅持，悔改是外邦人信主的必要步驟。而這個步驟，未必是他們自己跟隨彌賽亞的部分經驗。

藉著這項紀錄，路加顯示人們很容易堅持「一種」信主的方式；而上帝卻使用許多不同的方式引人歸主。主要的問題，顯然和與宗教差異交織一氣的種族界限和慣例有關。雖然有些像巴拿巴的個人成員(亦參使徒行傳八章的腓利)，相當願意超越自己的界限；但使徒行傳這個階段開始的耶路撒冷教會，卻更關切如何保存她的慣例和頒布信條。不被過去傳統束縛的安提阿教會，自由地突破種族的界線，以嘉惠猶太的弟兄們。因為安提阿教會甘願像司提反一樣挑戰傳統，她在成為保羅事奉的宣教基地上日益重要。安提阿教會就像司提反和跟隨司提反的人一樣，在新的界線上不斷擴展。可見，路加使用司提反的故事情節來建構他的其他情節。如此地，司提反的心志和態度，成為教會遵循的至高典範。

司提反的短暫生命，填寫了使徒行傳最長的演講之一。他部分地反對那以聖殿為代表之以色列宗教的宣告，這成為他的職事的特徵。耶穌對於以色列的宗教制度，也有許多嚴厲的評論。司提反繼續了相同的理念。許多學者認為，司提反的理念源自散居各地的希臘化猶太人羣體。這種看法只有部分正確。因為任何來自那個羣體的理念，一定來自耶穌起初有關聖殿制度的教導。如此說來，司提反只是遵循起初的傳統而已。

詮釋角度的教導

從前言來看，使徒行傳一章 8 節誠然比表面所顯示的，更親密地表達司提反的生命。誰能想像一個人的死亡，竟然導致如此多人的救贖？由出現在使徒行傳八章的撒馬利亞人宣教開始，司提反的死亡帶出了，容許「好」撒馬利亞人誕生的宣教。耶穌在路加福音十章 25 至 37 節的諷刺性比喻，如今成為一個現實。

當我們將路加—使徒行傳視為整體而一併解讀時，我們可以從上述的討論看見，司提反的工作諷刺性地應驗了上帝的終末目的。司提反繼續了耶穌的預言職事，因而導致他像先知一樣的死亡。他有關聖殿的討論，也像耶穌對於類似題目的討論一樣，為他帶來麻煩。更重要地，司提反為自己帶來彌賽亞的痛苦，這象徵了耶穌所論及的末後的日子。司提反因此成為，耶穌在路加福音二十一章所預言的受苦的化身。司提反看見的最後榮耀，至終預示了人子再來時將展現的偉大榮耀。

司提反的敍事帶出司提反有力的聲音，它比司提反的對手受到更多的注意。路加在敍事的末了淹沒他們的聲音，好使司提反以他自己的話語來結束整個故事。路加對於司提反的偏好顯示，猶太基督徒實際得勝了那些想要驅逐他們的人。當教會以福音向前進展時，這些逼迫者從耶穌的審判開始，已經經歷了多重的失敗。司提反的敍事也顯示，初期的基督教會從來無意和作為他們的宗教根源的猶太教分離，但猶太教卻徹底地拒絕復活的基督。

提阿非羅的社會歷史背景，也為司提反的故事提供資料。更確切地說，司提反在自己的人民手下受苦的遭遇，指出那些拒絕生活在反基督教帝國價值觀之下的基督徒，也可能受苦。提阿非羅應該從司提反的勇氣中得到激勵，認知實現國度的終末目的，遠比他自己的帝國野心更重要。

腓利：第一個向外邦人傳福音的佈道家

對抗異教的鬥士

我們很容易將腓利和路加福音六章 14 節的使徒腓力連在一起，但腓力(英文同是“Philip”)是一個極其普通的名字。如果腓利和腓力是同一個人，那麼使徒行傳六章 2 節將顯得極不合理，因為他應該名列十二使徒中間，而非在七位執事當中。最有可能的是，腓力是如此普通的名字，因此這是另一個希臘化猶太人腓利。如此說來，第一個和外邦巫術接觸的並非使徒，而是教會七位執事之一的腓利（徒六5）。他和異教的接觸，和司提反遭猶太人反對一樣令人震撼。顯然，腓利的宣教，是司提反死亡的直接結果。

有關腓利的第一個重要敍事，是他與異教的對抗。腓利的直接對手，是行邪術的西門。故事並未將西門描述為反對腓利的人。事實上，他相當欽佩腓利。使徒行傳八章9節明說，西門行邪術。在使徒行傳中（參徒十三6），「邪術」（μαγεύων）一字，總是被負面地使用。雖然在古代的環境中，這個字未必總是負面的。但要明白這個字確實的意義卻相當困難，因為具有各種各樣超自然信仰的一世紀，是如此的複雜。如果這對西方基督徒似乎奇特，它對世界其他部分的基督徒卻是不罕見的事，因為在這些地方異教興盛又活躍。例如，非洲就有擁有無比能力的巫醫。最重要的是，西門這位術士相當誇張，以致人們相信他的吹噓，並且給他像上帝一樣的地位（八9～10）。

路加所偏好的「能力」（δύναμις）一字，通常被用來描述上帝或基督的醫治工作。例如，路加福音一章35節，根據聖靈將覆庇馬利亞使耶穌從她而生，來談論聖靈的能力。路加福音五章17節提到，主的能力與醫治者彌賽亞耶穌同在，以致耶穌能夠醫治一個癱子。路加福音八章46節顯示，藉著祂的能力，耶穌醫治一個血漏的婦人。接著，耶穌也在路加福音九章1節，將聖靈的能力賜給十二門徒，使他們能夠醫病和趕鬼。這個相同的能力，將成為幫助使徒將福音傳至地極的一部分（徒一8）。

然而，路加也論及敵人的「能力」。路加劃分兩大類的能力：耶穌的能力和上帝國度敵人的能力。西門的能力屬後者，因為他嘗試奪取上帝的榮耀。因此兩種力量的衝突在此展現，即基督的能力對抗巫術的能力。腓利使人得醫治，因為他是一個藉聖靈而擁有基督能力的人。在觀察這種能力時，我們可以將其與西門的能力加以比較。路加使用腓利和西門來顯示，基督的能力的確至高。在路加—使徒行傳中，這種能力蘊藏基督論式的涵義。更確切地說，耶穌藉著祂的門徒行使醫治。尤有甚者，將上帝的能力或上帝的任何屬性，賦予一個普通的人，這絕對不為路加接受。我們不需費力，就可以從使徒行傳十二章22節看見這個問題；希律亞基帕一世（大希律的孫子）因為擁有一些像上帝的屬性，並將榮耀歸給自己，因此馬上得到上帝的刑罰。這是西門必要滅亡的第一個暗示。雖然路加對巫術有負面的看法，但西門的罪不僅是行使巫術，並且是因為他想要得到那單屬上帝和基督的榮耀。

在使徒行傳八章之後，腓利的事迹傳承沒有明顯被提及；直到使徒行傳二十一章8節，我們才看見他有四個女兒，都是處女並且是說預言的。這個最後的記載顯示，腓利完美地符合路加在他的寫作中所展現的理念。換言之，家庭的品質，取決於它的信仰品質。腓利有家庭的最高品質，因為他不僅以向局外人傳福音而為人所知，並且以作為一個用信仰深刻地影響四個女兒的佈道家而聲名遠播。他的事迹將永遠常存。

腓利對抗異教，就像耶穌對抗撒但的戰爭一樣，撒但毫無退路地面臨它的毀滅。腓利的能力說明了基督藉著聖靈的職事而擁有的能力。如此說來，耶穌的聖靈現在與腓利同在。

第一個向外邦人傳福音的佈道家

腓利和司提反一樣，都是相當突出的門徒。他代表希臘化猶太基督徒的佼佼者。不像司提反以犧牲生命來事奉，腓利以不同的方式奉獻自己的生命。他接觸那些未得之民。學者為了太監其實是一個衣索匹亞猶太人的問題，辯論得臉紅脖子粗。我依然無法信服這種說法。我寧願將他視為像撒馬利亞人一樣的局外人。畢竟，太監不能進入聖殿的內院。雖然他們在政治上大有力量，甚至不可缺少，但他們實際被猶太人所輕視。[22] 因此他不僅是一個外邦人，並且是一個外邦的「太監」。腓利的貢獻是在最不可能的地方，即曠野路，接觸那些未得之民。這十分符合路加反諷的寫作風格，第一個接觸未得之民的並非使徒，而是像腓利這樣的希臘化猶太人。

正如所有典型的門徒刻劃，腓利敘事的許多層面和耶穌的相似。他成為平衡大眾和個人傳福音，以及平衡神蹟和話語的典範。路加以相同的份量來仔細描述，腓利向大眾傳福音和他在古舊迦薩曠野路的孤單事奉。在使徒行傳八章 26 節，路加提及迦薩是一個曠野路。對於已經熟悉這個地區之地理形勢的人而言，這似乎是相當多餘的寫法。我相信路加刻意強調這條路的特色，以顯示這整個經歷看起來有多荒謬。但這整個經歷至終得到偉大的結果，實因腓利的順服事奉。在平等處理大眾和個人傳福音的事上，耶穌也展現相同的順服。醫治眾人和向他們宣講，是耶穌在路加福音中的職事（例如，路四 31）。同時，耶穌也和個人接觸，若非耶穌向他們伸手，他們將永遠失喪（例如，五 27～32，十七 11～19，十九 1～9 等）。或許在這種事奉中，腓利因為逃避逼迫的緣故，而成為一個意外的參與者，但他依然是一個參與者。上帝容許逼迫發生，以使腓利能夠走向下一步，來繼續基督的職事。

當我們不僅從腓利敘事的資料，並且根據路加—使徒行傳更廣的以賽亞神學來解讀時，受苦僕人的題旨躍然呈現。在耶穌的職事初始時，祂已經暗示了祂自己的僕人身分（路四 18～19）。路加並沒有在耶穌的初期事奉時，即刻揭露耶穌的僕人身分；但路加的故事慢慢地顯示耶穌事奉的本質。雖然使徒行傳八章的故事情節，展現受洗在受聖靈之先；它基本上包含，耶穌早期職事中的一些要素（路三～四章）。這項觀察要求我們將其加以比較。我們必須再次注意，聖靈在撒馬利亞人身上那如此特殊的工作的重要性。使徒藉著按手，將聖靈賜給撒馬利亞信徒，使他們得以進入教會中。在路加福音九章 51 至 56 節，耶穌竭盡心力地嘗試使撒馬利亞人信主。正如鮑爾（F. C. Bauer）所宣稱的，耶穌開啟了向撒馬利亞人的宣教，而腓利的工作則完成了耶穌所開啟的事工。[23] 藉著成為散居各地之猶太人的典範，腓利代表了受苦僕人耶穌的工作。腓利在使徒行傳八章 32 至 33 節，對以賽亞書五十三章的詮釋也指出，耶穌生命的反諷如今全然反映在被逼迫的教會中。

以賽亞書五十三章的信息完全負面。它的起初用意最可能是為了象徵先知所受的不公義，因為沒有人聆聽他的信息。隱喻的語言描述了先知的挫折。在使徒行傳八章 35 節，路加沒有明顯陳述腓利所說的話，但腓利最可能以耶穌是以賽亞書五十三章所談論的這位人物為結束。可見，先知在以賽亞時代的被拒，這情況仍然存在於腓利的時代，使徒行傳八章的逼迫就是明證。另外，路加的評論也生動無比，因為使徒行傳八章 35 節可以被譯為「和向他傳講〔福音〕（εὐηγγελίσατο）有關耶穌」。路加用來描述腓利的字詞，和以賽亞書五十三章的負面語調恰恰相反。究竟被拒的壞消息，為何成為耶穌的好消息呢？這就是福音和人類經驗的價值對立相反的流露，因為上帝容許壞消息變成好消息！耶穌被拒的壞消息導致了十字架的大好消息。尤有甚者，逼迫的壞消息也導致了未得之民的信主。腓利的詮釋不僅解釋了這節經文的意義，並且總結了使徒行傳八章整個段落的資料；使徒行傳八章不僅描繪逼迫，並且描繪被逼迫的教會。更確切地說，教會藉著**成為**受苦的僕人，來代表受苦的僕人行事。

腓利另一幅清楚的肖像，是他先知職事的傳承。他不僅詮釋像以賽亞書的先知書卷，並且行事也有點像先知。腓利不僅為以賽亞說話，他也像以利亞和耶穌一樣，被主的靈超自然地提了去。當耶穌離開去，履行坐在上帝右邊的責任時（參徒七 55），腓利藉著將福音傳向更遠之處，來履行他的責任。以利亞的題旨也相當生動，因為以利亞在路加福音中顯著又獨特。以利亞不但真實地並且象徵性地展現上帝的能力和憐憫。路加福音一章 17 節，使用以利亞來代表施洗約翰的先鋒身分。因著一些正面的原因，耶穌也曾被誤認為以利亞（路九 8，19）；耶穌並且行使和以利亞相似的神蹟（例如，使睚魯的女兒或寡婦的兒子復活；參七 11～16；參《七十士譯本》：王上十七 10～24）。最後，以利亞出現在路加福音九章 30 和 33 節的登山變像中。因此當腓利像以利亞一樣，被主的靈從太監面前提走時，路加深刻地強調腓利所具有的能力和權威。換言之，腓利將繼續由耶穌所開啟的先知的終末角色。在末後的日子，福音將傳給未得之民（徒一 8）。腓利正是這幅圖畫中的一部分，甚至連聖靈都使用超自然的方式，將他快速地運送到另一個不同的城市。

腓利的行動和基督對局外人的接納相似。更重要地，腓利的職事被聖靈引導，並且代表一種角色典範。換言之，聖靈引導腓利不偏不倚地跟隨耶穌的腳蹤。就像耶穌一樣，腓利顯示上帝要得著未得之民的旨意。路加展現腓利之重要性的過程，來自故事的結尾。當腓利為太監施洗之後，聖靈即刻將他帶走。聖靈將腓利從太監面前馬上提走的激烈行動，也彰顯了腓利的工作的重要性。將腓利提走的行動，一方面顯示其他使命的急迫性，另一方面也展現使衣索匹亞太監信主的工作已告完成。對一個完整的信主經歷，聆聽宣講和受洗的過程已經足夠了。路加似乎藉著腓利的突然被提走，帶出一個重要的信息：腓利的工作已經完成了！

詮釋角度的教導

從使徒行傳的前言來看，我們必須將腓利的故事視為異教的反照。因著許多引他注意的宣稱，提阿非羅勢必相當熟悉所有的外邦信仰。無疑地，異教也滲透了帝國官員，如同使徒行傳十三章 4 至 12 節，有關保羅宣教記載中的所指。就目前而言，提阿非羅必須藉著承認只有來自教會的獨一能力，即基督的能力，來保持他對信仰的忠誠。尤有甚者，使徒行傳的結語顯示，保羅將福音傳至地極，即羅馬。根據使徒行傳一章 8 節，保羅能夠如此行，乃因耶穌將能力賜予保羅。這項事實經過許多以耶穌的能力，將福音傳至地極的其他斷續的明證所肯定。總的來說，腓利的故事在大使命的推展上，扮演重要的角色。提阿非羅應該明白，他是「最後產品」(end product)的一部分；而腓利對他而言，代表啟動大使命的偉大開始。正如任何一段教會歷史，腓利的故事蘊含一些重要的教導；它為我們帶出下一個有關「路加福音和使徒行傳必須視為一來解讀」的清楚結論。

從更廣的架構來看，路加顯示耶穌總是和局外人友善來往，因為祂擁有不被局外人污穢的權威。祂行使神蹟的能力，就是那種權威的驗證。在使徒行傳，這個能力被傳遞給使徒行傳中主的工人。如此說來，耶穌的能力不僅是為要使人震驚和敬畏。在腓利的敍事中，路加也融入一種至目前為止尚未出現在使徒行傳的特色，也就是像基督（Christ-likeness）的獨特品質。這種特質將在彼得的哥尼流敍事，和保羅的宣教敍事中再度出現。腓利所擁有的能力，證實他和局外人交往的有效性；這裏的局外人就是太監。將路加福音和使徒行傳一併解讀，使我總結路加不僅按年代次序，並且按題旨來編排腓利的故事，以展現有關腓利像基督之特色的神學觀點。可見，腓利行神蹟的能力，並不是為了讓他獲得今日許多電視佈道家所得到的利益。相反地，他行神蹟的能力是為了給他權威，以使他能夠服事那些以色列的敵人（即撒馬利亞人），和那些被以色列拒絕的人（即太監）。那些在電視上急速致富的醫治佈道家，是腓利的直接反照。尤有甚者，他們更像西門，急欲從新的信仰中得利。在路加—使徒行傳的更廣情節中，這些想要從信仰中得利的人，都被全面地定罪，他們的信仰也被質疑（參徒十三 4～12）。如果路加今天仍然活著，許多這類的「信心醫治者」或許都會遭他定罪。

根據敍事文體（narratological）的角度，第一個腓利故事中的關鍵用字是「大」（μέγας），這個字重複出現在使徒行傳八章 9 至 10 節和 13 節中。這個字的發音也和使徒行傳八章 11 節的「邪術」一字極為相似，因為它們共有一些相同的子音。路加的描述常常帶出，真正行神蹟者和虛假行神蹟者之間的比較。兩者似乎都能行大量和超乎尋常的神蹟。可見，他們的質量或許都「大」。如果兩者如此相似，那麼路加的比較，究竟具有甚麼意義？許多人將會太快地指出，西門的神蹟是假的。然而，這並非經文的準確所指。雖然西門妄自尊大，但他的邪術的確具有能力，以致看見他的人都稱他為大能者（徒八 10）。相同的平行，可見於今天開發中國家的巫醫。他們的神蹟的確有效！如此說來，神蹟的衡量準則，並非它們是否見效。這不過是外邦人的衡量標準。根據路加，衡量的標準應該是，神蹟是否帶出永遠皈依真理的結果。經由西門的工作，人們相信虛假的邪術，因為他們以西門這位行神蹟者為他們的焦點。西門成為他們的關注。但在腓利的例子中，人們沒有以腓利為焦點，而是受洗歸入基督。更進一步地，故事繼續顯示人們經由使徒，順服教會的更高權威；他們一點也沒有獨立發展成逕自行使神蹟的小集團。

帝國世界的社會歷史景況，是提阿非羅相當熟悉的議題。根據帝國世界的背景，西門迷信而得的大能無疑顯示，有一種甚至比政治更大的力量，在統治人民的生活。外邦人的邪術，超出政府的控制範圍。事實上，在羅馬的軍隊中，有許多軍人是取悅神明的自願參與者。提阿非羅明知，這類帝國主義和異教的不健康混合，並非解決世界更大問題的答案。腓利的工作是上帝國度的一部分，它才是真正和至優的解決方式。更重要地，甚至像衣索匹亞太監這般尊貴的外邦人士，都接受了福音。上帝的國度的確超越人的國度。

附記

使徒行傳八章的處境化
腓利和現代行神蹟者的比較

從今日靈恩爭議的角度來看，針對這個特別敘事而提出些許反思，將對我們大有助益；因為有關靈恩的爭議，仍在許多華人基督徒羣體中持續進行。儘管我不否認神蹟還是可能發生的，但尤其在解讀路加的寫作之後，我對今日的行神蹟者，確實保持相當程度的懷疑。不論「成熟」或年輕的基督徒常犯一個錯誤，就是只以神蹟是否有效來判斷行神蹟的人。他們似乎忽略了路加的焦點。換言之，以神蹟是否有效來衡量行神蹟者，是外邦人判斷神蹟的最常見方式。在一些以極端靈恩運動為外貌的華人教會中，我依然看見異教的殘餘痕迹。基本來說，流行的民間華人基督教信仰，是一種經過受洗的異教。

更確切地說，神蹟的有效性，是路加衡量事奉的有效性的最低標準；因為神蹟的「偉大」(greatness)，是路加用來描述西門和腓利的神蹟的相同用字。甚至當我們將今天的許多行神蹟者和使徒時代的相比較時，我們發現大部分的行神蹟者都是贋品。有一些最多成為安慰劑罷了！我曾經聽過一個例子，被醫治的病人，只好了三天。這怎麼可能嗎？這和瘸腿的能夠跳躍行走一分鐘，而三天之後又跌倒並以乞討為生一樣荒謬。或更好的假設性例子是，像被耶穌醫好的那癱瘓的人一樣，他可以行走回家，但三天之後，卻又癱瘓躺在他的墊子上一樣。

現在讓我們假設，有小部分的現代行神蹟者，的確行使有效的神蹟。在使徒行傳八章，假的行神蹟者也能行使神蹟，但結果卻大異其趣。許多現代的行神蹟者，就像西門一樣，雖然他們口說「讚美耶穌」，卻以自己為焦點。他們的聚會缺乏屬靈的實質，反而更像馬戲團的表演和魔術的耍技。這種較輕微的外邦心態的表現，可見於人們不斷要求牧者為孩子、房子或其他事情，去除厄運的祝福禱告。我記得我過去所牧養的教會的一個會員，從一個不同的教會轉到我們教會；他似乎覺得我的禱告或我個人，具有一種神奇的力量，因為我在每次主日敬拜之後都宣告祝福。這和中國的道教和佛教和尚的神蹟奇事毫無兩樣，他們也對人或房子口誦咒語。牧師或上帝的僕人已經變成一個基督化的「和尚」。每當我到不同的地方講道時，我時常面臨這類的要求。這種迷信式的尊敬，反映出一種傷害教會真實信仰的外邦心態。

腓利和西門的事件，必須根據使徒行傳八章的整個腓利故事來解讀。我們必須注意在較後的敍事中，腓利是一個聖經學者和一個知識(即學術)成熟的人；他不是術士。就目前我見過的所有現代行神蹟者而言，我不認為他們具有和腓利相同的聖經和知識成熟度。許多現代行神蹟者，就像西門一樣，訴諸於外邦巫術的大眾情感，也就是華人宗教中的迷信。腓利也在局外人中事奉，首先在以色列的敵人撒馬利亞人中間，隨後在被以色列宗教所拒絕的衣索匹亞太監當中。尤有甚者，當今的許多行神蹟者，也以他們對於神蹟的偉大聲稱來分裂教會。他們的論證常以下列的方式出現：「任何一個拒絕我們所行的神蹟的人，都是褻瀆聖靈。」這是一個大膽的聲稱，因為問題實際來自他們無法容忍神學觀點的多樣性，而導致各處教會的分裂。腓利的工作使兩種不同的人合一，即猶太人和撒馬利亞人。因腓利的神蹟而信主的人，並沒有分裂教會。相反地，他們順服教會的權威。撒馬利亞人不但向腓利，並且向整個耶路撒冷教會的領袖負責。

在路加的筆下，聖靈的更偉大工作，不但帶出不同人民羣體之間的合作，並且總是承認教會的屬靈權威。如此說來，如果現代行神蹟者的最後結果是分裂教會，我們必須質疑他們借以行使神蹟的「靈」。若果初期教會分裂，那麼使徒行傳一章8節，就不可能對世界產生任何長期的影響。教會分裂和基督的身體與大使命，完全背道而馳。它也違反聖靈的工作。總結來說，這些都是衡量現代行神蹟者的聲稱的重要考慮。第一，他們的神蹟所產生的結果，是否使行神蹟者成為關注的焦點？第二，他們的神蹟所產生的結果，是否分裂教會？第三，他們是否時常聲稱聖靈向他們說話，並且不願意在神學上向教會權威負責？如果上述問題的任何答案是「是」，那麼我們所面對的，很可能是西門而非腓利。

從路加刻劃的倫理角度來觀察這個議題時，我們看見現代行神蹟者，跟門徒或耶穌之間的明顯區分。在路加的神蹟記載中，他總是展現神蹟內容和行神蹟者本身的品格條件。現代的行神蹟者，尤其顯見於基督教的圈子內，時常聲稱他們跟隨耶穌的腳蹤，但有許多僅是表面的跟從，因為他們完全不符合路加的理念。如果醫治的確發生，他們也不過停止在醫治的層面。然而，醫治鮮少是所有路加神蹟故事的主要焦點。還有許多比醫治本身更重要的焦點。不論醫治者是耶穌或門徒，路加都展現醫治者的許多特徵。

不幸地，許多現代的行神蹟者，完全不具路加所強調的重要特徵。許多人沒有像耶穌或門徒一樣，以樸素的生活來與窮人認同（或至少過簡單的生活）。有些人以豪華的飛機或奢侈的汽車旅行。有些人甚至刻意炫耀他們的財富，來展現上帝的「祝福」，這因此導致易受騙的跟隨者認為，他們也可以獲取豐財。許多人也沒有像耶穌和祂的門徒一樣，為教會帶來合一和彼此負責。相反地，他們分裂教會，並且像不服從的人一樣，以個人主義來運作教會。有一些是不折不扣的吹牛者，他們藉假神蹟來欺騙信徒。如果許多這類的「聖人」，無法符合路加的倫理要求，那麼我們應該徹底質疑他們的職事的合法性。我絕對不相信，路加倡導基督教的邪術。

巴拿巴：先知的兒子？

巴拿巴在初期教會宣教歷史的重要性，不僅記錄在使徒行傳中，並且顯見於加拉太書二章。在加拉太書二章和使徒行傳的記錄中，他和保羅之間偶而發生的爭議也為人所知。如果巴拿巴沒有扮演重要的角色，那麼保羅也不會在加拉太書二章，將他和彼得相提並論。本段討論的目的，並非觀察歷史中的巴拿巴，而是從使徒行傳的上下文，來解讀巴拿巴。路加採用一種特別的方式刻劃巴拿巴，以加強他的故事情節。下文將針對巴拿巴，提出一個簡明的分析。

巴拿巴不僅扮演一個對教會多有貢獻的角色，並且成為終極叛徒猶大的強烈反照。他的名字具有「勸慰子」（υἱὸς παρακλήσεως）的意義。此字及其同源語與新約聖經中的「安慰」、「鼓勵」，甚至「倡導」有關（約十五26，十六7～11；林後一3；提前五1；提後四2等）。在其他兩約之間的文獻中，它有正面或負面勸勉的這兩種涵義。正面的涵義代表鼓勵（*1 Maccabees*

5.53, 12.50, 13.3 等），而負面的涵義則代表勸誡（*Epistles of Aristeas* 220）。[24] 在使徒行傳的其他部分，這個字總是代表鼓勵（徒九 31，十三 15，十五 31）。然而，在亞蘭文中，「巴拿巴」同樣可以代表先知的兒子。尤有甚者，在路加的刻劃中，這個名字可能蘊含更多的意味。或許路加在詮釋巴拿巴的名字時，刻意強調先知的勸勉職事。

保羅在羅馬書十二章 8 節，提到教牧勸化的恩賜；這可能可以澄清，路加筆下這個字的涵義。或許在路加的寫作中，勸勉是鼓勵的一種形式。更有可能的是，路加同時採用正面和負面的意味，來描繪巴拿巴的人格。從敘事的一開始，巴拿巴就成為猶大的直接對照。路加在使徒行傳四章 36 節，提及巴拿巴賣了田地；而路加在使徒行傳一章 18 節，提及猶大買了田地，這恰成反照。這兩個人的生命，以相反的方向成為強烈的對照。巴拿巴賣了田地並且大方奉獻。猶大買了田地，並且為他的自殺保留這塊地。如果猶大是終極的叛徒，那麼巴拿巴當屬終極的忠誠者。他的忠誠在他對於社區的全然嘉惠中生動顯露。猶大是一個接受者，而巴拿巴則是一個給予者。

巴拿巴也以其他方式，分享他的所有。他對於外邦宣教的支持無人可比，因為他不僅給予他的財富，並且為這個目標奉獻自己的時間和才能。在使徒行傳十一章 24 節，路加顯示他是一個好人，被聖靈充滿並且大有信心。這些都是使徒行傳中典範人士所具有的特徵。聖靈的被提及，彰顯上帝對巴拿巴的行動的認可。更重要地，巴拿巴在使徒行傳十一章將保羅帶進安提阿宣教的行動，為建立強壯的外邦宣教基地立下了大功。巴拿巴能夠洞察才能十足的保羅在強化教會中的角色。同樣重要的是，巴拿巴對於保羅蒙召的信心。巴拿巴的看法，和他同儕的一般觀點大異其趣；但他依然果斷並很快地讓保羅參與多重層面的服事。至終，關於巴拿巴的刻劃將我們指向耶穌那被聖靈充滿的職事。如此說來，巴拿巴的行動一方面實現耶穌的事工，另一方面應驗舊約對聖靈的工作的預言。

除了巴拿巴在初期宣教事工中所扮演的角色之外，他也以和保羅有「尖銳的爭論」（παροξυσμὸς）而為人所知（徒十五 39）。“Παροξυσμὸς”很少出現在新約聖經，它的用法也多屬負面的意味（林前十三 5；來十 24）。顯然，在使徒行傳十七章 16 節，保羅對普遍的異教，持有和巴拿巴相同的看法。因此他和巴拿巴的爭論焦點，實際與那稱馬可的約翰有關。許多現代基督徒喜歡怪罪脾氣似乎急躁的保羅。但這未必是正確的觀察。我相信雙方都和爭論的尖銳有關。畢竟，巴拿巴具有鼓勵的恩賜，其中可能蘊含勸誡的層面。或許這個事件顯示巴拿巴勸誡的負面層面。換言之，他的勸勉可能更像勸誡一樣。在這個爭論中，那認為巴拿巴不像保羅那般熱誠的，也是一種錯誤的看法。對於路加這段記載的最佳理解方式，就是路加並沒有將初期教會理想化成一種表面合一的陣線。甚至在合一中，任何像宣教這般重要的職事，都可能有各種各樣的意見。我不確定，但很有可能路加認為保羅持正確的看法，因為在這個敘事之後，巴拿巴就從外邦宣教的記錄中消失了。可見，路加對於巴拿巴的真實刻劃，為我們帶出一個混合的畫像。總的來說，巴拿巴是保羅成功的搭橋者。他扮演他的角色，但當他完成他的使命時，他即刻功成告退。

巴拿巴像耶穌，因為他也和局外人認同，並且給他們機會。他對財富的使用，也像耶穌一樣和窮人認同。他是真正的耶穌跟隨者！

詮釋角度的教導

根據前言，巴拿巴的角色極其重要；因為在某些方面，巴拿巴推動了使徒行傳一章8節的宣教。他不但和新近信主的保羅交往，並且在引領保羅進入引人注意的事奉上，作了決定性的貢獻。尤其重要的是，巴拿巴在使徒行傳十一章，邀請保羅參與安提阿事工的角色。可見，在貢獻者的角色上，前言顯示巴拿巴是將福音帶至地極的過程的一部分。

當我們根據路加—使徒行傳的資料解讀巴拿巴時，我們無法忽略在財物上，巴拿巴是耶穌國度理念的模範跟隨者。他代表那些願意將自己所有的資源，單單用來擴展國度目標的人士（參路十八18～30）。巴拿巴使用資源的方式，使他成為凡對國度財物觀有問題的人的模範榜樣。

就敘事的角度來看，巴拿巴以外邦宣教的預備者身分帶出敘事。首先，他展示出其自己具犧牲地給予的好行為。其次，他立即進入宣教事工，就像那些願意為國度放下一切的人一樣。最後，身為保羅成功事奉的一個中間橋梁，他激動地退出這個故事。在路加的敘事中，他完成了他的使命。路加需要一位佳美人物，來引介重要的保羅。巴拿巴的確功不可沒！

根據帝國的倫理，我們幾乎可以將巴拿巴視為這種理念的反面。在帝國的制度中，聚集財富在權力的追求上，無疑扮演重大的角色。許多凱撒的自由民，都擁有令人無法想像的巨大財富。巴拿巴是一個豐富的人，但他奉獻極大部分的財富給宣教事工。他的財富不屬於這個世界。相反地，他因成為信仰的使者而富有。從巴拿巴的例子，提阿非羅學到給予而非積存財物這寶貴的價值觀。

保羅：從逼迫者到受苦的僕人

信主的逼迫者

解讀路加對保羅的刻劃，使人不得不由衷敬佩保羅的偉大。保羅的偉大可見於他的信主經歷。研究保羅的生平應該從起頭開始，因為在路加的寫作中，起頭的信主經歷是保羅的見證基礎。路加敏銳地意識到保羅的起頭，以致他在使徒行傳中，三次重複保羅的信主記錄。其中第一次經由路加的敍事，而其他兩次則經由保羅自己的見證。到目前為止，這三次記錄一點也不顯得多餘。事實上，記錄之間的差異，顯示路加的不同強調。舉例來說，在使徒行傳九章 7 節，與保羅同行的人聽見聲音，卻看不見人；而在使徒行傳二十二章 9 節，與保羅同行的人看見了光，卻沒有聽見聲音。另外，在使徒行傳九章 7 節，與保羅同行的人站在那裏；而在使徒行傳二十六章 14 節，他們卻和保羅一同倒在地上。路加是否在一路寫作時虛構事實，或草率地校編自己的作品？這兩種看法都不太可能。其實如果路加的記錄完全一致，那麼他虛構的可能性反而更高。我認為記錄之間的差異，完全取決於路加和保羅在使徒行傳中的觀點。

研究使徒行傳中的保羅生平，我們看見初期教會似乎相當明顯地對於保羅缺乏支持。或許教會仍然想要多了解這個稱為保羅的怪人，他對於將外邦人帶進國度的著迷，似乎更符合司提反看待現實的方式。在反諷的方式下，保羅在觀看司提反死亡的事上，不單有分並且喜悅。除了幾個例外之外，使徒行傳對於支持保羅的記錄，似乎相當隱藏。如果有的話，保羅似乎也必須以一些工作來補助他的收入，以支持他的事工。整個保羅敍事顯示，保羅沒有足夠的資金，並且他和耶路撒冷的關係也似乎模糊不清。畢竟，因著耶路撒冷教會所積累到的資源，我們應該聽說他們對於保羅的財務支持。然而，我們看不見這方面的記載。這種無聲的寫作筆法，的確導致學者推測，保羅和十二使徒之間的緊張關係。或許支持保羅的人，仍然在嘗試建立財務方面的能力；但路加的描繪將慢慢地提高，讀者對於保羅之重要性的認知。當保羅在世時，他永遠是爭議的中心。路加以自己對於爭議的看法，來刻劃保羅。

在路加對保羅的描繪中，保羅的信主當屬最顯著的部分。重複述說三次的記載，不僅顯示事件的重要性；路加並且在第一次的記錄中，三次指出人們對於保羅的懷疑（徒九 13、21、26）。三次懷疑的模式，顯示保羅信主所產生的衝擊力。保羅是信主的逼迫者。如果他的信主是真實的，那麼一切有關基督教的神蹟奇事就是真實的。最偉大的神蹟，不僅是使徒行傳的病人得醫治，更是保羅所經歷的生命改變。路加繼續在後文重複兩次保羅的信主記載，為要強調這位最有影響力的基督徒的生命改變。可見，路加對保羅生命改變的強調，遠超所有其他的事件。使徒行傳九章信主情節的設計，的確提醒我們，勿忘路加的特殊強調。

信主的記載從保羅前往大馬士革，激烈地捉拿基督徒開始。保羅快到大馬士革時，遇見了耶穌。抵達大馬士革的保羅，三日不能看見。隨後得了醫治，並且在大馬士革開始宣講上帝的道。人們開始發問並且驚奇。為甚麼？他們之所以驚訝，乃是因為他們聽說即將前來逼迫基督徒的人，現在竟然開始宣講他所否認的信仰。他的使命產生了一百八十度的大轉變。這種激烈的改變，不可能來自心理失調或基督徒的宣傳。他以身為信仰的敵人而為眾人所知，但抵達大馬士革的保羅，不但沒有謀殺和捉拿基督徒，反而在各會堂宣講耶穌。惟有超自然力量的干涉，才有可能產生這種事情！

保羅的信主經歷以三個不同的記錄，出現在使徒行傳中。這三個記錄值得我們首先將其分別地，然後共同地觀察思考，以使我們更能了解路加的強調。第一個記錄被放在使徒行傳六章 8 節至九章 31 節這更廣段落中，其中包含逼迫和保羅反諷的角色。接著出現的下文是使徒行傳九章 32 節至十二章 25 節，其中包含有關外邦人的爭議，和繼續發生在耶路撒冷的逼迫。我相信如果我們根據文學的強調，來解讀這些記錄，而非刻意要每一個細節都符合我們對於準確性的現代看法，那麼，我們必然看見在記錄「事實」之外，這些記錄尚有許多其他的用意。

我認為，許多將保羅的信主經歷協調成某種歷史整合整體的努力，未必總是符合路加的寫作用意。因為他們以自己的想像和意象來創造保羅，他們沒有讓保羅成為路加筆下的保羅。如果路加想要虛構所有的記載，他可以很容易地協調所有的記載，但他並沒有如此行。三個記錄之間的差異，刺激了我們生動的想像力。我們應該觀察別處的經文，以回答我們為何應該將這三個記錄分別解讀。我建議，這些差異來自路加對這三個記錄於各自不同的經文段落中的不同用意。路加總結這些記錄，並使它們適切於故事的情節和信息，而不是刻意協調它們，好使它們成為單調的人為敍事。如此說來，為了正確了解經文的意義，我們必須觀察每一個記錄，在路加—使徒行傳各自文學處境中的獨特性。

以下討論將觀察這三個記錄各自不同和獨特的層面。在第一個記錄中，路加為帶有謀殺意圖的保羅作了簡略的描述，因為帶信前往大馬士革的保羅，欲將基督徒帶回耶路撒冷（徒九 1～

2）。第一個記錄的焦點顯然是耶路撒冷，因為耶路撒冷是那些道之跟隨者（followers of the Way）被逼迫的起源地。它為保羅在使徒行傳二十四章 14 和 22 節的審判中所提及的道，作好準備。這個記錄也預示了在使徒行傳其餘部分有關耶路撒冷教會內外交加的衝突。無庸置疑地，道的逼迫者後來行走在道之中。保羅信主的反諷，與司提反受逼迫成為宣教的動力，相符一致（六 8～八 1）。根據路加福音八章 55 節，食物代表健康，因此保羅在使徒行傳九章 10 至 16 節得醫治的故事，顯示保羅原來是生病的。上帝藉著亞拿尼亞的手醫治保羅，使保羅不但在靈性上，並且在身體上全然得醫治。然而，真正的醫治媒介，是使徒行傳九章 17 節的聖靈。更重要地，路加預備保羅在司提反被逼迫之後，很快地去幫助安提阿教會。如此，路加強化了身分對調的題旨。究竟路加在此對保羅的描述，如何適切上下文？實際上，保羅反諷的身分改變，是對抗他的逼迫者的最有力見證。

第二個記錄被放在使徒行傳二十一章 17 節至二十三章 35 節的段落中；其中包含保羅在耶路撒冷被捕，並且以希伯來—亞蘭語（Hebrew-Aramaic）說話的描述。路加能以希臘文記錄敘事，因為那位佔據使徒行傳百分之六十篇幅的英雄保羅，為他作了總結。無論如何，第二個記錄具有一些與眾不同的特徵。與第一個記錄不同的是，保羅在此以這個故事，向耶路撒冷的羣眾說話。他在使徒行傳二十二章 5 節提及來自大祭司的信函，指出耶路撒冷宗教領袖的罪過。保羅在使徒行傳二十二章 11 節，另外提到同行的人，以顯示見證人的重要性。保羅並沒有虛構他的故事，因為有其他與他同行的人，也看見了異象對保羅的影響。如此說來，領袖被迫選擇坦承自己的罪過，或繼續以假見證人的身分保持沉默。事實上，路加之前有關保羅信主的記錄，可以根據他們作假見證人的罪過，來控訴他們。換言之，第二個記錄並不是要反映發生在保羅身上的事情(因為使徒行傳九章已經討論過了)，而是寫實耶路撒冷猶太領袖的集體罪過。

更重要地，在使徒行傳二十二章 9 節，保羅提到同行的人都看見的大光。然而，他們沒有聽見聲音。因此這和使徒行傳九章 7 節不同，因為他們聽見了聲音。可見，路加刻意區分聽見聲音，和真正聽見聲音(即明白聲音的意思)之間的不同；因為路加指明那位對保羅說話的聲音。真正的聽見來自對說話者的確認。因此定罪繼續隨著這個見證，而向所有現在也聽見的人發出。他們聽見但他們不接受，所以他們成為屬靈的聾子。至終，亞拿尼亞也扮演講道者的角色，他在使徒行傳二十二章 16 節宣告出受洗、洗去罪污和求告耶穌的名的必要步驟。保羅使用亞拿尼亞來總結在他的職事之前即已存在的福音。究竟，這所有的差異，如何適切周圍的上下文呢？它具有高度的法律情境，因為猶太羣眾需要見證人。保羅將他們所要的給他們。現在的問題是，他們是否願意接受保羅宣講的福音，或是和他們的宗教領袖遭受相同的定罪？如此說來，保羅的見證不僅重新說明事件本身，並且要求聽者產生一個正確的回應。

第三個記錄被放在使徒行傳二十四章 1 節至二十六章 32 節的段落中，其中包含保羅在該撒利亞與腓力斯、非斯都和亞基帕二世的會面記錄。第三個記錄的獨特性在於，它完全刪減亞拿尼亞的角色，並且加長了耶穌和保羅的對話。因為上下文不再和法律見證人有關，因此亞拿尼亞不再被需要。保羅向亞基帕二世發表的演說，或許有路加在現場聆聽。在這個記錄中，保羅提及說希伯來話的聲音(徒二十六 14)。這個細節無疑使第三個記錄更顯生動。同時，它也讓羅馬官員一窺只有保羅可以接觸的內部觀點。使徒行傳二十六章16節的呼召，一步一步地提供關於起來和站著的命令。保羅分享這個細節，以展現自己像以賽亞、耶利米和以西結的先知身分。畢竟，亞基帕二世對猶太教的認識，足以幫助他了解這個旁徵。更重要地，使徒行傳二十六章16至18節，清楚闡明保羅要將自己的子民和外邦人領出黑暗的使命。依此看來，第三個記錄為讀者呈現兩種可能性：保羅是一個騙子，或亞基帕二世必須相信保羅的分訴。

在觀察這些平行記錄的一些細節之後，路加使用保羅的信主和保羅的其他事迹相比較的情節，成為我們的重要思考。關於重複三次的事實，正顯示這件事情的重要性，遠超保羅所經歷的其他事情。現在如果我們將保羅在使徒行傳末了的兩個信主記錄加上漫長的演講，和基督的審判相互比較；路加顯然在保羅邁向監獄之路時，對保羅事奉的宣講層面大加強調；這個結尾和高潮的強調使保羅的信主，和使徒行傳九章保羅初信時一樣生動。保羅的生命被他的信主經歷所包圍，就像五旬節包圍教會的整個宣教一樣。尤有甚者，三重的強調顯示，神蹟並非保羅事工的惟一標誌。保羅不像他當時的許多外邦行神蹟者，他不是一個普通的行神蹟者。比神蹟更重要的是他的蒙召、信主和生命改變；這一切的綜合，成就了最高潮的偉大神蹟。保羅是「最偉大的信主者」。

根據路加，保羅的信主是保羅生命首要優先的基礎和特徵；因為保羅的信主不斷地成為最有力證據，提醒世人復活基督的存在。只有真正復活的基督，能使一個逼迫道的人，現在不但遵行並且護衛道。路加在敘事進展到使徒行傳末了時，刻意強調這種細節的筆法，這顯示他對於宣講的行動和宣講中的見證人的首要關注。保羅的信主成為敘事的工具，以顯示見證人在宣講和生命改變中的重要性，甚至超過多采多姿的神蹟。總的來說，保羅的生命高峯並不是他的神蹟，而是他對於自己信主的雙重宣告。

當學者解讀使徒行傳的保羅生平時，他們不太注意，保羅是使徒行傳中最像基督的人。然而，在保羅成為最像基督的人之前，他先成為超級門徒。在他信主之後，就馬上有人成為他的門徒並跟隨他(徒九25)。他非凡的領袖特質確實無可比擬。路加最後建議，人們會跟隨保羅的原因乃是：保羅像基督。最大的對照是他過去身為最重要的逼迫者，和他後來在使徒行傳中成為最像基督的人之間的生命差異。另外還有一個認為他像基督的原因，不僅來自耶穌和保羅的平行之處，更和保羅在初期教會中的權威問題有關。保羅沒有跟隨耶穌三年。或許這就是路加沒有使用單數「使徒」，來描述保羅的原因。路加只在使徒行傳十四章4和14節，以複數形式的「使徒」，同時提及保羅和巴拿巴。究竟巴拿巴是哪一種使徒呢？[25] 最可能的是，這個字在此具有被差派的宣教士的意思。[26]

尤有甚者，路加使用像基督的刻劃來顯示，甚至有人繼續質問保羅的使徒權威(保羅的書信的確指出這個問題)，他們的質問絕對無法成立。無庸置疑地，保羅是基督完美典型的終極化身。保羅是否跟隨耶穌三年，實際是次要的問題。不像保羅書信以保羅的超級使徒身分為焦點，路加選擇描繪保羅的超級門徒身分。下文將針對保羅身為門徒的角色，提出更多討論。更確切地說，路加比較關切保羅成為角色典範的身分，而保羅在他的書信中，則比較關切自己的使徒權威。在路加的筆下，保羅的確跟隨基督的腳蹤。藉著下文的路加平行寫作，我們將就保羅是多麼像基督的，作更深入的討論。

保羅也蒙耶穌呼召，他並且很快地就徹底跟隨耶穌的腳蹤。至少，在他信主的過程中，他和其他使徒一樣蒙主呼召。

非凡的門徒保羅

在解讀使徒行傳時，我也相信保羅的職事大幅度地與教會平行。開始觀察的最佳之處，是七十（二）位門徒的宣教。出現在路加福音十章1至12節的七十二位門徒宣教，以兩人配對的方式進行。這七十二位門徒並非使徒。尤有甚者，耶穌的教導清楚展現，這七十二位門徒將被拒絕。在路加福音十章8至12節，拒絕將會發生。他們對於拒絕的回應，應該是擦去黏在他們腳上的塵土。這個姿態代表，上帝的審判一定會臨到背逆的城市，而門徒們完全不需為其負責（路十11～12）。根據路加福音十章16節，他們的拒絕乃是拒絕耶穌，因此經文暗示這些門徒代表耶穌。更進一步地，路加福音十章18節不僅將宣教視為信主的運動，並將其視為撒但和耶穌之間的戰爭。當門徒展現國度的能力時，勝利全然歸屬耶穌。

從整體來看，保羅的第一次宣教和路加福音十章有許多平行之處。路加在使徒行傳中的宣教敍事次序，也和路加福音的十分相似。路加福音九章1至9節首先敍述十二門徒的宣教。在保羅信主之前使徒行傳的開始部分，也以身為十二門徒之代表的彼得為開始。接著，七十二位門徒在路加福音十章被差派。而在使徒行傳，保羅也在路加對彼得的職事提出諸多評論之後，被差派出去。路加並未單獨地稱呼巴拿巴和保羅為「使徒」。他們像七十二位門徒一樣，以兩人配對的方式事奉。惟獨在使徒行傳十四章4和14節，路加以複數的「使徒」稱呼他們，路加的用字方式，顯然蘊含宣教士而非使徒職分的觀念。畢竟，到底是甚麼原因，使巴拿巴得以成為使徒呢？根據使徒行傳一章21至22節的使徒條件，我們無法回答這個問題。可見，保羅和巴拿巴比較像七十二位門徒，而非使徒。

除了上述這個平行之外，保羅的職事也展現其他一些和七十二位門徒之間的平行。在他的工作中，保羅必須和撒但爭戰（參徒十三10），並且受到來自猶太人的拒絕。更重要地，在被拒絕的回應中，保羅和巴拿巴就像七十二位門徒一樣，擦去黏在他們腳上的塵土（徒十三51；參路十11）。這個姿態無疑顯示，兩個國度之間的分離，即耶穌的國度和撒但的國度。他們的姿態是向凡拒絕耶穌的人所發出的嚴重宣告。保羅和巴拿巴繼續七十二位門徒的工作。他們成為繼起後代的學習榜樣。

另一種平行可見於使徒行傳之內。更確切地說，保羅的生命真實地寫照了，出現在使徒行傳前面部分那些非凡門徒的典範生命。畢竟，誰是第一位典範門徒呢？他們正是彼得和約翰。顯然，使徒行傳前半部分的職事（徒一～十二章），和使徒行傳第二部分的保羅職事之間（徒十三～二十八章），有大量的平行之處。

1）彼得和約翰在使徒行傳八章9至24節，面對一個行邪術的人。而保羅和巴拿巴則在使徒行傳十三章6至12節，面對一個行邪術的人。另外，彼得使多加復活（徒九36～42）。而保羅也在使徒行傳二十章9至12節，使猶推古從死裏復活。如此，保羅和先行出現的使徒，都是對抗異教的戰士。

2）彼得在使徒行傳十二章6至11節，被神蹟式地從監獄中拯救出來。而保羅和西拉也在使徒行傳十六章24至26節被救出來。如此，這三個斷開鎖鏈的人顯示，上帝的能力的確可以攻克人的壓迫。

3）在使徒行傳八章14至17節，使徒藉著按手賜下聖靈。而保羅也在使徒行傳十九章1至6節，藉著按手賜下聖靈。如此，這三個人成為事奉關鍵時刻的器皿。他們延續了「五旬節」的特殊事件。

4）耶路撒冷的使徒，在使徒行傳六章1至6節，藉著禱告選出七位執事。而保羅和巴拿巴則在使徒行傳十四章23節，藉著禱告指派長老。如此，這些人展現他們組織教會的合一權威。

5）在使徒行傳五章34至39節，一個名叫迦瑪列的法利賽人，為耶路撒冷使徒辯護。而在使徒行傳二十三章9節，也有法利賽人為保羅辯護。如此，路加顯示這些人和他們的猶太控訴者一樣，都是好猶太人。

6）司提反在使徒行傳六章13至14節，被控訴違反律法。而保羅也在使徒行傳二十一章20至21節和二十五章8節，被控以相同的罪過。如此，保羅在最諷刺的情況下，藉著傳揚福音而延續司提反的巨大影響。先前是逼迫者的保羅，終於走上被逼迫者的路徑。

7）在使徒行傳一章21至22節，耶路撒冷的使徒是復活的見證。在路加福音二十章37節，舊約教導死人必要復活的觀念。保羅也在使徒行傳二十四章14至15節，和二十六章6至8節，談論死人的復活。這些平行相當重要，因為舊約的教導應驗在新約的基督裏。保羅在使徒行傳二十三章11節和二十六章26節，也是復活基督的見證人。如此，保羅顯示他自己從未偏離最初國度福音的主要教導；這個教導由耶穌開始，由門徒倡導，現在則由保羅在外邦人中宣講。

完成上述所有的平行觀察之後，我們究竟得到甚麼信息？我們可能馬上注意到，從一開始保羅就在集體和個人的層面上，具有每個重要門徒的所有特性。從整體來說，他是七十二位門徒的化身。一個人如何可能成為七十二個人的化身呢？這讓我們看見，保羅是多麼的偉大。他的能力和任何一位門徒，並所有七十二位門徒的一樣偉大。尤有甚者，保羅也是使徒行傳每一個主要門徒的化身。他擁有這些門徒的最重要特質。舉例來說，他具有彼得和約翰的神蹟力量。他有彼得被上帝拯救的經歷。他有使徒給予聖靈的能力。還有許多例子不勝枚舉。總的來說，保羅比其他門徒更偉大，因為他有他們所有佳美特質的綜合。保羅是超級門徒，在路加的眼中，初期教會無一人可與保羅相比。提阿非羅應當留心這項重要事實，並以保羅為他的典範。

還有一個充分證明保羅是一個偉大的門徒的故事，可見於他和以弗所教會的關係。在他向以弗所長老發出的告別演說中，保羅明言他未曾貪圖任何人的財物，並且他額外努力工作，來供給自己和同人的需用（徒二十 33 ～ 34）。是項陳述常被率直的詮釋者，作為牧者不支薪的一個模式。然而，現實並非如此單純。根據路加，保羅的陳述應當和使徒行傳十九章 23 節另一個以弗所的情境相互對照；在先前的情境中，銀匠底米丟強烈反對保羅的宣教。底米丟涉及在亞底米敬拜中複雜的宗教利害關係。因為保羅的宣教大有成效，因此底米丟的生意受到損害。可見，他利用宗教賺錢，這絕非保羅的所行。換言之，保羅的陳述乃為反照底米丟，因為底米丟的宗教和手藝遭受路加的質疑。藉著這項對照，保羅證明他致力宣教的由衷之情。藉著採取相反的途徑，保羅雙雙擊敗偶像制度和在其中工作之人；如此，保羅得勝了所有的黑暗權勢。保羅的陳述因此成為他的權威，和他得勝以弗所環境之黑暗權勢的明證。

保羅得勝魔鬼的事實，更肯定了先前在耶穌生命中運行的聖靈，現在已經在保羅身上運行。在耶穌開啟魔鬼滅亡的新紀元之後，保羅繼續以聖靈的大能與魔鬼爭戰。保羅也確保他的教導，遵循其他仿效耶穌的人所設立的模式。他無疑是一個真正的耶穌仿效者。

外邦職事的領袖

在初期教會歷史的描繪中，路加把保羅的職事置於極高的優先位置。事實上，路加很可能認為，保羅的職事和第一個五旬節一樣重要。使徒行傳二章和十三章之間的平行，完美地證明了保羅的重要性。使徒行傳二章 1 至 4 節，展現了聖靈的彰顯。而使徒行傳十三章 1 至 3 節，也有聖靈的特殊彰顯。使徒的宣講是使徒行傳二章 14 至 40 節和十三章 16 至的 40 節的結果，因為當彼得帶頭在耶路撒冷引領猶太人信主時，保羅在小亞細亞帶頭引領外邦人信主。不久之後，使徒行傳三章 1 至 10 節，記錄了瘸腿之人的醫治。使徒行傳十四章 8 至 13 節，也有相同的記錄。這兩個醫治都帶出使徒行傳三章 12 至 26 節，和十四章 15 至 17 節的解釋。尤有甚者，保羅的受苦成為初期教會受苦的典型。保羅身為受苦僕人的地位，和被石頭打死的第一位殉道者司提反平行（徒六 8～八 4）。因為在使徒行傳十四章 19 至 23 節，保羅也被石頭擊打。

接著在使徒行傳十至十一章，彼得向外邦人開啟聖靈彰顯（Spirit-manifested）的宣教。保羅也在使徒行傳十三至二十一章，開啟向外邦人的宣教。在使徒行傳的前半段，彼得最後身陷監牢（徒十二章）；而在使徒行傳的後半段，保羅末了也被囚在獄中（徒二十一～二十八章）。這些平行證實初期教會那將彼得視為猶太人的使徒，而保羅則是外邦人的使徒的看法。保羅也在加拉太書二章7節，擴大這項看法。保羅能夠擁有早期記錄中兩位偉大人士——即彼得和司提反——的最佳特質，實在令人驚歎！彼得的影響力，導致大量猶太人的信主。而司提反的影響力，則導致散居各地猶太人的宣教。路加以平行的方式撰寫這些記錄，不僅為了護衛保羅在初期基督徒中的脆弱權威，也是為了顯示保羅特殊的宣教士模範。在初期教會的許多宣教士中，保羅的確獨占鰲頭。

對路加而言，保羅宣教的開啟，是作為一羣人的散居各地猶太人（Diaspora；不像哥尼流和他的家人的個人身分）的象徵性「五旬節」。較小的家庭和施洗約翰的十二位門徒之間的比較（徒十九7），顯示保羅職事的宗教重要性，甚至超越彼得最初使外邦人信主的事件。畢竟，當保羅在工場事奉時，外邦人遲早都會信主。保羅的宣教，展開了使徒行傳的另一個段落。

從使徒行傳整體的敘事架構來看，五旬節是一個具高度象徵性的節期。彼得的第一個五旬節，得到註釋者的熱烈討論；但保羅的五旬節，卻沒有得到當得的關注。保羅真正的五旬節，出現在較後的使徒行傳二十章16節。換言之，保羅在五旬節趕到耶路撒冷的行動，導致一連串惟有上帝的引導才會發生的意外事件。他的被捕使他首先有機會，在猶太領袖面前作見證。雖然他的第一個見證不太成功，但他在使徒行傳二十一至二十五章，卻有一段漫長的時間能在外邦法官的面前作見證。至終，在使徒行傳二十八章，保羅抵達羅馬這個外邦宣教的終極目的地。如此說來，耶路撒冷的第一個五旬節使猶太人信主；而這個也在耶路撒冷發生的最後一個五旬節，導致更多在遙遠之地的外邦人信主。這兩個五旬節顯示宣教的前後兩端，即由耶路撒冷開始，而後在羅馬結束。由第一個五旬節開始的宣教，要到最後一個五旬節才告結束。尤有甚者，若從完成使徒行傳一章8節的使命來看，最後一個五旬節遠較第一個五旬節更重要。因為第一個五旬節只是一個起點。使徒行傳被兩個五旬節包圍的看法，當屬解讀使徒行傳的最佳角度；這兩個五旬節雙雙牽涉重要的福音突破：第一個發生在耶路撒冷，而最後一個發生在地極。

更重要地，我們必須注意保羅的宣教是路加福音三章6節的應驗；因為施洗約翰從以賽亞書四十章3至5節，帶出上帝要拯救普世之人的信息。路加在對以賽亞書四十章3至5節的引述中，扮演了敍述者的角色。這個引述是敍事的旁白，為使讀者了解作者對於福音職事的看法。這個引述對福音職事的場景預備相當重要。因為救恩的信息乃由耶穌而來，除了一些兵丁之外，施洗約翰並沒有廣大的外邦人羣眾（路三14）。可見，保羅將那由施洗約翰開始、並由耶穌和彼得繼續栽種的宣教種子，發展成上帝拯救普世之人的全面應驗。上帝在以賽亞書四十章對被擄之民的恩典，變成上帝對所有人類的普世救恩。施洗約翰鋪設福音的道路；耶穌向以色列宣講；彼得向以色列和個別的外邦人宣講；而保羅則應驗最後的預言。在路加的眼中，保羅是終極的使者。我因此全心同意鮑維均的陳述，他認為以賽亞書四十章3至5節，扮演那超越路加福音三章的角色，因為它遍及路加寫作的其餘部分。[27] 鮑維均的研究顯示，以賽亞書這段經文非常廣泛地被散居各地猶太人所使用，以致像提阿非羅這種和教會有關的人，都明白這個普遍的詮釋（參 *Baruch* 5.6～9；*Psalms of Solomon* 8.17；*1 Enoch* 1.6～7；*Testament of Moses* 10.4）。[28] 究竟保羅在他的宣教行動中作了甚麼，使他能夠獲得路加如此崇高的讚美呢？保羅的宣教行政又如何成為所有教會組織和宣教管理的典範呢？

1) 保羅和耶路撒冷的連結。在保羅的事奉中，他沒有一刻不受耶路撒冷教會的祝福。在使徒行傳十五章 1 至 29 節，保羅積極地參與會議決定的細節。而在使徒行傳二十一章 15 至 26 節，他也去耶路撒冷，並且因為他在外邦人中的工作而受到歡迎。保羅和雅各的會議顯示禮儀議題的重要性。顯然，路加低調處理耶路撒冷和保羅之間的緊張關係，因為保羅在致加拉太教會的書信中，提到這項事實。如果我們暫時扮演歷史家的角色，我們可以十分確定地推論，加拉太書寫於路加執筆記述這段記錄之前。換言之，保羅和耶路撒冷領袖之間的緊張關係，已經遍為人知。路加的焦點顯然不同，因為當他執筆記述這段記錄時，所有的緊張關係可能已經解除了。何況，加拉太書並非初期教會一幕又一幕的歷史敘事記載。加拉太書乃是針對加拉太教會特有問題而寫的書信。就本質來說，路加並沒有面臨加拉太教會的問題。路加所說明的乃是，禮儀在初期教會的討論中的重要性，以及保羅所具有的重要角色如何影響最後決定。這和保羅在加拉太書對初期教會的描繪，實際也相符一致。一些現代的評論家，或許過度聚焦於兩者間的差異，以致無法欣賞路加和保羅的記錄之間的宏觀認同。

2) 保羅總是回到他建立其職事的城市。在使徒行傳十五章 30 節至十六章 15 節，保羅回到城市中。而在使徒行傳二十章 13 節至二十一章 14 節，保羅向以弗所教會的長老告別。保羅的管理風格顯示，他對自己所開始的宣教相當負責。他不會建立一個教會，然後在極長的時期之內對其置之不理。儘管他沒有在細節上管理教會，但他還是相當注意他們所有的屬靈需要。他藉著在教會設立代表他的領袖，來幫助教會。使徒行傳二十章 4 節的名單，就是一個完美的例子。出現在名單上的多處地點，無疑展現保羅在小亞細亞和希臘等地的影響力。保羅不僅是一個四處宣教的人，更是一個能夠在宣教中，栽培像他一樣的領袖的門徒訓練者。保羅是一個非凡的領袖，他不以單槍匹馬的方式，而以建立團隊的策略來影響世界。保羅一方面以自己的工作繼續參與教會，另一方面他知道如何漸漸地放手，但他必先確定他的團隊能夠以健康的方式來運作教會。

3) 保羅嘉惠許多在他旁邊的人。在使徒行傳十六章 16 至 40 節，他因趕鬼而導致一場暴動，但他卻救了獄吏的生命。趕鬼使被鬼附的使女從轄制中被釋放出來，並且停止她那影響保羅宣教的毀滅性行為。然而，保羅反被下在監裏。甚至在監獄中，他還真心拯救原先將他下在監裏的獄吏。保羅所給予的利益和能力是如此之大，以致在使徒行傳十九章 11 至 16 節中，竟然有些人要模仿保羅的工作。眾人以「懼怕」（φόβος）來回應這個不成功的模仿事件。相同的用字出現在使徒行傳二章 43 節，眾人對初期教會聚集時所發生的許多奇事神蹟，也相當懼怕。這個字在使徒行傳五章 5 和 11 節，亞拿尼亞和撒非喇死亡時再次出現。而現在，它也在此出現。可見保羅的事件，是上述兩個故事的綜合。神蹟應當引發驚歎，但魔鬼敵對士基瓦的七個兒子而作的假神蹟，也引發同樣的驚歎。因此他們滅亡的原因和亞拿尼亞與撒非喇的一樣：他們試圖作假。如此說來，保羅和猶太模仿者的奇特事件，超越了前面兩個懼怕的事件。換言之，別人想要攻克外邦的魔鬼問題，但只有保羅可以真正做到！

身為外邦職事的領袖，保羅完全彰顯基督所行的一切事，包括成為對抗魔鬼的偉大戰士，呼召門徒，以及成為對所有人有益的施惠者。如此，保羅就像基督應驗祂的僕人責任一樣，他也開始應驗自己的僕人責任！

外邦世界的公民

保羅的外邦世界主要由兩個世界組成，即知識世界和帝國世界。保羅在雅典的工作，是外邦人的知識世界的最佳例證，因為雅典在古代和現代的希臘中，一直都是於哲學和政治方面最具影響力的城市（徒十七 16～34）。她是蘇格拉底（Socrates）的城市，蘇格拉底應該是雅典的哲學家國王，但卻被雅典的知識分子所殺。在以前的討論中，有人已經將具有哲學家國王身分的耶穌，和柏拉圖（Plato）在《共和國》（*The Republic*）中的領袖理念相互比較。保羅也將很快地超越蘇格拉底。

在保羅書信的研究中，保羅和哲學家之間的平行研究，早在一九八〇年代中期，就相當受歡迎。[29] 這類研究具有重要價值，因為它幫助我們了解身為知識分子的保羅。保羅的知識不但能夠平等地駕馭猶太人和外邦人的世界，並且能夠和那些與其有強烈對照的外邦哲學家互動。在使徒行傳十七章 18 節，保羅同樣能夠與伊壁鳩魯（Epicureanism）和斯多亞（Stoicism）兩個主要哲學思想對話。保羅這幅畫像似乎和耶穌無關，但如同前述，路加對於耶穌的描述，實際超越我們「福音派基督徒」的範疇，而進入上帝所設立的哲學家國王的身分。耶穌這個身分超越了猶太和外邦世界的角色模式。藉著將保羅放在雅典的文化環境中，路加展現保羅和身為神聖哲學家國王的耶穌之間的平行。路加所要強調的焦點乃是，保羅是一個哲學家—知識分子。路加並不是說，保羅和耶穌僅有這些特徵；但對路加—使徒行傳的讀者來說，這些特徵高舉了這兩個人物的身分。

伊壁鳩魯是大約公元前三世紀的伊壁鳩魯派的創始者。若以口語的現代術語來說，伊壁鳩魯派的哲學常被描述為快樂主義。但它的真實意義，實際超越肉體的享受。在基督的時代，伊壁鳩魯派尤其在神論方面跟隨他們的創始者，積極詆毀超自然的事情。[30] 伊壁鳩魯派在大眾之間的普受歡迎，清楚顯見於新約時代那些跟從他的人所戴的戒指。這些戒指刻有伊壁鳩魯的臉面。[31] 事實上，我們有理由相信在保羅的時代，這個哲學學派已經傳到保羅的家鄉大數。[32] 所以，我們不必訝異路加筆下的保羅，竟然如此熟悉伊壁鳩魯派的思想。對伊壁鳩魯派的人來說，上帝是未知的和不可知的，因此所有的生命經歷似乎是偶發的。保羅在使徒行傳十七章 22 至 23 節，引用伊壁鳩魯派的「未識之神」的觀念，來說明他自己的觀點。尤有甚者，伊壁鳩魯派認為上帝無法被理解的觀念，也完美地適切使徒行傳十七章 30 節。因為不需向神明負責，因此伊壁鳩魯派自然向道德墮落開放。只要不傷害別人，個人看為好的事，都是可行的正確之事。無庸置疑地，保羅在使徒行傳十七章 31 節有關審判的討論，是他轉移人們誤以為「保羅宣教的基督教是伊壁鳩魯派的一種形式」的修辭策略。

季諾（Zeno）在公元前三世紀創立的斯多亞派，被視為伊壁鳩魯派的極端相反，因為它看重理性勝於情感。和伊壁鳩魯派大異其趣地，斯多亞派受歡迎的程度相當穩定。然而，斯多亞派人士，對於上帝的觀念卻各有不同。塞尼加（Seneca）將上帝視為非位格的第一本源（impersonal first cause），是造物主和創造的因由。[33] 穆索尼烏斯（Musonius）實際認為，人類是上帝在地上的複製品。換言之，有品德的人是像神明的人。[34] 當西塞羅（Cicero）沉思人類和神明之間的親密關係時，他如此陳述：「整個宇宙必須被視為一個神明和人類之間的聯合羣體。」[35] 儘管在使徒行傳十七章22至24節和29節的聲稱中，保羅沒有否認上帝的他者性（otherness）；但在使徒行傳十七章27至28節使用斯多亞派的保羅，也想對斯多亞派的來源設下界限。

在一些斯多亞派的人士中，我們可以看見他們相信人類合一的暗示。事實上，保羅也在使徒行傳十七章26節，肯定人類的合一。尤有甚者，在使徒行傳十七章28節，除了耶穌是不是真神之外，保羅聽起來很像一些會同意他部分講論的斯多亞派人士。尤有甚者，季諾的兩個最重要弟子的理念，成為保羅在使徒行傳十七章28節中的例證。這兩個弟子分別是克里特斯（Cleanthes）和阿拉托斯（Aratus）。克里特斯為宙斯作的詩歌宣告：「我們是你（宙斯）的孩子。」[36] 和保羅一樣來自基利家的阿拉托斯（徒二十一39），則在他的《現象》（*Phainomena*）中寫著：「我們每一個人在每一方面，都和宙斯有關，因為我們也是他的後裔。」[37] 保羅的演講顯示，他相當熟悉這些流行的斯多亞說法。

至於保羅演講的環境，他在稱為亞略．巴古（Mars Hill）的地方發表他的演説。使徒行傳十七章22節描述保羅站在整個地區的「中間」，這明確顯示路加所指的是現在成為觀光勝地的亞略巴古。這個地方是古代雅典議會聚集開會的地方。保羅可能利用這個位處阿塔羅斯柱廊（Stoa Attalos）之前的廣場的優勢，來發表他的演説。更確切地說，保羅進入了蘇格拉底以前使用的相同地區，這個地區被稱為巴拿特納亞街（Street of Panathenaia），它非常靠近那表演許多洞察生命意義的戲劇的阿格利帕的音樂堂（Odeion of Agrippa；Plato *The Apology of Socrates* 1.17C, 17.30B；Diogenes *Lives and Opinions of Eminent*

Philosophers 2.21）。[38] 路加所要展現的是，如果這個地區曾經適合蘇格拉底使用，那麼它一定對保羅所宣講的福音大有好處。雅典的眾多神明，無疑會激動保羅的心靈（徒十七 16）。事實上，當時宙斯神廟尚在興建之中，它要等到保羅去世之後才告完成。這個巨大的工程顯示外邦宗教的興旺與普遍。保羅的事工試圖在揭示外邦哲學的缺點中打擊異教。

路加對於聽眾的描繪，也誇讚了保羅。這些聽眾並非必須工作的一般雅典民眾。相反地，他們有足夠的時間坐在那裏，整天談論不同的哲學觀點。這些人實際是雅典那些富有的上流人士和知識分子。他們是「舊雅典人」（old Athens），他們的先祖已經為他們積藏足夠的財富，因此他們不需要工作。就像歷史上大多數的貴族一樣，這些居上流社會的希臘人和羅馬人，也以擁有閒暇為傲。因此當時的市集場所，有許多重要的建築物。高等的學問實在是當時富人的奢侈享受。

路加對於保羅的修辭的描繪，也顯示保羅十分熟悉外邦知識分子的圈子。雖然保羅所有的理念，都來自他的信仰；但他展現理念的方式，卻完全合乎優質的希臘修辭。雖然和新約聖經的許多演講比較，保羅在此的演講明顯較長，但這段演講實際不長。因為如果我們用自己的語言（即中文），或原來的希臘語將其大聲讀出，所須的時間不過數分鐘。可見，這篇演講並不是逐字紀錄的「演講」。相反地，它是具有路加風格的摘要，為要以最佳的角度展現，保羅是將福音傳給外邦知識分子的使者。

偉大的希臘修辭家昆體良（Quintilian），在他重要和標準的修辭作品《演説術教程》（*Institutio oratoria*；4.5.1f）中，提出演講的六個修辭部份：緒言（*exordium*）、敍述（*narration*）、分段（*partitio*）、證明（*probation*）、反駁（*refutation*）和結論

(*conclusio*)。[39] 昆體良作品中的觀念，很早就已經存在於希臘的修辭理念中。如此說來，昆體良是這些理念的收集者和組織者，他並不是這些理念的發明者。身為一個受教育的知識分子，保羅無疑接觸過這種展現理念的架構。這對他來說，甚至可能相當自然。雖然保羅的演講並不像昆體良的法律情境，但路加對它的佈局，卻和法律情境十分相似。路加展現出，保羅在雅典的法律氣氛中相當自然，而他的演講也如同我們將看見的，能通過雅典一些最重要的知識分子的考驗。

「緒言」可見於使徒行傳十七章22節，因為保羅在此提出他的聽眾對象。這個部分指出保羅的聽眾，和那在神學上意義深重的保羅的身處地點。藉著展現保羅的演講，路加顯示保羅如何有技巧地使用他的語詞。保羅投合聽眾的字彙，以擷取他們的注意力。

「敍述」可見於使徒行傳十七章23節，保羅在此藉著提出未識之神，來陳述洗清他的名譽的目的。在使徒行傳十七章18節，保羅曾經被稱為「胡言亂語的」(ὁ σπερμολόγος)，這個字被用來描述撿拾種子的鳥，或拾取食物殘渣的流浪漢，因此保羅必須護衛他的尊榮。從古典的修辭角度來看，他們的誤解相當令人羞辱，因為保羅在知識分子面前變得毫無信用。這些雅典人可能認為，保羅在撿拾希臘宗教的殘渣，並且將它們稱為自己的創見。否則，他可能以引進新的神明而被控訴，也就是蘇格拉底許久以前被審判的罪名。未識之神很可能是雅典人僱用克利特聖者(Cretan sage Epimenedes)，來幫助他們消除瘟疫的結果。然而，保羅既非蘇格拉底，也非克利特(Epimenedes)。路加記錄這段演講的目的，乃為顯示保羅的偉大，同時超越蘇格拉底和克利特這兩位雅典聖者。

「分段」可見於使徒行傳十七章24至25節，因為保羅介紹他在使徒行傳十七章23節所提及的未識之神。保羅的陳述容易讓人誤解。因此在演講的這部分，保羅使用一個共同的連結來介紹他的主題，但這項陳述並不合理化雅典人的敬拜。在不低估保羅和季諾與其他人的平行之下，希臘化猶太人根據司提反的傳統，而對聖殿所提出的爭辯，顯然影響了保羅。這項神學理念的根源，來自舊約聖經(王上八27；詩篇一四六6；賽四十二5)。如此說來，保羅介紹這個主題的目標，乃為顯示創造由上帝而來，和上帝完全不依靠受造物的真理。

「反駁」可見於使徒行傳十七章26至29節，因為保羅使用許多引述，來支持他駁斥偶像的觀點。雅典人強烈認為他們擁有自己的獨立性，他們是被他們優越的文化所創造的，並且他們被羅馬人大大賞識。然而，保羅指出與其相反的觀點：是上帝將他們放在那裏，並且容許他們有這種獨立性。保羅首先引述克利特，其次使用來自克里特斯或阿拉托斯的引述。可見，甚至他們自己的聖者，都認為偶像不足以代表他們的神明。

「結論」可見於使徒行傳十七章30至31節，因為保羅在此陳述關於復活的事實。結論的部分以「所以」(οὖν)為開始，保羅指出雅典人的無知，因為他們應該是有知識的人民。在他的結論中，保羅總結所有的歷史，並且藉著指出一個獨特的日子而為歷史帶出意義。這個日子就是耶和華的審判之日。

演講的結果顯示，保羅的修辭所產生的影響力。路加並沒有以信主的人數，而以信主的人為焦點。這是一個重要的觀察。因為這些信主的人，是具有高等地位的知識分子，就像丟尼修(Dionysius)一樣。如同桑德斯(K. O. Sandnes)的一些註釋者認為，從演講的回應來看，保羅這個演講純粹是失敗的。[40] 桑德斯太過重視演講的回應，然而路加的刻劃似乎強調另一個觀點。更確切地說，路加認為這個修辭作品，是保羅在雅典的突破性成功，因為保羅通過了外邦世界知識分子的考驗。

保羅下一個必須駕馭的外邦世界的部分，是帝國的世界。這對提阿非羅特別重要，因為他本身就是服事帝國制度的人。保羅和帝國制度的關係，實際是十分混合的。在路加的筆下，保羅並不是羅馬帝國主義的敵對者。在一些地方，保羅挑戰帝國主義，但他並不攻擊帝國主義。在帝國的結構中，保羅扮演兩種角色：朋友和受害者。

在第一個角色中，路加顯示保羅是帝國制度的朋友。早在使徒行傳十三章保羅的第一個宣教中，保羅已經和請他前來的方伯或省長士求．保羅成為朋友。這是保羅早期和帝國勢力接觸的最仔細記載。這項觀察相當重要，因為我們現在對這位省長的認識，可能早就被像提阿非羅這般人所熟知。如今，士求．保羅的碑文可見於紐約的大都會博物館（New York Metropolitan Museum）。[41] 雖然這個碑文已經不太清楚，但這個稍微比保羅第一次宣教為晚的碑文，卻明確顯示士求．保羅和革老丟皇室的關連。路加告訴我們，在聽完保羅的演講和看見保羅所行的神蹟奇事（徒十三12）之後，士求．保羅便相信了。士求．保羅的信心因第一次宣教的下一個重要地點，將更顯重要。

彼西底．安提阿似乎離塞浦路斯甚遠，它位於海拔大約三千六百英尺（一千公尺）的高地。[42] 保羅願意攀爬險峻的高地，而不安頓於在較低地區來建立他的宣教，似乎令人納悶。有些註釋者建議，士求．保羅在這個地區擁有家庭的產業。[43] 或許保羅可以用這些產業，來作為他的宣教基地。若真是如此，那麼宣教的社會網絡，對保羅的確相當重要。一個互惠的社會承然要求，接受福音好處的人，藉著財務和其他資源的援助來尊榮宣教士。身為帝國勢力的中間人，士求・保羅服事上帝的新子民的利益。而宣教士保羅正是這羣新子民的代表。如果這個地方和士求・保羅真有關連，那麼先前他在塞浦路斯的信主，無疑是真實的。如此說來，保羅帶領士求・保羅信主，實際獲得了恆久常存的益處。

在保羅的外邦宣教中，彼西底・安提阿這個重要的羅馬殖民地，一直保持顯要的地位。尤有甚者，彼西底・安提阿的羅馬行政當局，容許到此旅行的人，將福音帶回首都。除了和士求・保羅的關連之外，保羅似乎也和小亞細亞的官員結為朋友（徒十九31）。在以弗所，這些官員迫切地想要保護保羅，免於肉體的傷害。許多註釋者認為這些官員，是敬拜羅馬皇帝異教的官員。如果這種看法正確，那麼保羅在未必同意他們的宗教信仰的情況下，對敬拜皇帝異教的官員十分友善。小亞細亞似乎也是一個小網絡的寡頭政治執政團，因此保羅在這個地區比較容易推展福音宣教的事工。

路加也藉著顯示保羅是一個真實的嘉惠者，來展現保羅和帝國制度的情誼。在使徒行傳十一章27至30節，保羅是從安提阿教會將大饑荒捐款，帶至耶路撒冷的一位代表。經文提及革老丟時期，這顯示饑荒是一個問題。事實上，食物危機可以帶來更多其他的社會不安，因為飢腸轆轆的人民將變得愈來愈失望。保羅在使徒行傳末段，於腓力斯面前的決定性審判中，再次揭示他為甚麼如此迫切地想要前往耶路撒冷的原因。他在使徒行傳二十四章17至18節中說到，他帶著捐款回耶路撒冷去幫助窮人。雖然不一定被感激，甚至沒有甚麼回報；但面臨激烈反對的保羅，關切猶太羣體的心懷，卻從來沒有一點減少。對腓力斯來說，這個時候不啻是作出慈善捐獻的大好時機，因為當時在猶太人中間，已經有不安的情況發生。藉著幫助窮人，保羅大大地嘉惠了帝國制度。他的工作不但具有社會意義，並且維持了社會的平衡。

保羅和帝國制度的情誼，無疑來自他繼承而得的公民身分（徒十六 38，二十二 27～28）；他有時也藉著他的身分，來辯護福音的尊榮。在羅馬殖民地的腓立比城，保羅甚至願意使用身為公民的好處，來使因他而信主的新基督徒，能夠過著安寧和平靜的福音生活。他融入帝國制度的能力，有時也來自上帝的干預。舉例來說，上帝為保羅打開監門，並非要讓他逃脫，乃是要讓保羅能夠在信主後的獄吏家中吃飯（徒十六 34）。我們很難了解，為甚麼保羅有時彰顯、有時卻隱藏他的公民身分。顯然，他可以常常顯示自己的身分，但路加單單選擇記錄一些特殊的情況。更確切地說，惟當福音可能蒙受被羞辱的危險時，保羅才顯示自己的公民身分。路加的看法是，帝國制度中的公民身分，的確有它的好處。

在第二個角色中，路加顯示保羅是帝國制度的受害者。在路加的筆下，帝國制度被其他的勢力驅使，而這些勢力有時是敵對福音的。在使徒行傳十六章保羅被囚的故事中，保羅和西拉被下在監裏，因為他們的工作使一些人無法藉著外邦宗教，來獲取經濟上的利益。最常見的控訴就是對羅馬和平的擾亂（徒十六 20～21）。不論是真或假，保羅常常成為這種政治策略的受害者。再次地，當保羅繼續前往以弗所宣教時，這種情形顯然每況愈下。因為保羅的宣教危害了整個城市的經濟（十九 23～27）。有時候，就像以弗所的案例，審判對保羅有利（十九 35～40）。但其他時候，保羅卻面臨漫長的逆境。保羅的最後審判，就是帝國制度敵對福音的最佳例證。

面臨猶太人對保羅煽動和平所作出的控訴（徒二十四 2～5），保羅在帝國制度中艱辛苦戰。一次又一次地，羅馬官員熱切地想要討好猶太人。例如，巡撫腓力斯為要討好猶太人，將保羅留在監裏兩年（二十四 27），因為在一世紀當時，猶太人已經相當不安。猶太人繼續為羅馬省長，帶來極大的困難。連想要快速解決案件的非斯都，都再度被猶太人所製造的僵局所阻擾，以致保羅必須前往羅馬（二十五 6～7）。當保羅抵達羅馬時，他沒有馬上得到公平的審判。尤有甚者，保羅還必須自己租房子，住在羅馬兩年（二十八 30～31）。可見，帝國制度和保羅之間的關係，還是相當不穩定。同時，問題並非來自制度本身，而是來自那些濫用帝國制度的猶太人和外邦人。然而，甚至在這種情況下，福音的擴展也不因帝國制度的存在，而受到任何攔阻。

總的來說，路加給帝國制度一個混合的評論。它是一個被壞人濫用的制度。不過保羅可以為自己的好處，來使用這個制度。至終，保羅給予帝國制度的，遠超帝國制度給予保羅的。但最重要的是上帝的主權！雖然人的國度不盡完全，但上帝的國度總是完美。

根據保羅和外邦人的關係來看，保羅究竟是哪一種猶太人？巴克利（John M. G. Barclay）使用散居各地之猶太人的三項特徵，來描述保羅：同化（assimilation）、容納（accommodation）和文化適應（acculturation）。[44] 根據外邦世界的角度，保羅的確具有這三項特徵。他不論在語言或文化上，都很容易同化外邦世界。他也可以容納他們的飲食習慣和政治傾向。他同時相當適應他們的慣例，尤其是他的修辭和行為舉止。然而，保羅也有十分獨特的一面，他的獨特自然地將他帶回猶太世界中。這方面的觀察，將繼續出現在下文的討論中。簡而言之，保羅是世界的公民。

他可以自由地來回外邦和猶太的世界。根據路加的刻劃，這是保羅的命運，也是他的恩賜。

當我討論基督在會堂出現的敘事時，我已經展現基督和祂的羣體之間的關連。保羅也一樣是他的環境中的公民。他不像有些印度教的導師一樣，在某個孤立的地方修行。相反地，保羅在每日的正常生活中事奉。他對所到之處的社會，都有熱忱的關切。

猶太教的改革者

保羅和猶太教的關係相當混合，這種現象尤其可見於保羅的個人敬虔，還有他和會堂的關連。路加對保羅的刻劃，也間接地為初期猶太教和基督教之間的關係，提供了歷史記錄。猶太人保羅的畫像因此完全和猶太教與基督教的歷史交織一氣。保羅和猶太教的最初關連，可見於他和會堂的關係。他以福音的反對者，開始他和會堂的關連。這項觀察相當重要，因為之前和之後的刻劃，將展現保羅和猶太教的關係。

保羅和會堂的第一個關連，可以回溯至使徒行傳六章 9 節，當時有幾個稱為「自由人」會堂的人，滋事生亂。而司提反受審判的地點，也在公會中（徒六 12）。無疑地，使徒行傳七章 58 節顯示，保羅來到了公會；在那裏，保羅得以看見，並且贊同司提反的死亡。保羅在後來自己證實，會堂是保羅可以為了謀殺的目的，而濫抓基督徒的地方（二十六 11）。這樣的情況一直持續到，他在前往大馬士革的路途中遇見主的啟示。此後，保羅在他從前逮捕信徒的相同地方，開始他的職事。極反諷地，他自己也像司提反一樣，淪落在相同的地方，並且遭受相同的審判。可見，探索蒙召之後的保羅和會堂的關係，必定具有重要的價值。

保羅和會堂的關係，可以從不同的方向來探討。一方面，他為了宣教，總是進入會堂。另一方面，他至終離開會堂，去向外邦人宣講福音。在觀察路加筆下的保羅時，許多評論家認為路加具有反猶太人的傾向。[45] 像賀晨（Ernst Haenchen）、威爾遜（Stephen Wilson）、加斯頓（Lloyd Gaston）和馬多克斯（Robert Maddox）等學者，都相信外邦宣教乃因猶太人拒絕彌賽亞而開啟。[46] 無庸置疑地，外邦宣教的開啟的確在某種程度上，和猶太人拒絕基督有關；但保羅在轉向外邦人的宣教之前，進入會堂並遭到拒絕的行動，顯然是一個相當持續的模式。在使徒行傳中，保羅幾乎從未停止向猶太人傳福音。舉例來說，保羅在使徒行傳十八章 5 至 6 節，辯論並且提及管會堂的所提尼。在同樣的經文中，上帝應許保羅，必沒有人下手傷害他（徒十八 9～10），因為情勢對他實在非常不利。

從使徒行傳十八章 24 至 28 節，保羅和亞波羅的對話中，我們看見保羅在會堂中的領袖地位，並非徹底的失敗。亞波羅的身分無疑是希臘化的猶太人。他有關約翰洗禮的知識似乎次要，因為他完全不了解耶穌藉聖靈而行的工作。亞波羅表現出散居各地／希臘化猶太教（Diaspora ／ Hellenistic Judaism）所能給猶太信徒的最大貢獻。在關於幫助亞波羅更進一步了解的描述中，路加顯示如果猶太教願意接納保羅，甚至在散居各地猶太教的最好信徒當中，保羅也可以成為一個領袖。即便保羅在會堂中的損失多於得益，保羅抵達羅馬時，還是先和猶太人說話（徒二十八 17）。

這些雙重記錄（徒十八章，二十八章）展現，保羅事奉的一種模式。我們仍有極大的空間，來詮釋這個模式。如果有人選擇將路加視為反猶太的，那麼這個模式顯示，上帝為了讓外邦人得到好處而熱切地棄絕猶太人。又如果有人選擇將路加視為贊成猶太人的，那麼這個模式則顯示，保羅雖然承接外邦人的使命，但他卻不情願向外邦人宣講福音。究竟哪一個正確？使徒行傳無疑包含兩種意味。保羅在使徒行傳二十八章 26 至 27 節，向猶太人發出的最後定罪，確實顯示棄絕的題旨。然而，路加對保羅人性十足的刻劃，卻展現保羅從未放棄他的猶太根源。

路加在路加—使徒行傳中，關乎保羅和猶太教的描繪，的確強烈暗示路加對於猶太教的看法。綜觀路加—使徒行傳的整體架構，讀者最好根據下列觀點來解讀猶太教和路加（事實上是保羅）之間的混合關係。何頓（J. L. Houlden）列出下列十項相當優質的觀點。[47] 第一，猶太教是耶穌所教導的信仰的歷史與宗教基礎。第二，猶太教中的一些人，也歡迎耶穌的降生，例如，彼得等人士。第三，猶太教是許多初期基督徒，尤其那些在耶路撒冷的基督徒的啟示。第四，甚至在耶穌在世的年日中，猶太人之間對耶穌的接受也是相當混合的。第五，耶穌應驗了猶太教的聖經。第六，基督徒和法利賽人都相信復活。第七，雖然禮儀在猶太教中相當重要，基督徒並不拒絕它的根源，並且贊同其中的一部分。第八，耶穌和保羅同樣認為，上帝對猶太教無可避免的審判，實際非常可歎。第九，耶穌和保羅同樣認為，猶太教必要成為上帝的計劃之一部分，它並且是教會的基礎。第十，耶穌和保羅同樣為猶太教的人尋求赦免，並且帶領他們信主。上述十點優質的觀察讓我們看見，路加藉著刻劃保羅而為猶太教帶出的混合評論。更確切地說，路加的刻劃顯示他自己對於猶太教的掙扎，他不但想帶領外邦人信主，也想向猶太人傳福音。

在這個階段，許多內容都著墨於猶太教和基督教之間的分離。對一世紀的信仰來說，最重要的是必須證明，它們是舊約聖經之應許的延續。猶太人應該繼續以官方宗教的身分，謙卑地容許有關彌賽亞身分的討論。我同意列尤（Judith Lieu）的看法，她認為問題兼含神學和社會的層面。[48] 不論是好或壞，保羅和會堂的衝突之所以發生，乃因他繼續和當時的猶太人有關係，並且兩者之間不斷相互辯論。尤有甚者，路加也顯示一個關係的模式。更確切地說，使徒行傳中的描繪清楚顯示，「耶穌是彌賽亞」的觀點，繼續被制度化猶太教的許多部分所拒絕。不論是希臘化的或巴勒斯坦的，不論是散居各地的或在自己家鄉的，許多猶太人依然拒絕相信，耶穌和復活是彌賽亞國度的真實記號。[49] 否認復活，就是否認耶穌；否認耶穌在法律上的無辜，也是否認耶穌！可見，基督教和猶太教的分離並非一夜之間的改變。它絕對不是在保羅在世時才發生的。它是一種逐漸的腐蝕，其中社會的因素遠超神學的因素（例如，公元七十年的耶路撒冷被毀）。後來基督教慢慢離開猶太教的這個事實，不能充分地描述整個使徒行傳和保羅個人的事工。因為保羅並沒有離開猶太教。相反地，他一再地回到自己的宗教制度，並且試圖藉著他的福音來進行改革。他熱望外邦人和猶太人可以在同一個信仰下，經由耶穌基督來敬拜獨一真神。

保羅和會堂的第二個關連，是他個人的敬虔。保羅的猶太人特性，最顯見於他的許願。使徒行傳十八章 18 節和二十一章 23 至 24 節，清楚記錄保羅的許願。使徒行傳十八章 18 節，似乎是一個拿細耳人的許願（民六 18）。一般來說，還願的人應該到耶路撒冷（Josephus *Jewish War* 2.313），而不是使徒行傳十八章所提的堅革哩。可見，保羅並不是猶太教禮儀的嚴格遵守者。他似乎脫離了在地理上遵守所許之願的嚴格律法。潔淨禮的需要，似乎與拿細耳人的許願無關。我們所能說的只是一世紀的證據有限。不論保羅作甚麼，他都不受地理的嚴格限制。這和我們對保羅的了解相符一致。另外，雖然聖殿相當重要，保羅仍認為它比自己的宗教來得次要。這也和我們對一世紀猶太教的了解相符一致。顯然，當時的人不可能隨時來到耶路撒冷的聖殿，但他們可以到遍布各地的會堂，實行他們的宗教禮儀。

路加有關節期的重要細節的描述，也顯示保羅的猶太人特性。使徒行傳二十章 16 節記載了那觸動保羅最後被捕的節期；這個節期正是五旬節！我們已經討論過這個節期的象徵意義。使徒行傳二十章 6 節也記載了保羅從除酵日開始所數算的時間。無疑地，「我們」的段落（“we”section）顯示，路加正按著年代次序觀察保羅的宣教旅行。細節的關切展現保羅對於猶太教的熟悉與習慣。在他個人敬虔和生活風格上，保羅依然持守節期的遵行。節期也成為「保羅宣講的福音與第一個五旬節宣講的福音之間實際毫無差別」的提醒。不論保羅在福音的傳揚上選擇何種宣講風格，保羅的信仰徹底具有猶太人的特性。

究竟保羅是甚麼樣的猶太人？保羅那似乎有衝突的畫像首先顯示，保羅從他過去有關基督的理念，產生了一個一百八十度的大轉變。這是不是信仰的改變？根據現代的定義，這或許是一種信仰的改變。但我們同時看見時常出入會堂的保羅，依然與他的根源緊密相連。即便在屢屢不斷的反對中，他還是不屈不撓的在會堂中，分享他對於基督和復活的觀點。最後，他個人的敬虔顯示他生活在常規的猶太教慣例中。總的來說，路加筆下的保羅，誠然是對那已經不再跟隨上帝國度計劃的猶太教的改革者。根據他所認為重要的，保羅意欲改革猶太教。他承擔了先知的角色。

耶穌關切社會。祂針對祂當時的宗教，提出多項評論。保羅承接耶穌的使命，繼續向他的宗教傳統挑戰。保羅毫不以現況為滿足。就像耶穌一樣，他要突破事奉的界限。

受苦的僕人

正如受苦的僕人是初期基督徒的基礎信仰（例如，徒四30），受苦的僕人也是路加基督論的重要基礎。我們也將很快看見，受苦的僕人同樣是路加描繪保羅的基礎。因為當時以賽亞書被廣泛閱讀，因此我們不難想像提阿非羅對以賽亞書的熟悉。尤其如果他在信主之前，已經和地方的會堂有相當的接觸，那麼他熟悉的程度，就更不在話下了！路加福音二章32節顯示，西面預言耶穌就是那位僕人。西面的描述顯然來自以賽亞書四十九章6節，耶穌將要成為外邦人的光。當嬰孩耶穌被帶到聖殿獻於主時，西面發出這段預言。西面陳述耶穌是外邦人的光，就像以賽亞書認為以色列應該是外邦人的光一樣。既然路加福音四章18至19節，已經在前文多有討論。那麼惟一需要在此澄清的，就是聖靈的工作將臨到這個僕人身上。

大多數的基督徒都傾向接受關於這個主題是只針對耶穌而言的詮釋。這種角度實際顛倒了經文詮釋的次序。我認為詮釋應該從另一個方向著手。更確切地說，以賽亞的預言首先以律法的倫理要求為根基，因此以色列應該成為外邦鄰國的見證。然而，僕人詮釋的倫理層面，很少被考慮。一言以蔽之，僕人主要是一個隱喻（metaphor），而不是一個預言。預言彈性地使用隱喻，來符合它自己的目的。尤有甚者，僕人的主要職責，乃是事奉。以色列被呼召成為上帝的僕人（賽四十四1）。以賽亞藉著履行他的先知職責，也成為上帝的僕人（二十3）。新約聖經許多來自以賽亞書的引述，更肯定耶穌是僕人。這種具彈性的使用顯示，耶穌履行祂的僕人角色，因為祂完全順服上帝。這項觀察將在後文有關保羅職事的討論中，流露其他的重要涵義。

耶穌的使命是受苦。他的受苦已經被預言。在路加福音九章

22 節，路加使用和使徒行傳九章 16 節一樣的用字和題旨來描述受苦；耶穌預言人子將受許多苦，甚至包括死亡。人子很快在路加福音九章 28 至 36 節的登山變像中，顯示祂的國度榮耀。我們必須記住使徒行傳九章 16 節的記錄，以保羅與許多逼迫者同在為開始；他們目睹司提反的死亡，當時人子的榮耀異象也顯現。就像司提反在會堂裏的遭遇一樣，保羅也因有人想要謀殺他而在會堂被捕（徒二十三 15，二十二 30）。這個平行題旨展現，保羅將活出像基督的生命。如同耶穌，保羅將根據使徒行傳九章 16 節的預言而受苦，顯然在使徒行傳九章 23 節，猶太人已經商議要殺保羅。有關受苦的預言，幾乎立即在保羅身上應驗。

在路加福音十二章 49 至 53 節，耶穌論及國度職事的紛爭本質。紛爭將嚴重到一個地步，甚至家人都要因國度的議題而相爭（路十二 52～53）。保羅的信主使他成為自己原有舊友的敵人。尤有甚者，他將和猶太人，即自己的親人，發生無止境的衝突。如此說來，這些將職事和逼迫連在一起的記載，顯示彌賽亞的職事藉著受逼迫者而得到實現。換言之，耶穌將彌賽亞的痛苦賦予保羅。

觀察基督和保羅之間的諸多平行，我們有十足的理由相信，耶穌受苦僕人的職事，現在已經臨到保羅了。就像耶穌的使命被聖靈加力一樣，保羅的使命也被聖靈引導。在使徒行傳十三章 1 至 3 節，聖靈藉著先知和教師的羣體，差派保羅去做工。另外，在使徒行傳十三章 9 節保羅咒詛術士以呂馬的事件中，保羅也被聖靈充滿。

保羅遭受來自他自己族人的強烈反對，反對的方式與宗教的異教（religious paganism）或與宗教的傳統主義（religious traditionalism）有關。在保羅的宣教旅程中，反對的模式隨之建立。猶太人像以呂馬一樣，為了自身的利益而融入外邦環境；或他們完全教條式地遵守自己的宗教，並且拒絕基督。在這種衝突之中，保羅和巴拿巴雙雙視自己為受苦的僕人。因為在使徒行傳十三章47節，他們引用以賽亞書四十九章6節，來描述他們自己的彌賽亞職事。如同上述討論所顯示的，路加福音二章32節記載西面引用以賽亞書四十九章6節，預言耶穌是僕人（the Servant），祂將成為外邦人的光。然而，在路加的記錄中，很少外邦人經由耶穌而得到關於救恩的知識。因此，受苦僕人的職事傳承到保羅和巴拿巴身上的詮釋，實際相當合理。巴雷特簡潔地陳述這項觀察：「保羅是外邦人的光，單單因為他所宣講的基督；基督是外邦人的光，因為祂的僕人向外邦人宣講基督。」[50]

儘管受苦僕人的經文原先描述的是以色列，或可能是以賽亞，並且最後是耶穌；現在，這些經文所描述的的確符合這兩位宣教士。換言之，保羅和巴拿巴已經傳承了受苦僕人的工作，尤其是在攻克撒但的邪惡工作（參徒十三10，十六16～18等），和遭到完全被拒這兩方面。身為上帝的真正先知和受苦僕人，保羅和巴拿巴強烈地反照了使徒行傳十三章的假先知以呂馬。

尤有甚者，從使徒行傳二十一章開始，保羅在猶太人和羅馬政府之前的多次受審，使他更像他的主，即成為受苦僕人的耶穌。因此，使徒行傳的最後部分，必須從宏觀架構的角度來觀察。在耶穌的受審中，路加福音二十三章6至12節記載了彼拉多將耶穌交給希律安提帕來審問。而在使徒行傳二十五章13節至二十六章32節中，非斯都允許希律安提帕一世（也就是希律安提帕的姪子）的兒子，即希律亞基帕二世，在保羅的受害中聽審。逼迫上帝僕人的傳承，出現在希律的家庭中。如此說來，希律的家庭象徵擁有帝國勢力的世界國度，它積極地向上帝的國度宣戰。雖然我們清楚顯示，保羅沒有持守敵對羅馬帝國的立場，但保羅現在承接了耶穌所留下的使命。因此他和耶穌一樣，遭受相同的苦待。下文將顯示更多保羅和耶穌受審的平行之處。

在耶穌的受審中，彼拉多三次宣告耶穌無罪（路二十三 4、14、22）。而在保羅受審的冗長記錄中，法利賽派的經學家呂西亞（Lysias）、非斯都和亞基帕（徒二十三 9，二十五 25，二十六 31），都分別三次宣告保羅無罪。一件事連續出現三次，無疑展現這個概念的重要性。例如，就像我們在前文已討論過的，使徒行傳三次宣告保羅的信主見證，第一次經由敍述者的描述，其後兩次經由保羅的口述。如此說來，三次的宣告是路加強調和肯定保羅絕對無罪的筆法。如同受苦的僕人一樣，保羅誠然無罪！

經文的強度在路加四次提及某事時更加高漲；四次的紀錄顯然增加了耶穌和保羅的故事的生動力量。耶穌的四次受審，分別在公會、彼拉多、希律和彼拉多的詢問之下進行（路二十二 26，二十三 1、8、13）。而保羅則在公會、腓力斯、非斯都和希律亞基帕的詢問之下，經過四次審判（徒二十三章，二十四章，二十五章，二十六章）。帝國的語調為敍事設下保羅仿效耶穌的題旨，顯然保羅的仿效完全在上帝的掌控之中。然而，耶穌和保羅不僅受逼迫一次，兩次，或三次；他們雙雙受審四次。敵對上帝國度的慣性力量，實在巨大無比。

受苦僕人還有另一項工作，對保羅未來的職事具有絕對性的影響。這項觀察涉及帝國制度的中層階級的友善外邦人。我們已經在路加福音七章 1 至 10 節的討論中，稍稍地檢視了百夫長。事實上，謙卑和僕人身分的倫理層面，也值得加以注意。謙卑無疑在百夫長的信心中扮演重要的角色（路七 7；參十五 19、21）。[51] 在耶穌的受審中，友善的外邦人不僅是一項歷史事實，更預示了保羅未來的職事。保羅的職事在他到羅馬的最後旅程中達到高峯。路加福音二十三章 47 節記載，在耶穌受死時，有一位百夫長對耶穌發出正面的看法；而在使徒行傳二十七章 3 和 43 節，一位百夫長則和保羅有友好的關係。使徒行傳中的百夫長角色，代表帝國制度中友善的外邦人。甚至在路加福音中，他們已經相當友善。百夫長對於自己僕人的關切，完全逆轉了耶穌在路加福音二十二章 25 節所定罪的權力結構。[52] 身為家主的百夫長，的確變成了他的僕人的僕人。百夫長源自信心的謙卑和僕人樣式雖然仍然不及耶穌或保羅，但百夫長至終得到福音職事的好處。

更強烈的諷刺呈現在百夫長和極力反對耶穌與保羅的猶太逼迫者之間。外邦帝國制度的中層階級，不像猶太領袖一樣，可以接觸所有的宗教資訊。然而，較缺乏資訊的外邦百夫長，反而比擁有所有資訊的猶太領袖，更容易接受福音。被證明無辜的受苦僕人，在向帝國制度中的外邦人敞開國度大門時，同時定了宗教的權威的罪。

聖餐的預備，是耶穌和保羅在邁向各自的目標之前的另一項平行。耶穌的最後晚餐（Last Supper），也出現於保羅那象徵性的最後主餐（Lord's Supper）。耶穌在路加福音二十二章 19 節上的一個筵席中擘餅，而保羅則在使徒行傳二十七章 35 節擘餅祝謝。雖然我們沒有把握確定，保羅在使徒行傳二十七章 35 節的擘餅是領受主餐；但路加誠然使用聖餐的語言建構敘事，以顯示保羅和耶穌一樣的職事。因此我們也不能不贊同那是聖餐的可能性。聖餐的模式可能代表，這次的用餐對路加、保羅和其餘的基督徒旅客，都蘊含著聖餐的意義。尤有甚者，即便這次用餐並非正式的聖餐，但聖餐在敘事中確實具有象徵性的功能。無論當時的信徒是多或少，保羅的行動依然與彌賽亞的羣體文化相符一致。就像耶穌一樣，聖餐在最困難的情況中舉行。雖然耶穌的行動像主人一樣，但祂稱祂的行動為一種「服事」(路二十二27)。保羅在他餘下的旅程中，似乎也繼續服事外邦人。主人同時也是僕人！外在的情況並沒有使保羅和他的基督徒朋友遠離信仰，他們依然以主餐為生命的中心。不論是好或壞，他們都為福音的緣故緊緊相連。他們最後的結果，乃是為福音的目標而服事！

路加對耶穌和保羅的職事，具有相當正面的評估。這兩位受苦的僕人都佳美地服事他們的主人，因為他們兩位都完成首先是路加福音、其次是使徒行傳所設立的必要目標。兩者之間的平行，證明了正面的觀點。路加福音二十四章，對耶穌的職事提出正面的評論；使徒行傳二十八章亦對保羅的福音宣教，提供正面的回顧。受苦僕人的摘要，不單重複流露在保羅的職事上，並且在彼得較不明顯的情況中出現。被囚或受苦的高潮，也重要地連結了彼得五旬節之後的工作及保羅初次宣教之後的工作。彼得在使徒行傳十二章，即使徒行傳第一個前半段，被囚禁在監裏。而保羅則在使徒行傳二十一至二十八章，即使徒行傳的第二個後半段，被囚禁在監裏。路加—使徒行傳三次重複的受苦題旨，因此再度顯示受苦僕人的三個循環；其中以保羅為路加—使徒行傳中最後一個受苦的僕人。路加意欲說明，耶穌首先交棒給彼得，最後再交給保羅的過程。換言之，路加的寫作架構顯示，始自耶穌，其次彼得，最後保羅的三重職事。職事的性質完全一樣：成為一個先知，向眾人顯示完美的以色列，就像耶穌這位受苦的僕人所作的一樣。因著上帝不同的目的，職事的結果也稍有不同。然而，受苦的道路卻完全相同！

保羅似乎像一個超人，但他也有受苦的時候。耶穌似乎也像一個超人，但至終祂死在十字架上。雖然保羅有自己獨特的路徑，但他一樣受苦。他以自己成為受苦的僕人，來跟隨受苦的僕人！

詮釋角度的教導

前言提及教導提阿非羅有關信徒所作的一切事的重要性。更重要地，路加和提阿非羅不平等的社會階層不再重要，正如保羅向更高階層的士求．保羅和腓利比獄吏傳福音一樣，階層不再重要。提阿非羅現在要明白，在基督裏基督徒一律平等，並要明白基督徒領袖是超越政府官員的。耶穌藉著門徒，行使許多大事。保羅足以代表基督工作的高點。當路加以聖殿中的男孩，描繪耶穌生命的開始時；保羅生命結尾的開始，也是在聖殿中。使徒行傳的末段展現，福音從聖殿傳至地極，就像耶穌對於自身職事的期盼一樣。

當我們將路加—使徒行傳一併解讀時，我們可以更清楚看見路加強調的模式。「三」的觀念的出現，揭示了保羅像耶穌的程度。惟當我們將路加—使徒行傳一併解讀，我們才可以看清這幅圖畫。我不相信路加不經意地表達這個觀點。畢竟，保羅是外邦基督教最重要的人物。路加和提阿非羅都是外邦人。他們絕對知道保羅的重要性！

關於保羅明白其身分的敍事脈絡，是他從逼迫者成為道的宣講者的轉變。從敍事的角度來看，這個單一的故事情節不容錯失。路加使用敍述者從第三者的觀點，來訴說保羅信主的故事，這設計顯示保羅的信主是一項客觀和為人所知的事實。第三者的記錄容許像提阿非羅等其他人，驗證故事的真實性。在此之後，路加使用保羅的第一人稱語態，兩次重述自己的信主經歷，以顯示它是保羅個人和真實的經歷。換言之，保羅的信主經歷不僅是一項歷史事實，它更是保羅所宣講的福音的一部分。敘事展現保羅的個人見證，這是初期教會宣講的重要一部分。任何一個從導致他人受苦，轉變成受苦僕人的角色的人物，都值得備受矚目！

保羅與社會和帝國的關係，無疑展現他容納卻不妥協的謹慎態度。在他自己的猶太社會中，他持守耶穌是彌賽亞的觀點，來遵守所有的猶太敬虔禮儀。保羅所行的都滿有智慧，因為他仍然需要藉著在猶太教中工作，來獲得帝國的保護。更重要地，他試圖經由這個過程來改革猶太教，以實踐他對自己族人的責任。但這並不意味他將自己猶太人的敬虔，加諸在外邦人之上。相反地，彌賽亞超越個人敬虔，而成為保羅的焦點。在和帝國政府的關係上，他藉著活出公民的身分，來維持自己的尊榮。他顯示自己不僅是一個帝國利益的接受者，更是一個社會的嘉惠者。若從社會角度來解讀保羅的生命，保羅的生命無疑成為模範公民的具體化。他是一個貢獻者。這個典範也鼓勵所有的基督徒，不論身居何處，都應該成為自己社會的貢獻者。

亞居拉和百基拉：介於五旬節和保羅的宣教之間

雖然亞居拉和百基拉這對夫婦，沒有佔據太多篇幅，我相信他們在保羅宣教的敘事中，依然相當重要。然而，他們的角色應當根據地理和他們與別人的關係來解讀。我可以像許多註釋者一樣，將百基拉分開解讀，因為路加對於婦女持有正面的看法。但我不作此選擇。因為在使徒行傳有關他們的簡短記錄中，百基拉總是和她的丈夫連在一起。如此說來，根據路加原本建構故事的方式，將他們連在一起來觀察，才是最佳的解讀方式。

使徒行傳中的地理不僅是資訊，更是一種意識理念。如果我們將使徒行傳的敍事視為一個封閉的系統（a closed system），我們可以從故事和故事之間，找到許多關連之處，以更加了解路加的寫作用意。此處這對夫婦，就是最佳的例子。使徒行傳十八章 1 至 2 節描述，亞居拉是來自小亞細亞本都的猶太人，他和妻子最近被革老丟下令離開羅馬。對於那些熟悉羅馬歷史的人（我相信提阿非羅是其中之一），驅逐令來自相信耶穌的猶太信徒，和那些否認耶穌是彌賽亞的猶太人之間的衝突（Seutonius *Claudius* 25）。顯然，衝突發展至非常劇烈的情況，以致革老丟使用他的帝國權力，將他們驅逐出境。相信耶穌的猶太信徒，很有可能成為最嚴重的受害者。本都和羅馬之間究竟發生何事，只能任人臆測。路加並沒有說，百基拉來自本都。因此我們可能可以大膽猜測，百基拉和亞居拉在本都和羅馬之間的某個地方結婚。

在得知這對夫婦的起源之後，現在是我們更深入觀察他們的信仰的時刻了。使徒行傳十八章 1 至 3 節中的保羅，似乎將這對夫婦視為兩個可靠的同工，而非剛信主的信徒。事實上，在使徒行傳十八章 19 節，保羅是如此信任這對夫婦，以致在繼續前面的宣教旅程時，保羅將他們留在以弗所。究竟這對夫婦的基督教福音源自何處？雖然這方面的資料鮮少，但我認為如果我們將使徒行傳視為一個獨立的（self-contained）封閉敍事（closed narrative），我們可以從使徒行傳二章 9 至 10 節對於本都和羅馬的提及，找到線索。更確切地說，羅馬教會並非保羅所建立的。這項觀察相當明顯，因為他在使徒行傳的旅行中，似乎想要往那個方向前進。因此，在他們被驅除出境之前，這對夫婦已經在羅馬成為成熟的信徒。有關他們信仰來源的最佳推測，當屬使徒行傳二章。即他們是最初在五旬節信主那三千人中的信徒。我相信這是最可能的猜測。換言之，這對夫婦來自散居各地的猶太人的羣體。他們以五旬節朝聖者的身分來到耶路撒冷，並以耶穌基督和祂的聖靈的相信者身分離開這地。他們擁有耶穌的洗禮的親身經歷，這種受洗在路加福音三章 16 節為施洗約翰所預言。如此說來，這對夫婦成為擁有完全福音的散居各地猶太信徒的典型。

與他們對照的是另一種散居各地的猶太信徒，他們**沒有**完全的福音。亞波羅屬於這類人。我不認為亞波羅是敘事中的主要人物，他在使徒行傳中的角色，乃為強調像這對夫婦的五旬節信徒和保羅的職事。使徒行傳十八章 24 至 26 節，對亞波羅有一些詳細的描述。總的來說，這段描述本身相當正面。然而，當這對夫婦校正他的時候，他顯示這對夫婦的確比他更卓越。甚至路加筆下一些具有最佳素質的亞歷山太猶太學者，都必須信服這對夫婦。可見，這對夫婦在福音中所具有的特質，超越了亞波羅的偉大。事實上，有兩種散居各地的猶太人存在：一些擁有聖靈洗禮的完全福音（full Spirit-baptism gospel）的人，和一些沒有這種福音的人。

確認和校正雙雙發生在亞波羅和施洗約翰的門徒的故事中。這種情節的設計絕非偶然，下列綱要清楚展現情節的凸顯：

A　亞波羅和約翰的洗禮（徒十八 1～25）
B　這對夫婦的校正（徒十八 26）
A’　約翰的門徒和約翰的洗禮（徒十九 1～3）
B’　保羅的校正（徒十九 4～7）

根據對起初的福音的了解來看，上述綱要顯示這對夫婦和保羅具有平等的地位。平行的故事結構將這對夫婦提升至主要人物保羅的地位。他們的影響，容許亞波羅成為使徒行傳十八章 27 至 28 節中的重要領袖。儘管他們的職責似乎是成為保羅宣教的助手，但這對夫婦在幫助一位大力影響初期教會的領袖上，扮演了重要的角色。這位領袖因此得以執行健全的彌賽亞職事。他們的助手角色，也成為所有不受注目的人的典範。不過，這些人還是一樣重要！

詮釋角度的教導

在路加清楚表明的用意中，路加試圖向提阿非羅提出歷史資料。根據這些歷史資料，百基拉和亞居拉快速上場，卻也在轉瞬間離場而去。但就在這榮耀的一瞥中，他們成為保羅將福音帶至地極的宣教的關鍵。畢竟，他們和保羅同在哥林多的時期，成為保羅在各地停留的最長記錄。因此雖然路加對他們的提及相當簡明，但他們仍然具有高度的重要性。他們在哥林多的工作，容許保羅能夠繼續像在以弗所等其他城市的宣教工作。可見，保羅直到地極的宣教，應當間接歸功於像百基拉和亞居拉的這種信徒。

將路加福音和使徒行傳一併解讀，也凸顯了婦女在耶穌和保羅的職事中所佔據的重要性。百基拉被正面提及，因為她對保羅的職事相當重要。然而，這並沒有貶低她丈夫在職事中的角色，但她的角色確實和她丈夫的不分上下。這對夫婦也寫照了，那開始耶穌職事的約翰洗禮，如今已經圓滿達成。他們對亞波羅的幫助，部分應驗了基督的工作，因為他們完成了約翰所開始的職事。從這個角度來看，這對夫婦代表基督說話，為要確定亞波羅也同得國度的眼光。

根據敘事的角色，這對夫婦成為保羅在希臘的職事，和他艱苦跋涉返回小亞細亞之間的橋梁。他們扮演深具意義的角色，因為他們再度凸顯保羅召集大有才幹之人，來成為他的伙伴的寬大心胸。保羅雖然沒有帶領他們信主，但他們的確受到保羅的影響。反過來地，他們也為保羅影響其他人。他們因此成為保羅的才能的反映。路加對他們的刻劃，使保羅更顯美好！

在帝國主義的社會歷史中，百基拉和亞居拉是帝國權力的受害者。他們因為不在他們控制範圍內的政治情勢，而被驅逐羅馬。然而，他們散居各地，這反而成為他們居住的希臘社會的祝福。帝國的力量無法阻止福音的力量！這對夫婦就是一個活生生的明證。

結論

對提阿非羅而言，路加對於門徒的描繪，顯示門徒是耶穌基督的強烈寫照。以偉大的彼得來說，他在能力和將局外人納入以色列宗教的專一上，成為耶穌的偉大仿效者。在與基督相似的受審和苦難中，司提反也在仿效基督的事上，不落使徒之後。他徹底地證明，耶穌傳給使徒的所有恩賜，未必僅限於使徒。腓利佳美地扮演不朽的先知角色，他將他的工作傳給他的女兒。他在西門事件中對抗魔鬼勢力，這再度展現耶穌攻克邪惡的勝利。可見，腓利職事的清楚刻劃，甚至在像基督方面，都相當獨特。共同地，司提反和腓利顯示，使徒以外的領袖也可以擁有無比的影響和力量。司提反藉著他的神蹟、宣講和殉道，展現他的力量。腓利藉著成為一個神蹟和宣講的先知，來發揮他的影響力。另外，巴拿巴是另一位非使徒，但卻是影響力同等重要的信徒。

使徒行傳的第一部分主要關乎彼得，第二部分主要關乎保羅，而介於其中的則是大好人巴拿巴。他成為銜接保羅職事的橋梁。救主那絕對清楚的印記，藉著聖靈在門徒的工作中流露，不僅在個人方面，更在整個肢體上。保羅書信中的肢體神學（theology of Body），現在被轉到路加—使徒行傳的敍事中。路加的情節所帶出的刻劃無疑彰顯，教會的責任是在地上成為基督的寫照。雖然路加重複記載升天的記錄，來顯示耶穌已經斷然地離開；但他同時強調這個世界可以經由可見的教會，來經歷不可見的耶穌。路加以教會的神聖身分為總綱題旨，為要鼓勵提阿非羅和凡想跟隨基督的人，能夠**真正地**跟隨基督。有一天，當聖靈藉著教會行使的特殊工作完成時，基督將再度成為可見的。教會因此成為上帝用來宣告祂的計劃的天啟實體。她的角色不可或缺！她的根本存在應當向世界揭示，基督和上帝不但存在，並且還有上好的計劃。

省思與應用

上述有關門徒的簡明描繪，為我們提供許多重要的學習，實非幾個短短的段落可以訴盡。我只能列出幾個激動我心靈深處的主要教導。羣體或合一的觀念，無疑相當突出。教會身分的基本層面，也的確在使徒行傳中佔據顯要的角色。如同我們已經注意到的，在路加對於門徒的刻劃中，沒有任何一個人單一獨佔像基督的特色。這無疑顯出羣體的重要性。今天的教會職事，有可能以個人崇拜為中心。這種焦點顯然違背路加的教導。甚至連好人巴拿巴，都在使徒行傳中扮演重要的角色。或許有些基督徒是幫助別人的橋梁，他們使別人有機會在像基督的職事上達到巔峯。這又有何不好呢？他奉獻自己的生活方式，不也是像基督的優越表現嗎？

百基拉和亞居拉也在重要卻簡短的出現中，完成協助保羅的重要使命。他們也是導致另一位超級巨星亞波羅，在職事上有優異表現的重要門徒。同時，甚至像亞波羅如此有才能的人，都須要更進一步的門徒訓練。真實基督教信仰的最完美形式，就是每一個人都可以不個別地，而是集體地表現像基督的生命樣式。教會在合一中的整體表現，絕對比她的部分的總和，更有分量。縱使基督教包含像彼得和保羅這樣的超級巨星，若羣體不在職事中團結一致，教會依然無法完成她的使命。個人必須在羣體的利益之後。

展現可見基督的責任，要求所有基督徒排除教派之間的不同，合一地作基督的工作。全球化的問題不可能僅藉少數人的努力來解決。政治也無法解決這些問題。教會對世界的影響與衝擊，顯然具有空前未有的必要性。既然教會在世界中的使命，是盡可能地表達上帝的存在；她的每一個成員，都不應該輕忽這個榮耀的角色。今天有許多人因各種各樣的原因，竟然以身為基督徒為恥。與其陷入以為羞恥的試探，基督徒應該成羣地連結在一起，以使他們知道他們並不孤單。路加激勵人心的記載顯示，基督徒應當以他們在地上短暫時間內所具有的地位為傲。他們共同地成為基督在地上的彰顯。上帝有一個美善的計劃，但它不經由天使或其它超自然活物，卻經由願意遵循聖靈引導的普通人物來完成。

宣教是顯示上帝存在的終極方式，不但藉著口述的宣講，並且藉著積極活出基督教福音的生命。如此，教會的成長繼續成為舊約和新約預言的應驗，直到基督再來。在尋求執行聖靈所引導的職事上，每一個人都同等重要。每一個人也應當以最嚴肅的態度，來承擔他在世界中的角色。教會必須訓練她的成員，根據路加的救恩歷史來看待自己。未必每一個人都會成名，但每一個人都扮演重要的角色。從二十一世紀環境的需要來看，來自各角落的基督徒應該團結起來，為福音的宣教共同努力。當每個人各盡其職時，許多事必然成就！

另一個值得強調的觀察，就是圍繞使徒行傳前後的保羅信主見證，加上一些門徒和外邦人之間的接觸（例如，最為人所知的腓利和西門事件）。現代的靈恩運動，已經為教會帶來足夠的新鮮活力。它刺激教會再度相信神蹟。這並非壞事。無疑地，神蹟在今日仍然發生，並且在世界的某些地區時常出現。從歷史的角度來看，靈恩運動大約在現代主義和理性主義式微時興起。理性主義所缺乏的感情和超自然元素，如今經由後現代主義對於理性事物的懷疑，和將許多事歸因於超自然、魔鬼、天使和聖靈的靈恩運動而抬頭。這兩種極端都不在路加強調的範圍之內。

無庸置疑地，路加顯示保羅能夠在知識分子的環境中展現福音的能力，這仍然值得今日的基督徒仿效。對一切事物秉持懷疑的態度，實際無濟於事。路加顯然很少以保羅超凡知識分子的勇敢為焦點。從表面來看，許多人可能以反面的極端來解讀使徒行傳，認為使徒行傳是一本神蹟的書卷。尤其根據使徒行傳最偉大的行神蹟者保羅，使徒行傳的敘事結構的確產生這種一致性的解讀方式。實際上，保羅生命中最偉大的神蹟並非他的醫治、使死人復活和趕鬼。保羅自己生命中最偉大的神蹟，乃是他被基督劇烈改變的生命。在保羅的世界中，神蹟毫不值錢。因此將保羅視為行神蹟者，簡直錯失了路加的重點。保羅並不是外邦傳統中的行神蹟者。相反地，沒有任何一個宗教可以辯論或反對，一個從信仰的敵人變成初期教會最偉大宣教士的極端生命改變。他生命改變的神蹟，證明了另一個更偉大的神蹟，即耶穌復活的能力。

同樣地，我們的最佳見證並非我們在現代世界中，能夠行使的神蹟而已。因為外邦的巫醫，也在許多開發中國家行使神蹟。尤有甚者，我們也不能單靠最好的論證，將人們帶進上帝的國度。許多不信的知識分子，也能夠以同樣偉大的能力，帶出完全相反的論證。如此說來，我們最佳的見證，依舊是耶穌在每個信徒生命中所產生的改變，這種改變恆久不變！惟有如此，世界才能認知的確有耶穌基督復活的事件存在。

最後但同樣重要的是基督教的社會層面。許多基要派基督徒避免任何一種與社會有關的職事，因為他們害怕被指控為宣講「社會福音」(social gospel)。到現在，這些事應該已經遠離我們。單是保羅對社會的貢獻，就足以提醒我們身為社會貢獻者，而非社會抱怨者或要求者的重要性。我發現許多海外華人以不同的方式，違犯這個原則。許多華人移居海外，不論是歐洲、亞洲或美洲，都是為了要尋求更好的生活。他們的目標是盡可能地賺最多的錢，和獲得最多的機會。許多人後來離開並且將錢帶回祖國，對於寄居的國家毫無貢獻。另一些人留在他們寄居的國家，享受所有的利益，卻沒有任何的社會參與。這兩種人都違反了，路加藉保羅這位散居各地猶太人而宣告的原則：成為你所寄居的社會的嘉惠者！

註釋：

1 Nelson Estrada, *From Followers to Leaders: The Apostles in the Ritual Status Transformation in Acts 1～2*, JSNTSup 255 (London: Continuum, 2004).

2 William Horbury, *Messianism among Jews and Christians: Biblical and Historical Studies* (New York, NY: T & T Clark, 2003), 158.

3 Bruce Waltke, *An Old Testament Theology* (Grand Rapids, MI: Zondervan, 2007), 156.

4 有關耶穌在筵席中的角色的更多討論，參 Peter K. Nelson, "The Flow of Thought in Luke 22.24～27," *JSNT* 43 (1991), 117。此文作者也視耶穌為偉大的族長，和在死前履行最後立約的執行者。

5 C. K. Barrett, "The First New Testament," *NovT* 38 (1996), 95.

6 J. A. Ziesler, "The Name of Jesus," *JSNT* 4 (1979), 31.

7 Stanley E. Porter, "Scripture Justifies Mission: The Use of the Old Testament in Luke-Acts," in *Hearing the Old Testament in the New Testament*, ed. Stanley E. Porter (Grand Rapids, MI: Eerdmans, 2006), 111.

8 James VanderKam, *From Revelation to Canon: Studies in the Hebrew Bible and Second Temple Literauture* (Leiden: Brill, 2000), 3～11.

9 J. R. W. Stott, *The Messages of Acts* (Downers Grove, IL: IVP, 1990), 147.

10 這方面資料，參 M. de Jonge, "The Word 'Anoint' in the Time of Jesus," *NovT* 8 (1966), 132～148。

11 Hermie C. van Zyl, "The Soteriology of Acts: Restoration to Life," in *Salvation in the New Testament: Perspectives on Soteriology*, ed. Jan G. van der Watt (FS Andrie du Toit; Leiden: Brill, 2005), 138.

12 W. Barnes Tatum, "The Epoch of Israel," NTS 13 (1967), 191.

13 因為他們熟悉舊約聖經或《七十士譯本》，所以耶穌和路加兩個人，無疑都應該具有被擄的觀念。

14 Ivan S. C. Kwong, *The Word Order of the Gospel of Luke*, LNTS 298 (London: T & T Clark, 2005), 142.

15 Charles Talbert, "The Lukan Presentation of Jesus' Ministry in Galilee," *RevExp* 64 (1967), 492～497.

16 Cecilia Wassen, "What Do the Angels Have against the Blind and the Deaf? Rules of Exclusion in the Dead Sea Scrolls, " in *Common Judaism: Explorations in Second-temple Judaism*, ed. Wayne O. Mccready and Adele Reinhartz (Minneapolis, MN: Fortress, 2008), 121.

17 F. F. Bruce, *The Acts of the Apostles: The Greek Text with Introduction and Commentary*（Grand Rapids, MI: Erdmans, 1990）, 136; Luke Timonthy Johnson, *The Acts of the Apostles*（Collegeville, PA: Liturgical, 1992）, 174；相同看法，參 William Neil, *The Acts of the Apostles*, NCB（Grand Rapids, MI: Eerdmans, 1987）, 83。

18 那認為使徒們根本不管理飯食的，是錯誤的，因為使徒行傳二章 42 節論及，使徒們在三千人中擘餅。使徒行傳六章 4 節顯示，管理飯食所需求的諸多精力，這令使徒們無法專心其他的使徒職事。

19 Joel Green, *The Gospel of Luke*, NICNT（Grand Rapids, MI: Eerdmans, 1997）, 736.

20 相似看法，參 Martin W. Mittlestadt, *The Spirit and Suffering in Luke-Acts*（London: T& T Clark, 2004）, 116。

21 Johnson, *The Acts of the Apostles*, 138；此書作者的確有洞見地抓住了這個題旨。

22 Albert I. Baumgarten, "Pharisaic Authority: Prophecy and Power（*Antiquities* 17.41 ～ 45）," in *Common Judaism: Explorations in Second-temple Judaism*, ed. Wayne O. McCready and Adele Reinhartz（Minneapolis, MN: Fortress, 2008）, 84.

23 Ferdinand Christian Baur, *Church History of the First Three Centuries*, vol. 1, trans. Allan Menzies（London: Williams and Norgate, 1878）, 79.

24 *TDNT* vol. V, 778～779.

25 路加缺乏這種用法，這問題佳美地證明一些沒有「使徒們」一字出現的西方手抄本（Western manuscripts）。參 Ben Witherington, *The Acts of the Apostles: A Socio-Rhetorical Commentary*（Grand Rapids, MI: Eerdmans, 1998）, 419。

26 Joseph A. Fitzmyer, *Acts of the Apostles*, AB（New York, NY: Double, 1997）, 526；此書作者給予一個比較簡單的解釋。路加一點也不想改變那來自他的故事來源的使徒稱號。似乎不一致的出現，更加證實路加沒有一點虛構，並且這個故事在路加加入保羅的旅行之前，已經流傳在初期基督徒中間。

27 David W. Pao, *Acts and the Isaianic New Exodus*（Grand Rapids, MI: Baker, 2002）, 36.

28 Pao, *Acts and the Isaianic New Exodus*, 42～45.

29 例如：Abraham Malherbe, *Paul and the Popular Philosophers*（Minneapolis, MN: Fortress, 1989）。

30 B. Farrington, *The Faith of Epicurus* (London: Weidenfeld and Nicolson, 1967), 144.

31 Norman W. Dewitt, *St. Paul and Epicurus* (Minneapolis, MN: University of Minnesota Press, 1954), 6.

32 Dewitt, *St. Paul and Epicurus*, 168.

33 J. L. Sanders, *Greek and Roman Philosophy after Aristotle* (New York, NY: Free Press, 1966), 83.

34 Wayne Meeks, *The Moral World of the First Christians* (Philadelphia, PA: WJKP, 1986), 47.

35 H. C. Baldry, *The Unity of Mankind in Greek Thoughts* (Cambridge: Cambridge University Press, 1965), 196.

36 Colin J. Hemer, *The Book of Acts in the Setting of Hellenistic History* (Winona Lake, IN: Eisenbrauns, 1990), 423.

37 F. F. Bruce, *Paul Apostle of the Heart Set Free* (Grand Rapids, MI: Eerdmans, 2000), 242.

38 平行之處，參以下的仔細討論：J. L. Sanders, "Paul and Socrates," *JSNT* 50 (1993), 21～22。

39 亦參西塞羅（Cicero）的著作：*De inventione* 1.19；*De partitione oratoria* 27。Aristotle, *Rhetoric*, 3.14.16。

40 Sanders, "Paul and Socrates," 13；此文作者認為蘇格拉底在這個故事中的看法似乎正確，但其否認保羅「成功」的看法則是錯誤的。

41 Fitzmyer, *Acts of the Apostles*, 502。亦參 Alanna Nobbs, "Cyprus," in *The Book of Acts in Its First Century Setting*, vol. 2, *Graeco-Roman Setting*, ed. David W. J. Gill and Conrad Gempf (Grand Rapids, MI: Eerdmans, 1995), 283。

42 G. Walter Hansen, "Galatia," in *The Book of Acts in Its First Century Setting*, vol. 2, *Graeco-Roman Setting*, ed. David W. J. Gill and Conrad Gempf (Grand Rapids, MI: Eerdmans, 1995), 383.

43 這方面的討論，參 Witherington, *The Acts of the Apostles*, 403～404。

44 有關這些用語，參 John M. G. Barclay, "Paul among Diaspora Jews," *JSNT* 60 (1995), 123～128。

45 例如：J. T. Sanders, *The Jews in Luke-Acts* (Philadelphia, PA: Fortress, 1987),

317。

46 Lawrence M. Willis, "The Depiction of the Jews in Acts," *JBL* 110,（1991）, 632.

47 J. L. Houlden, "The Purpose of Luke," *JSNT* 21（1984）, 59～60.

48 Judith Lieu, "The Parting of other Ways," *JSNT* 56（1994）, 111.

49 我根據許多過去的新約學者的方式，來使用希臘化和巴勒斯坦等的相對用字。這並不代表猶太教被地理限制。因為希臘化猶太教（Hellenistic Judaism）也可能出現在巴勒斯坦的地方。相反地，我乃是根據慣例和社會界限來使用這些用字，也就是嚴格執行律法的範疇（例如，割禮的禮儀）。

50 C. K. Barrett, *Acts*, International Critical Commentary（Edinburgh: T & T Clark, 1994）, 658.

51 Robert A. J. Gagnon, "The Double Delegation in Luke 7.1～10," *NovT* 36（1994）, 141.

52 Gagnon, "The Double Delegation in Luke 7.1～10," 142；這裏提出了類似的觀點。

四

被拒的人

生病的、瘸腿的、死人的、婦女、罪人和窮人

引言

在路加—使徒行傳中，被拒的人未必總是仿效耶穌，但他們誠然反映了耶穌和教會的職事。在觀察人物型態（character types）上重要的貢獻之一，當屬羅思（S. John Roth）的《瞎眼、瘸腿及窮人》（*The Blind, the Lame and the Poor*）一書。[1] 根據路加的文本和社會的社會分析來看，人物形態的應用無疑優質。羅思提出一個問題：「為甚麼瞎眼的、長大痲瘋的、窮人和耳聾的，在路加福音中如此顯著，但在使徒的使徒行傳中卻沒有出現？」[2] 然而，解讀使徒行傳三至四章所引起的爭議時，瘸腿的卻出現了。在討論過局外人在路加—使徒行傳中的角色之後，我將回來解答這個問題。事實上，這些人物的在場和不在場（presence and absence），可以藉著刻劃的型態來解釋。換言之，人物是一幅更大圖畫的集體表現。下文將展現路加刻劃的圖畫。但在進行是項觀察之前，我們或許應該討論一些重要的角度；這些角度能夠幫助我們，綜合路加用來描述被社會拒絕的人的資

料。同時，術語的定義也一樣重要。

疾病的研究與古代對於疾病的看法緊密相連。我刻意區分疾病和殘障之間的差異，因為疾病可能是一種暫時的情況，可以藉著醫藥來醫治。而殘障的情況則較具永久性的，除了神蹟之外，沒有藥物可以醫治。當我們觀察疾病時，我們必須明白，路加—使徒行傳有關病人的教導，比有關神蹟的偉大的教導更大。如果現代讀者只看見神蹟，並且發出驚歎，那就太悲哀了。因為每一個神蹟不但與眾不同，並且教導那超越醫治的獨特信息。一般來說，我認為路加—使徒行傳中關於醫治病人的事，具有多樣功能：教導有關信心的功課。

在一世紀社會學研究的輔助之下，殘障研究為我們創造一幅解讀路加—使徒行傳中瘸腿之人的圖畫。有些範疇對了解路加—使徒行傳的殘障人士，相當有助益。第一，在一些案例中，路加根據屬靈的情況來討論殘障。第二，在另一些案例中，路加根據社會的疏離來討論殘障。當我們討論瘸腿的部分時，我們將依次討論這兩個範疇。我也討論死亡的例子，因為他們常常是疾病的受害者。如此說來，他們在路加—使徒行傳中的角色，不但在耶穌並且在門徒的職事中，變得相當獨特。

在處理婦女部分時，路加在描述她們的過程中，為她們保留了特別的地位。婦女在路加—使徒行傳中，扮演相當特別的角色，它和羅馬社會比較邊緣化的婦女角色恰成反照。

生病的

生病的個別記錄：復活前和復活後的教訓

第一類的神蹟，教導有關信心的功課。有一對有關醫治長大痲瘋者的特別故事，出現在路加福音中：第一個故事出現在路加福音五章12至14節，第二個故事出現在路加福音十七章11至19節。我認為第一個故事實際為第二個故事作了預備，因為第二個故事不但內容更加豐富，並且具有更深層的意義。第一個故事隨著第二個故事，雙雙記載了耶穌命令長大痲瘋的去見祭司。第一個故事的用意，是「向他們作見證」。為甚麼見證是必要的呢？後來的路加情節將揭示，耶穌被宗教權威屢次拒絕（參路五30，二十二52，二十三13）。換言之，這是一個負面的信心故事，為要顯示甚至醫治的神蹟，都未必自動產生信心。信心這個焦點，將成為路加福音有關醫治之記錄的普遍傾向。

路加福音十七章11至19節十個長大痲瘋者的故事，在研究生病的記錄方面十分重要。長大痲瘋者所處的地理位置也很有意思，因為他們靠近加利利和撒馬利亞的邊界。換言之，他們正好位處兩個區域的邊緣。一個區域是猶太人和外邦人的混居之地，另一個區域則是充滿撒馬利亞人的地方。這十個長大痲瘋者，並不屬於其中任何一個團體，因為他們是一羣局外人。醫治的起始者是十個長大痲瘋者。他們藉著稱耶穌為「夫子」（ἐπιστάτα）這個不尋常的頭銜，來展現他們對耶穌有相當程度的認識。他們也相信耶穌能夠醫治疾病。耶穌的回應非常重要，因為耶穌沒有向他們說，他們已經得了痊癒。相反地，耶穌催促他們去把身體給祭司察看。為何這個步驟是必要的呢？因為以色列的律例，定規任何一種皮膚病的痊癒，都必須經由祭司的認可（利十四2）。祭司管理兩樣事務：宗教和社會次序。藉著將他們的身體給祭司察看，長大痲瘋者可以再度根據宗教的管道，而被接納入社會中。

然而，故事並沒有描述，他們接著去找祭司的行動（路十七

14)。故事只顯示有一個長大痲瘋者回來見耶穌。路加福音十七章15節的敘事相當生動。這個故事似乎顯示，只要對將人帶入上帝的國度有益，耶穌都在傳統之內行事。敘述者明顯地記錄了，被醫治者的種族身分(路十七16)。他是一個撒馬利亞人。路加帶進像種族的這種元素，讓他的讀者產生驚訝之情。這個撒馬利亞人根本不會被以色列的祭司接受。他會被認為不配和以色列人一起敬拜。

耶穌描述這個被醫治者是「外族人」(ἀλλογενὴς)，和路加的觀察非常一致。除了他不是以色列人，而是一個外族人之外，這個被醫治者展現出和路加福音五章25節的癱子相同的特徵。他不但沒有去找祭司，還很快地回去見耶穌。我們無法確定，他最終有沒有去找祭司，但路加強調的是他和耶穌的互動。如此說來，這個故事顯示耶穌對整個事情的看法。耶穌在路加福音十七章19節清楚明說，這個人的信心救了他。這個救他的信心，是哪一種信心呢？我認為路加使用被醫治的撒馬利亞痲瘋病人，來顯示信心實際超越那些傳統的界限。我們沒有聽見耶穌因這個被醫治者沒有去見祭司而定他的罪；反之，路加卻展現耶穌讚許這個人在耶穌面前的感恩和敬拜。

路加正確的描繪，一方面平衡了在路加福音九章51至55節，撒馬利亞人對耶穌的全然拒絕；另一方面前瞻了在使徒行傳八章，眾多撒馬利亞人的信主。其他九個被醫治的痲瘋病人，沒有再去見耶穌；因為他們更加關切獲取被醫治的益處，和再度被以色列社會接納的身分。撒馬利亞人的焦點是正確的，因此他鮮明流露出拯救的信心(saving faith)的本質。他清楚地示範，拯救的信心並非經由禮儀，而是經由個人對耶穌的敬拜和感恩而來。事實上，其他九個長大痲瘋者都對耶穌有所認識(路十七

13），但惟獨這個長大痲瘋者真正知道耶穌。

雖然有些得醫治者未蒙拯救，但耶穌還是醫治他們，因為醫治是耶穌彌賽亞職分的一部份。祂展現祂自己向一般民眾的恩典。然而，那些得到最大益處的並非身體上得醫治的，而是那些得到救贖的人。觀察救贖的益處的最佳經文，當屬綜合信心和醫治的故事。為免我的讀者認為，上述的醫治模式在倫理的教導上，極不尋常；路加在路加福音八章48節患血漏的婦人和路加福音十八章35至43節瞎子的故事中，實際也帶出幾乎完全一樣的模式。同樣的詞語「你的信心救了你」（ἡ πίστις σου σέσωκέν σε），一概出現在這些故事中。這個公式化的詞語顯示，這類醫治的本質，乃是由被醫治的病人主動開始的。有時候，主動開始的行動，已經顯示拯救的信心的記號（例如，路八48）。另一些時候，這種信心的肯定，與被醫治後立即的回應有關。

從各別獨立和仔細記載的角度來看，使徒行傳有關於復活後病人得醫治的記載，顯得相當稀少。一個意義深長的記載，出現在使徒行傳二十八章7至10節。保羅和他的同伴受到島上的首領歡迎，並且在他所擁有的土地上停留三天。保羅使用這個機會，醫治首領的父親。因此，島上所有患病的人都來找保羅，並且得了醫治（徒二十八9）。保羅超自然的能力，甚至在他困在島上時還是跟隨著他。因為保羅對這個島嶼所作的貢獻，島上的人以多方面的尊敬回報他們，使他們能夠再度開船前行。這個重要的詳細記載，顯示保羅是一個被命運嘲弄的囚犯。他被困在島上，並且沒有任何船隻駛往羅馬。然而，因為醫治的緣故，他不但保住了船隻，並且獲得旅程所需的一切供應（徒二十八10～11）。根據此處有關醫治病人的記載，使徒行傳的焦點清楚離開了路加福音的焦點。更確切地說，路加福音以向彌賽亞的信心回應為焦點，而使徒行傳則以門徒成為社會的嘉惠者為焦點。成為嘉惠者的部分，勢必導致福音的擴展。保羅的故事意義深重：嘉惠是宣教的管道！

生病的摘要記錄：衝突中的國度

另一個解讀醫治病人的角度，是藉著路加—使徒行傳的摘要來觀察情況，然後用它們作為了解宏觀信息的詮釋工具。許多現代信徒將醫治視為，吸引人進入上帝國度的最佳管道；但與其相反，路加為病人得醫治提供相當混合的評估。十分重要地，在路加—使徒行傳中，病人得醫治的記載，大多數以摘要的形式出現。

第一個重要的摘要，出現於路加福音七章 18 至 35 節。耶穌在路加福音七章 21 至 22 節，使用祂醫治病人的事實，向約翰顯示上帝的國度。首先出現的敍述者（路七 21），和隨後出現的耶穌（七 22），兩者對於醫治的雙重描述，清楚流露出這種醫治是上帝國度之記號的重要性。然而，路加的用意超越病人的醫治，進而顯示兩個國度之間的對立。第一個國度以約翰和耶穌為代表，第二個國度則以宗教領袖為代表（七 30）。路加的敍述者在路加福音 29 至 30 節那中斷耶穌演講（七 24～35）的筆法，相當生動。作者在這兩節經文中加插附註，自有其理由。因為路加福音七章 29 節和路加福音七章 30 節之間的對照，明顯地流露出兩個國度的現實。

在第一個國度中，有令人驚訝的稅吏和眾百姓（路七 29）；根據路加，這些人都受了約翰的洗禮（參三 12～13）。可見，這些人被包含在上帝的國度中，並不因宗教傳統，而是因他們結出與悔改相稱的果子（參三 8）。換言之，路加的主要觀點並不在談論醫治，而是使用醫治來帶出其他主題。若與國度中那已改變的生命相比，醫治顯然較不重要。醫治不過是表現國度的多種方法之一罷了。根據路加，它甚至不是常常引人進入信仰的方法。在某種方式下，這些醫治所導致的信心，成為人是否進入上帝國度的分界點。醫治不但導致接受，也產生拒絕的結果。醫治病人和國度的模式，在路加福音九章1節和十章9與17節中，繼續傳給門徒；到一個地步，甚至在路加福音九章7至9節中的希律安提帕，都聽見所發生的一切事。

那些有關耶穌將醫治能力傳給門徒的故事，也展現出國度之間的區分和接受者與拒絕者之間的區分的概念（路九4～6，十6～7、10～11）。醫治的故事不是結束，它們也不是路加記錄這些故事的主要強調。路加並未教導他所有的讀者，都出去醫治他人。相反地，它們是路加用來教導區分國度的管道。

解讀使徒行傳醫治病人的記載時，耶穌和門徒之間的相似，躍然呈現。第一，使徒行傳八章7節的腓利，醫治了許多人，其中包含癱子和瘸子。這些是耶穌在地上時，必會醫治的同樣一批人。如今醫治的能力傳到腓利身上。這種能力並非沒有問題，因為它導致西門這位巫師的異教式的詮釋。西門是如此驚訝，以致他最後想要獲得使徒的超自然能力。這項觀察為我們展現這種摘要的第二項特徵：醫治帶出國度的衝突。除非與特別的倫理教訓有關，路加福音的主要寫作傾向，明顯是摘要耶穌醫治病人的記載。同樣的傾向，也出現於使徒行傳中（徒五15，六8，十四3，十九11～12）。

有時候，瘋狂的人行使近乎迷信的舉動（例如，徒五15），另有一些時候，醫治只以暗示的方式出現。例如，路加在使徒行傳六章8節，顯示司提反行神蹟和大奇事。他並沒有特別指明司提反醫治病人，但他行神蹟和奇事的對象，應該同時包含生病的、被鬼附的和殘障的人。在使徒行傳九章36至41節，生病的女門徒大比大死了，彼得使她從死裏復活。這個事件將繼續在討論死亡的段落中，被更進一步觀察。幾乎在每一個案例中，我們都可以看見衝突在事前或事後產生，因此它區分了那些在上帝國度和不在上帝國度中的人。

路加福音十二章49至53節，是摘要這些醫治事件的功能的最佳方式。它們代表耶穌國度所具有的區分本質。更確切地說，醫治不過是帶出這項教導的管道而已！

詮釋角度的教導

在路加—使徒行傳的前言中，作者和讀者之間存在著一種關係的改變（relational transformation）。舉例來說，耶穌和被醫治者之間，的確有關係的改變。在耶穌當時的社會中，生病的並不受歡迎。然而經由醫治，耶穌不僅和他們接觸，耶穌也容許他們擁有再度返回社會的全新生活。使徒之間的工作也是一樣。如此說來，在教會往羅馬前進時，耶穌的職事成了教會的使命。當使徒行傳的結尾得到明確焦點時，醫治的事件愈來愈少出現。取而代之的是福音的宣講和宣告。

當我們將路加福音和使徒行傳一併解讀時，我們必須將所選的醫治故事，視為帶有教導用意的個別故事。換言之，每個醫治都教導一個不同的功課。大部分的集體摘要，都為讀者帶出一個單獨的教導，即耶穌的職事現在已經完全傳給那些在教會中事奉祂的人。如此，教會成了耶穌的工作的寫照。醫治故事的教導，「不僅」是出去舉行一些醫治大會。它的教導超越這個狹隘的觀察。更確切地說，當教會以自己正常的生命走進世界時，她應該無時無刻地事奉，並且成為自己社會的主要嘉惠者。如果社會需要醫治，她就應該醫治。如果有其他更有效和有益的嘗試，她也應該同時進行。這一切都因福音和基督的名而行。

在有關病人得醫治的故事上，路加的敍事藝術相當凸顯。既然在福音書中，醫治的能力已經傳遞進入十二位門徒和七十(二)位門徒的工作中；路加無疑想要表達那預言：耶穌的工作必要傳給教會。然而，更重要的是所有這些記錄的國度情境。這些工作的出現，不只是為了彰顯國度的能力。尤有甚者，他們以一個重要的教導，向觀察者發出挑戰。沒有一個人可以在看見這些故事和事件之後，生命依然毫無改變！國度沒有中立的觀察者！

就社會層面來說，醫治病人不僅幫助被拒的人重返社會，它還有許多其他的功能。它顯示禮儀界限被打破。一般來說，病人都和某種程度的不潔淨有關。藉著醫治病人，耶穌和門徒雙雙表現出，他們超越禮儀的特性。他們不但不受不潔淨的影響，並且將潔淨帶給生病的人。根據提阿非羅的社會，帝國制度應許富有的人，得到更多的醫療照顧。但基督教卻以與其相反的方向服事眾人。基督教的信仰以那些無法負擔昂貴醫療費用的窮人為焦點。可見，教會不僅服事富人，並且服事窮人。教會服事每一個人，因為她沒有階級的區分！

瘸腿的

殘障：屬靈的光景

如果作者路加是一個傳統的醫生，他一定強烈地意識到，殘障對古代讀者的意義。尤有甚者，既然身體的外貌常被視為和某種個人特質，有相當程度的關連；因此，相面學(physiognomy)

的研究也相當重要。可見，人的內在和外在不被視為兩個獨立的實體，而是一個單一的整體。除了我關於啟示錄的近作之外，[3] 其他研究也涉及希羅世界相面學的觀察。哈索克（Chad Hartsock）在他的著作《路加—使徒行傳中的視力與失明》（*Sight and Blindness in Luke-Acts*）中，[4] 便將古代世界的相面學模式，分為三種類型：種族類別、動物象徵（例如，獅子代表男性特徵）和身體特徵。雖然啟示錄中的耶穌，可以被歸屬於動物象徵和身體特徵的模式類型；但路加—使徒行傳卻單純使用身體特徵，來作為溝通的主要管道。儘管我們不應該寓意化（allegorize）路加—使徒行傳中的身體特徵，但我們還是可以從相面學的象徵世界（symbolic world of physiognomy）的角度，來擷取耶穌的醫治所蘊含的更寬廣意義。

根據屬靈光景的角度，路加在下文的三個例子中，使用相面學的解讀模式。

第一個殘障的案例十分奇特，因為它是我所謂的「醫治的反面」（healing in reverse）。一個正常和健康的人，如今竟然成為一個具有殘障的人。在路加福音一章 22 節的撒迦利亞，成了一個啞巴。從人的情況來看，這種光景似乎無法扭轉。至少對撒迦利亞本身而言，成為啞巴是天使的預言實際正確的記號。當預言應驗時，醫治即刻發生。如此說來，這個故事是關於殘障只發生一段時間的特殊案例。雖然路加沒有像路加福音二章 12 節的降生敘事一樣，使用「記號」一字來描述撒迦利亞的光景，但這個殘障的發生的確具有記號的功能。有時候，有些事情在預言應驗之前發生，為要顯示預言的確實性。例如，對馬利亞來說，路加福音一章 36 至 37 節伊利莎白的懷孕，顯然就是一種記號，為要顯示耶穌降生的確實性。同樣地，撒迦利亞的啞口不能說話，向他顯示天使的宣告必要發生。整個醫治的過程，取決於預言的應驗。

尤有甚者，除了成為一個記號的功能之外，撒迦利亞的啞口不能說話，也帶出了信心的教導。更確切地說，人外在的情況，常常成為人內在的光景的寫照。當撒迦利亞拒絕相信並且不願意宣告天使的信息時，他成為一個啞巴。因此他的先知職分暫時被挪去，以使他在不需開口再說一些無益之言的情況下，可以「看見」預言的應驗。在此，相面學的諷刺意味相當強烈。換言之，如果一個具有先知責任的祭司人員，拒絕相信並且不願意說預言；他可以站在一旁無助地觀看。更何況彌賽亞的預言絕對不會因為某個人的拒絕相信和不願意宣告而無法應驗。

在路加—使徒行傳中，有許多這類暫時殘障的案例。我想最著名的，當屬保羅的信主。使徒行傳九章9節描述，在前往大馬士革逼迫基督徒的路上，遇見大光並且聽見聲音的保羅，暫時成為一個無法看見的瞎子。後來，主向亞拿尼亞預言，保羅將為祂的名受苦。保羅的眼瞎只持續了三天。在第三天的末了，亞拿尼亞為保羅按手，保羅就能看見了（徒九17）。保羅幾乎立即成為受逼迫者（九29～30）。如果不是亞拿尼亞那雙具有醫治能力的手，保羅暫時的殘障，有可能變成永久的。然而，如果我們解讀使徒行傳中的按手，我們可以看見那超越醫治層面的更深層意義。例如，撒馬利亞人的敍事顯示，猶太使徒、耶路撒冷教會和撒馬利亞人之間的團結。約翰的門徒的光景，標誌了從舊到新的改變（十九6）。同樣地，主傳給亞拿尼亞的信息的根本內容，和亞拿尼亞傳給保羅的信息，為這個醫治賦予了集體的意義。更確切地說，保羅被醫治的事件，不僅顯示身體得著醫治的發生，更展現從逼迫者到受逼迫者的地位改變（九15～17）。醫治因此成為內在光景的記號，而內在光景則藉著將要發生的外在情況來表達。這個外在情況包括保羅的眼睛和保羅將遭受當時猶太人的逼迫。

最後一個值得觀察的案例，是使徒行傳十三章的以呂馬或巴．耶穌的暫時殘障。這是一個關於反對保羅第一次向一個帝國官員傳福音的簡單故事。以呂馬的宗教顯然是他自己的猶太信仰和異教的融合（syncretism）。因為個人遭到威脅，以呂馬積極地反對保羅。因此保羅以眼瞎反擊他。整個故事充滿與視力有關的字彙。舉例來說，使徒行傳十三章 9 節描述，保羅「定睛」（ἀτενίσας）看以呂馬。而以呂馬則在使徒行傳十三章 11 節，眼睛立時昏蒙黑暗。隨後，士求．保羅「看見」（ἰδὼν）所發生的事，就信了（徒十三 12）。保羅的看見與聖靈充滿有關，而士求．保羅的看見，則與相信保羅的教導有關。顯然，使徒行傳十三章有關視力的字彙，象徵超越肉眼視力的意義。換言之，這個故事中的眼瞎，反映了屬靈的盲目。保羅在此的神蹟嘲諷了那對真理如此盲目的異教。惟獨那些擁有聖靈，並且接受使徒教訓的人，才有完全的視力！

在上述所有的案例中，殘障被加在某些人物身上，為要顯示其屬靈殘障（spiritual disability）的嚴重性。比在生活中能夠正常運作的能力更重要的是認識基督的能力。路加對這些案例的使用，再度顯示他對天使、先知或使徒所行之偉大神蹟的屬靈關切。

殘障：社會疏離

另一個更為人普遍了解的殘障角色，是局外人的角色。殘障具有宗教涵義，因為利未記二十一章 17 至 23 節，對殘障有多種不同的詮釋。在神聖的地區，殘障被視為不潔的因素。例如，甚至連昆蘭這些不固定參加會堂或聖殿的居民，都對這個議題相當關切（例如，CD XV 15～17；IQSa II 3～9；IQM VII 4.6等），部分乃因會眾被視為有天使同在的敬拜羣體（例如，IIQ II IV 4～8a）。[5] 在前文關於耶穌的部分中，我已經仔細討論過局外人的角色。因此，我不再重複先前的討論，我只在此進行一些簡要的觀察。就局外人的身分而言，耶穌職事初期的癱子（路五17～26），是使徒行傳三章的瘸腿者的最佳比較。另一個值得思考的人物，是路加福音十三章10至17節的駝背婦人。她是一個極其重要的案例研究，因為這個故事在路加的解讀中，具有多重的涵義。

駝背婦人的案例值得路加記錄，因為她相當獨特。她的獨特在於她不僅有不治的殘障，並且被邪靈附著。換言之，她的疾病不僅和肉身的情況相連，並且和其他非肉身的議題有關。在故事中，這個婦人代表疏離的終極形式。在以色列的律法中，她是一個不可進入聖殿內的人。她不在潔淨的光景中，因為她時常被魔鬼所壓制（路十三16）。有關這個婦人是亞伯拉罕的後裔，對照她先前被邪靈附著的光景的討論，無疑顯示出撒但盡全力使人無法享受上帝與亞伯拉罕之約的真實爭戰。她彎腰曲背以致無法享受社會中的正常生活，遑論上帝所有的祝福。她的故事曾如格林（Joel Green）所指的，具有終末的特徵。[6] 她的確成為路加筆下，那引人生趣和深具意義的故事。

在路加福音十三章12節，主動開始神蹟的是耶穌，因為婦人並沒有要求耶穌醫治她。她只是剛好出現在那個地方（即恰好那個時候在那個地方）。耶穌採取主動的觀察，實具深長的意義。許多人傾向以被醫治者的信心為焦點，他們忽略了上帝的主動。另一些從神學角度解讀故事的人，傾向將醫治視為上帝的主權。事實上，這也是上帝的主權！然而，我選擇偏向以社會的角度，來解讀這個故事。路加顯示耶穌在婦人沒有要求祂醫治的情況下，主動向婦人伸出醫治的手，為要展現耶穌是基督教倫理角色的典範。耶穌的行動，也嚴肅地向猶太人的宗教制度發出挑戰。藉著是項行動，耶穌的工作超越了律法專有的功能。可見，這個故事具有終末和社會的雙重特性。耶穌向教會彰顯教會當有的職事：接觸那些剛好在那裏的人羣！教會的社會工作也反過來藉著基督，展現上帝的終末工作。這無疑發生在使徒行傳三章彼得和約翰的身上，他們剛好遇見這個瘸腿的人，並且將他帶回上帝的羊圈中。

耶穌關心的範圍，也值得我們注意；因為它為教會倫理，帶出相當重要的教訓。耶穌似乎刻意地行使這項神蹟，因為當時剛好是安息日。再次地，如果我們從社會的角度來解讀這個故事，我們將看見安息日是被殖民化的猶太人的宗教和社會身分。對設立者而言，宗教的循環是他們的權力象徵。[7]一週的定義，乃是以宗教的循環為基礎。無怪乎宗教日期和日曆的訂立，導致昆蘭羣體和耶路撒冷的決裂。當日曆被改變時，人們感覺極其不安甚或憤怒，因為日期的設立具有象徵的意義。一世紀的人認為一年有三百六十四天，這普遍觀點根源於三百六十四天剛好是五十二週的事實。這種傳統早在兩約之間的時期已經存在，或許還有可能更早一些。日曆所定的日子總數，顯示以安息日分隔時間的重要性；可見社會—宗教制度，實際掌控著整個禮拜勞動力的工作量來分配。甚至在散居各地的生活中，安息日是他們不論是否在聖殿，都可以遵守的傳統。這個案例剛好發生在會堂中，在那裏每個猶太人為到這個具有宗教和社會意味的安息日而聚集，好記念自己的身分。如此說來，耶穌的行動超越宗教層面，並且進入巴勒斯坦社會領袖的權力政治領域中。耶穌選擇這個時刻，來提醒以色列人，他們所具有的真實身分。

耶穌將婦人和牛或驢相互比較，但在路加福音十三章 15 至 16 節，祂強調她的地位是亞伯拉罕的後裔。以色列人是否會為了拯救牛或驢，而打破傳統呢？答案肯定是正面的。因此，為甚麼不用安息日來拯救以色列的女兒呢？從女性主義者（feminist）的角度來看，塞姆（Turid Karlsen Seim）提出一項優質的觀察：一般而言，「亞伯拉罕的兒子」應該是上帝向以色列的應許的焦點；但在這個案例中，亞伯拉罕的女兒成為耶穌的主要焦點，因此導致一種針對以色列社會規範的革命。[8] 亞伯拉罕的兒子原來有能力藉著割禮，來肯定他們立約的角色。身為一個婦人，她沒有這種機會，因為她無法在肉身上經歷割禮的肯定。然而，她不但被賦予作為上帝子民的正式成員的身分，她更成為教材來教導重要的屬靈真理。

有關傳統的討論，和被稱為亞伯拉罕後裔的涵義，雙雙流露出生動的意味；雖然將安息日當作禮儀，是大多數註釋者秉持的看法，但耶穌並未僅將安息日，當作一個禮儀來討論。正如路加福音十三章 14 節的會堂主管，他以耶穌醫治女人的時間為焦點。既然路加福音十三章 17 節的「與他為敵的人」（οἱ ἀντικείμενοι）屬複數型態，我認為這個來自單獨個人的單一說詞，實際代表其他固守傳統的在場人士的集體觀點。更確切地說，雖然這個故事關乎所有的禮儀，但我相信許多詮釋者沒有深入了解，耶穌在路加福音十三章 15 至 16 節的話語；因為祂的話語，充滿多層面的定罪。在超越禮儀的層面上，耶穌比較人和人之間的價值；甚至人在最低點的時候（即被邪靈附著的駝背婦人），他們都比物品更有價值，因為牛和驢不過是用以承擔重物，來幫助家庭財務的動物。可見，教會不僅應該超越傳統，更應該超越物質資源，來關心軟弱和被疏離的人羣。這個非常重要的婦人，代表耶穌一方面對傳統主義，另一方面對物質主義的定罪。無怪乎，耶穌的敵人在路加福音十三章 17 節被大大羞辱，因為這個婦人也是亞伯拉罕的後裔！

詮釋角度的教導

我將討論從生病的轉入瘸腿的，因為從某方面來説，除非生病的死亡，否則殘障對人比較有長期的影響。顯然，它是一生之久的掙扎。路加顯示他對殘障的濃厚興趣。從前言中地位改變的觀點來看，有關殘障的故事也包含某種的地位改變。在懲罰性的殘障事件中，遭遇殘障的人顯示他處於最低點的光景，直到主讓他再度恢復健康。這類懲罰通常和沒有嚴肅看待上帝在基督裏的旨意有關。尤其重要的是保羅的地位改變，因為是項改變在使徒行傳的結語中，成為保羅直到地極的宣教的基礎。一般來説，在路加的社會中，殘障是一個嚴重的地位問題。殘障者無疑具有局外人的地位。藉著醫治殘障者，耶穌和使徒將他們再度帶回社會裏。在一些例子中，他們甚至被提升到社會高度受敬重的地位，就像這位被稱為「亞伯拉罕的後裔」的婦人。

在路加的敍事藝術中，路加不僅刻劃被疏離的瘸腿者，並且展現這些人所生活的社會。尤其令人震驚的是安息日的爭議。宗教權威麻木不仁的態度，生動地流露出宗教已經成為形成疏離社會，而非醫治社會的動力。

根據路加的社會景況，殘障者的刻劃顯示，殘障是一種社會死亡。因為殘障者身處在社會之外。沒有一個地方，願意接納他們成為有用的成員。他們無法服務社會，因此他們像社會的寄生蟲一樣無望地度日。在非基督教的文獻中，殘障者也鮮少被視為社會的正常成員。路加的強調，顯然為當時的社會價值帶出強烈的反照。

死人的

死人的：路加福音

路加福音七章11至17節的死者，在路加福音扮演意義深長的角色。這個神蹟相當重要，它超越復蘇（resuscitation）的層面。我和許多學者一樣，區分復蘇和耶穌復活之間的不同。復蘇是使人從死裏復活，但這個人至終還是會死。換言之，復蘇是藉著使人從死裏復活，延遲其在地上死亡的時間。而復活則是發生在耶穌身上的神蹟，祂以榮耀的身體顯現，並且永遠不會再死。這段討論以地上正常的人類的復蘇為焦點，但它蘊含了永恆的復活。路加福音七章12至13節非常重要，因為這些經文強烈暗示，耶穌行使這個神蹟的真正目的。

路加福音七章12節，描述這個死了兒子的母親，是一個寡婦。在她早年喪夫的景況中，她的獨生子又死了。在羅馬的制度中，掌管家業的一家之主，是至近的男性成人。路加刻意提及她的寡婦地位，乃為強調這種羅馬制度的現實。可見，她的家業將要缺乏至近親屬的妥善管理。這正是耶穌向她施展憐憫之心的原因。耶穌展現自己對社會的深切了解。寡婦的苦境的確極大。如此說來，叫她不要哭泣的鼓勵，或許不是耶穌安慰她的惟一方式；因為耶穌將要在感情上和法律上，把她從苦境中拯救出來。眾人從耶穌的身上看見，上帝是祂的子民的幫助者。耶穌的幫助代表著，上帝對寡婦和其他被壓迫羣體之苦境的關切心腸。這個神蹟也更進一步地導致，施洗約翰提出耶穌是誰的問題。祂是否就是要清楚顯明上帝道路的那一位？

路加福音八章 40 至 56 節，也記載另一個類似的故事。這次死去的孩子，是會堂主管睚魯的獨生女。這個故事以另一種方式，顯明它的重要性。在耶穌前往探望這個女孩時，耶穌受到了拖延。當耶穌醫好患血漏病的婦人時，這個女孩已經死了（路八 49）。耶穌聽到的信息是：「不必再勞動老師了。」對睚魯的家庭來說，耶穌不過是一個老師。因此這個神蹟直接回答了，上一個神蹟所提出的問題。耶穌是否就是那一位？耶穌使女兒復蘇之後，接著囑咐她的父母，不要把這事告訴別人。為何如此呢？因為他們明明知道，她已經死了（八 53）。她活生生的生命，已經是足夠的明證。換言之，耶穌的工作成為藉神蹟而非藉話語來展現的信息，好使耶穌向約翰的懷疑作出肯定：祂就是那一位要來的。可見，先前醫治的社會景況，指向此處的神學真理。在路加福音中，更偉大的真理，可見於耶穌自己的復活；祂的復活確切地證明耶穌至高無上的地位。路加福音七至八章有關復蘇的一對故事，清楚顯示這種神蹟的重要性。無疑地，路加想要強調耶穌的能力。更重要地，這兩個神蹟都發生在家庭中，因此它們凸顯了耶穌關乎家庭的職事的重要性！[9]

死人的：使徒行傳

無怪乎使徒行傳從頭到尾，都在宣講復活的主題。耶穌在（我們所知的）兩個情況中，首先使人從死裏復蘇，然後祂自己的復活隨之出現。使徒行傳九章 36 至 41 節記載，彼得行了一些和耶穌十分相似的事情。使徒行傳九章 39 至 40 節，就像路加福音八章 57 節一樣，彼得首先叫所有哭號的人離開房間。然後，他禱告並且命令大比大起來。如同路加福音八章的耶穌一樣，彼得也伸手扶她起來。既然我們在婦女的部分，沒有太多有關大比大的討論，我們可以在此多多觀察，路加記載她從死裏復蘇的用意。在使徒行傳中，大比大是惟一被稱為門徒的婦人。這是相當令人好奇的筆法，因為根據事實，當時有許多婦人跟隨耶穌。為甚麼路加單單選擇她呢？

首先，從先前的討論，我們知道耶穌無疑有路加福音八章 1 至 3 節所典範的女性門徒跟隨祂。然而，這個有關門徒身分的陳述，不單是為了說明門徒身分的事實。它誠然沒有否認其他女性的門徒身分，雖然這些出現在其他經文中的女性，並沒有被稱為門徒。因此，採取負面的角度來詮釋路加的婦女門徒觀，未免成為一種簡化論（reductionistic）的觀點。顯然，路加在路加福音八章 1 至 3 節，已經將婦女放在門徒的情境中；但他還是等到使徒行傳九章 36 節時，才稱大比大為門徒。另外，路加時常使用某種格式，來介紹一些新人物的特徵；迪克森（Patrick L. Dickerson）將其稱為「新人物敘事」（例如，路五；徒九 33，十 1～2 等）。[10] 如此說來，藉著介紹她的門徒身分，路加使大比大成為門徒之樣式的典範。她擁有路加福音八章 1 至 3 節的婦女的特徵，因為她是教會樂善好施之職事的贊助人。

被稱為門徒並且被刻劃為樂善好施，大比大成為其他也選擇如此行的每位門徒的代表，其中包含男性和女性。這個神蹟的重要性，因它是使徒行傳第一個使死人復蘇之神蹟而益發凸顯。而它也正巧發生在惟一被稱為門徒的婦人身上。雖然只是短短幾節經文，路加顯然授予她至高的尊榮。現在她已經死了，她必須被拯救復蘇。有些人可能具有，想要以清洗她的屍體為焦點的衝動。或許人已經預備好要把她做成木乃伊了。屍體的清洗只是證明，她確實死了。那麼，究竟這個故事的功能是甚麼？我相信它具有展現義人必復活的功能。這個神蹟成為未來義人必要復活的記號。使人復甦的故事因此不在於表達：「看看這個神蹟是多麼偉大！」相反地，它是教會所宣講的福音的預言明證，因為復活是福音的一部分。如果復活對門徒這羣宣講羣體是可能的，那麼未來對那些相信的人，不是具有更大的盼望嗎？

使徒行傳二十章 7 至 12 節，也記載保羅使人復甦的神蹟。雖然猶推古已經死了，但保羅像耶穌一樣（路八 52），告訴旁人猶推古仍然活著。路加藉著大比大和猶推古這兩個死裏復甦的神蹟來顯示，它們好像是耶穌在路加福音八章所行的神蹟的翻版。更確切地說，耶穌的工作現在從使徒的工作中流露出來。

從這一對重要的死裏復甦的故事，路加分別展現這些英雄使徒，如何分別地在能力上與耶穌相似。彼得和保羅共同彰顯不尋常的復活能力，這種能力至終指向復活的基督。

詮釋角度的教導

在前言中我們看見，寡婦的兒子從死裏復甦的神蹟所導致的地位改變。藉著幫助寡婦脫離她的困境，耶穌使她脫離成為孤獨寡婦的地位。若沒有耶穌，她的地位將十分悲慘。彼得和保羅使死人復甦的神蹟，各自地推動了前往羅馬的宣教。就彼得使死人復甦的神蹟來看，他不但可以面對死人的身體，更可以和使徒行傳十章的外邦人互動。他和死人身體的接觸，象徵了界限的突破；這個突破將在他接觸外邦人的宣教時發生。至終，保羅將承接那個宣教的火炬。

當我們將使徒彼得和保羅，跟耶穌的神蹟作比較時，路加─使徒行傳的綜合，為我們帶出一些引人注意的結果。他們兩人的神蹟，都像耶穌的第二個神蹟；因為第二個神蹟回答了那些無法肯定耶穌是否就是那一位（Jesus is the One）的懷疑者。使徒行傳中使死人復蘇的神蹟，指向耶穌仍然是那一位的事實。現在使徒將繼續證實和肯定，祂就是那一位。

大比大從死裏復蘇這個最極端的案例，的確和耶穌使睚魯的女兒從死裏復蘇的神蹟十分相似。耶穌在使睚魯的女兒從死裏復蘇時，展現以利亞和以利沙的能力；而這個能力不但傳給彼得，並且繼續傳給保羅。那思考施洗約翰、耶穌、彼得和保羅是否新以利亞的問題，並不是最重要的。更重要的是，將以利亞的能力視為上帝的能力，並且如今已經首先展現在施洗約翰，其次在耶穌，然後在彼得，並且最後在保羅身上。新的先知就是使徒們！可見，路加的信息不單包含社會性的，並且包含神學性的層面。他確定上帝的能力，已經從基督傳給教會。能力的轉移證實宣講中的一件事：義人的復活是一項事實。使人復蘇的神蹟無疑顯示，所有耶穌門徒的未來盼望。

路加的敍事巧筆，一方面再度展現這些神蹟各自的重要性，另一方面流露這些神蹟和上下文其他部分之間的關係。舉例來說，猶推古的復蘇和保羅的擘餅有關，甚或是擘餅的間斷。這項觀察相當重要，因為擘餅是十字架和復活所帶來之盼望的提醒。猶推古從死裏復蘇的神蹟，容許保羅展現復活的能力。它的間斷彰顯復活的能力所能行使的大事。保羅最後因為宣講那復活的耶穌而遭逮捕。猶推古的死裏復蘇清楚展現，為何甚至在諸多的逼迫之後，保羅依然對福音具有如此的熱誠！

從路加—使徒行傳的總綱情節來看，耶穌無疑是第一位擁有永恆復活盼望的人，因為祂自己宣告了無數的預言（例如，路九 22、44，十八 31～33）。祂成為第一個有盼望的人，可見還有許多人要跟隨祂。使人復蘇的神蹟指向一項永恆的事實。然而，在耶穌的受死和復活之前，祂行使了在地上使死人復蘇的神蹟。這類神蹟是將要發生之事的微型版本。這是一種以基督為中心的終末論（Christocentric eschatology）。耶穌對生和死的掌控，並不在祂復活的時刻才清楚展現；實際上，每一個使死人復蘇的神蹟，都流露著耶穌對生死的終極掌控。這些神蹟提醒讀者，不要忘記「基督對生死握有完全掌控」這個重要真理。重複出現的死人復蘇神蹟，合乎邏輯地辯證：如果耶穌首先藉著祂的跟隨者所行使的死人復蘇神蹟，來預言復活的事實；那麼相同的事情，不是更會發生在祂的僕人身上嗎？如此說來，繼續行使死人復蘇的神蹟的門徒，不但一成不變地仿效耶穌，並且指向他們和凡加入教會之人的未來復活。

從社會的角度來看，使死人復蘇的神蹟在禮儀上，實際備受質疑。因為在猶太教的禮儀制度中，除非一個人願意被玷污，否則他不應該與死者有任何接觸。然而，如果死者復蘇，神蹟就沒有玷污的迹象。死者也因此從不潔淨的對象，轉變成一個超自然能力的活生生見證。根據外邦的宗教，管理生殖的神明通常都有復活的循環。基督教以真實人物的神蹟，證明它的優越性。這些神蹟攻擊異教的神話，而這些神話都是提阿非羅所熟悉的。另外，在家庭題旨的平行上，耶穌使死人復蘇的神蹟，也展現了家庭對耶穌的重要性。祂關切家庭，尤其是面臨危機的家庭。因此，祂的教會也應當關切家庭。藉著使死人復蘇，耶穌恢復了家庭的健全福祉。教會無疑也當對家庭方面的職事多加注意！

婦女

在所有的福音書中，路加—使徒行傳所包含的婦女故事不但獨占鰲頭，並且遠超蘊含大量婦女人物的約翰福音。最重要的近代研究之一當屬勒溫(Amy-Jill Levine)和布利肯史塔夫(Marianne Blickenstaff)所編輯的《路加福音的女性主義手冊》(*A Feminist Companion to Luke*)，此書包含許多以婦女主題為焦點的作者。[11] 此書的研究極具價值，因為並非每一位作者都符合女性主義甚或婦女的模式，而作者也使用寬廣多變的角度，來帶出大異其趣的結果。對於任何一個想要透徹了解路加寫作的讀者來說，路加的婦女是深具價值和不可或缺的主題。甚至如果我們將包含較少婦女資料的使徒行傳拿走，路加福音還是比其他任何一卷福音書，具有更多關於婦女的討論。[12]

此外，單從統計來看，婦女對路加也極其重要。路加的寫作風格常將婦女和男人並行配對。毫無疑問地，路加將婦女視為平等和合法的福音見證人。他也以一種特別的方式顯示一種身分轉移，婦女從她們一般的社會角色，變成耶穌和教會事工之重要人物。雖然從次要的觀點來看，路加有可能被控訴，他的婦女觀不及現代對於婦女的尊重；但在他的時代裏，他對婦女的看法應當是最先進的。同時，他還是必須符合他的社會，以發揮他的功能。[13] 在路加的社會中，婦女已經主動參與宗教(Livy *History of Rome* 26.9.7～8)。[14] 婦女卑微的角色和高升的角色之間的張力變化，應該完全歸功於基督教為一世紀社會所帶來的巨大改變。

婦女門徒團體：贊助人和見證人

路加將婦女視為一個團體的描繪方式，佳美地展現婦女身為贊助人和見證人的角色。這兩個層面，將依次成為本段討論的焦點。有否想過，耶穌和祂的門徒如何可以四處遊走並且教導眾人？福音書鮮少提及他們的職業(即木匠、漁夫)，就好像謀生對於耶穌和祂的門徒，一點也不重要。然而，路加為我們提供清楚的答案。跟隨耶穌的富有婦女，是財務支援團隊的一部分；她們的幫助，使耶穌和祂的教會能夠擴展宣教。

雖然當時的婦女，不如今日的婦女擁有許多法律權利；但她們還是有一些方法，可以運用她們男性伴侶的財務資源。路加的記載顯示，許多富有的婦女試圖使用她們所擁有的，來服事基督的國度。路加福音十章38至42節馬大和馬利亞的家庭，無疑代表一些這類的贊助人。[15] 將耶穌接入家中，實際遠超煮一頓簡單的餐食，其中必須具有更多的樂善好施。最清楚的陳述，仍屬路加福音八章1至3節。那成為路加敘事之一部分的婦女名單似乎是微不足道的，但如果我們在上下文中仔細解讀，它就一點也不微不足道了。這些婦女和十二門徒在路加福音八章1節同時出現，這事實生動流露她們的重要性。

德博爾（Esther A. De Boer）建議，路加福音八章1至3節並未處理性別的議題，但「婦女們」明顯被挑選出來。[16] 因此我們無法避免性別的關連。塞姆更進一步地指出，在路加福音八章1至3節，有關婦女的資料遠遠超過十二門徒的。[17] 在路加福音七章36至50節有罪的女人膏抹耶穌的上文之後，八章1至3節這短短的說明，一定具有極大的價值。更確切地說，路加福音七章的故事清楚陳述，有罪的女人的行動是一種信心的表現。有關她的角色的討論，將於後文出現。就目前而言，她和路加福音八章1至3節中的婦女一樣，都是路加所使用的例子。在這個短短的說明中，路加所提及的名字，具有傳遞路加的信息的重要功能。抹大拉的馬利亞仍然保持重要見證人的身分，因為路加福音八章2節明說，曾有七個鬼從她身上趕出來。

根據我們先前有關趕鬼的討論，抹大拉的馬利亞是耶穌的能力勝過撒但的活生生見證人。有關她的簡短描述，帶出了貫穿路加—使徒行傳的重要趕鬼題旨（即撒但的死亡）。趕鬼的題旨特別可見於路加福音十三章10至17節，和使徒行傳十六章18節等。

雖然在路加的社會中，婦女還是繼續遵從她們的傳統角色，但這些婦女在家庭之外的角色，顯示出在基督教中的一種轉移；這種改變不但來自這些服事耶穌的婦女，並且可能來自願意包容她們的富有信徒丈夫。她們跟隨一個不是自己丈夫的男性領袖四處遊走。這是一種十分具革命性的行動。路加福音八章3節的約亞拿，被稱為古撒的妻子；古撒是希律安提帕的管家，可見約亞拿在帝國的羣體中，具有雄厚的背景。包衡（Richard Bauckham）廣泛的研究顯示，許多碑文中的古撒，是一個納巴坦（Nabatean；耶穌時代的阿拉伯王國）的名字。[18] 希律和納巴坦王國之間的政治合作，也適切那個時期的政治走向。甚至連希律安提帕的祖父，都是納巴坦人。[19]

尤有甚者，希律安提帕曾經一度和國王阿維達（Areta）四世的一個納巴坦公主結婚。身為一個納巴坦人，古撒應該是一個改依猶太教的外邦人，因此才可以和猶太女子約亞拿結婚。可見，耶穌的運動已經深入地滲透到帝國的羣體中。古撒現在可能已經是一個相信耶穌的信徒，因此他可以容忍，時常不在家的妻子跟隨著耶穌。她們和放棄家庭以跟隨耶穌的十二門徒，實際不相上下（參路五11，十八28～29）。她們贏得了成為門徒之完美角色的榜樣的權利。最有可能的是，古撒家中的許多家務事都由女僕來操勞，因為古撒也是一個富有的人。在路加福音十三章31至32節，具有重要角色的希律安提帕，雖然身為耶穌的對手，卻仍然無法阻止耶穌運用他自己的人約亞拿所賺取的資源。

家庭的討論，在帝國和以男人為中心的社會中十分重要。身為妻子的約亞拿，對於她的丈夫具有忠誠的責任。而身為一個和帝國有關之家庭的成員，約亞拿也必須忠於皇帝。當時的皇帝有時被羅馬人視為羅馬帝國象徵性的一家之主。她的雙重忠誠，是當時社會要求的一部分。然而，這兩種忠誠都在約亞拿對上帝國度的忠誠之下，顯得黯淡無光。路加顯示約亞拿在帝國家庭中的妻子地位，並非為了攻擊以男人為中心和帝國的慣例，而是為了展現上帝國度的優先。同時，耶穌的國度也可以自在和悄悄地存在於人的國度之中。抹大拉馬利亞和約亞拿這兩位婦女，綜合顯示耶穌和撒但的爭戰，以及耶穌對於帝國制度的滲透。在使徒行傳中，教會也必然承擔這些工作。

蘇撒拿沒有得到任何描述，但她總結了名單的結尾。為何如此呢？因為她已在路加的羣體中為人所知。更重要地，為了文學的解讀，路加福音八章 3 節的名單結尾有「蘇撒拿和許多別的婦女（ἕτεραι πολλαι）」；路加的筆法暗示，這些婦女不僅超越歷史的功能，她們更象徵了所有耶穌國度富有的婦女跟隨者。還有許多像她們一樣的婦女跟隨者，她們曾經是耶穌醫治和趕鬼的接受者。他們現在報答耶穌。路加在此展現，這些婦女正確地跟隨希羅贊助人制度的價值觀：耶穌是施惠者，而她們則是心甘樂意的貢獻者。感恩是羅馬社會所期待的。然而，這些婦女並非以羅馬的公民，而是以上帝國度的公民，活出好公民的生命。阿蘭森（James M. Arlandson）在他一項關於婦女的碑文研究中顯示，婦女從公元一至三世紀，在公民事務的參與上，扮演最優質的贊助人角色。[20] 這些具有殊榮的婦女，可能是例外而非常規的。在這個例子中，與其將她們的財富運用在社會的進步上，這些婦女寧可以她們的資源擴展上帝的國度。

路加福音八章 1 至 3 節，扮演重要的文學上下文角色，因為它成為撒種比喻的前言。路加（或耶穌）在路加福音使用撒種比喻的方式，和其他的福音書相當不同。撒種比喻的意義，絕非固定和一成不變的；它實際因著每一個福音書的特定上下文而有所變化。更確切地說，在路加福音中，耶穌使用撒種的比喻來肯定這些婦女和她們的行動。她們象徵好土。與其讓她們的財富破壞她們對耶穌話語的渴慕（例如，路八 13 節下～14），她們寧願捨棄財富，為要幫助耶穌的話語職事。換言之，路加使用這些婦女來顯示財富並非不好；只要它們被使用於上帝的國度，它們實際相當有益。

尤其生動的是，路加在路加福音八章 13 節的用字；路加在此強調，試探（temptation）是一種問題，這與出現在馬太福音和馬可福音中的試煉（tribulation）形成對照。[21] 試探可被視為貪求，而非分享物質的祝福。這些婦女克服了這種試探，並且將她們所有的奉獻給上帝的國度。隨後出現的燈的比喻，也在肯定這些婦女的功能上，佔同樣的重要性。這些婦女就像燈一樣，顯明出來並且被人看見。她們也像那些已經有的並將要被給予更多的人。她們對於耶穌工作的贊助，實際是一種管家的職務。上帝藉著耶穌的醫治，賜給她們豐富的祝福；而當她們給予時，上帝賦予她們愈來愈大的角色。在這個敘事中，她們承擔起作為樂善好施之典範角色這份更重要的工作。

我也同意卡羅爾溪（Robert J. Karris）的看法，他認為，路加福音八章 1 至 3 節指向路加福音其他所有的婦女門徒（例如，路二十三 49、55，二十四 1～53）；因此使這些婦女，成為門徒的至高榜樣。[22] 出現在使徒行傳一章 14 節那些未被提名的婦女，也因此符合路加福音八章 1 至 3 節和二十三章 49 節耶穌這些婦女跟隨者的典範。[23] 她們之所以被賦予能力，不僅因為她們的革命特質，更因為她們以基督為中心的生命。如此說來，社會革命不過是一個副產品而已。

路加福音二十三章49節，依然是聖經中最令人感動的情景之一。它描述那些在十字架下的婦女，是一羣從加利利來跟隨耶穌的婦女。另外，路加福音二十四章1節的墳墓情景，也一樣動人心弦；因為這些婦女，帶著預備好的香料來到墳墓。究竟為何這些婦女，必須帶著香料來到墳墓呢？惟一的解釋是，她們必須完成耶穌身體的膏抹。雖然這些婦女並非完全了解耶穌的教訓，但她們的確忠心地跟隨祂，甚至到祂死在十字架上時。她們的贊助沒有因為耶穌似乎已經死了，或沒有完成祂的使命而減少。路加使用這種典型場景（type-scene），來展現婦女在上帝國度中的角色。然而，她們對耶穌復活的見證，也同等重要。她們不僅是見證人，路加也暗示她們是首先相信耶穌復活的人。雖然她們起初懷疑並且被空墳所困惑，但她們很快地就向其他的門徒，宣告耶穌復活的信息。我同意皮萊尼克（Joseph Plevnik）的看法，他認為有關不信的討論，實際以門徒的不信，而非婦女的不信為焦點。[24] 事實上，我會更進一步地建議，門徒起初的不信，甚至更強烈地對照了婦女的信心。可見，在團體動態的模式（typology of group dynamics）中，路加福音的婦女門徒團體，在某方面顯然優勝過男人團體（其中以彼得為可能的例外）。

從路加福音更廣的敍事來看，路加福音八章1至3節的名單中的一些人，可以被納入那些從加利利來的人。畢竟，她們中間一些人的名字，也出現在馬太、馬可和約翰福音中。然而，路加不像其他的福音書作者那樣提及婦女的名字。我認為路加的筆法，值得我們加以思考。因著這些名字，在路加寫作路加福音時已經被廣泛流傳；我們可以合理地假設，路加不願意再多加重複。[25] 尤有甚者，藉著展現她們是一個團體，他為她們帶出一個特別的身分：跟隨耶穌的婦女。換言之，她們不僅是耶穌的財務支持者，更是完全委身於耶穌的跟隨者。她們願意付上一切代價，甚至在自己生命有危難時，她們仍然跟隨耶穌。可見，財務的贊助僅是委身這個更大屬靈現實的外在表現而已。

從歷史的角度來看，路加筆下的耶穌完美地設立了使徒行傳中的外邦人宣教。更確切地說，雖然許多人接受，拉比沒有教導婦女的習慣；但外邦人的教師，卻以教導婦女而為人所知。柏拉圖有不少婦女學生。[26] 藉著朝向這個趨勢，耶穌為教會鋪設了基礎，使教會能夠創造社會對婦女的接受度，以使婦女積極參與宗教的活動。

在使徒行傳宣教中最重要的婦女之一，當屬使徒行傳十六章 11 至 15 節的呂底亞。這段經文（例如，徒十六 12）的帝國情境，顯示了她的背景。她是一個已經歸信猶太教的婦女（十六 14）。她代表保羅在猶太教中，極其有限的成功。更重要地，使徒行傳十六章 15 節顯示，她將保羅和保羅的同伴接到家中，並且強留他們住下來。雖然呂底亞來自小亞細亞（即推雅推拉），但她的家卻成為展開第一次歐洲宣教的基地。呂底亞是一個外邦人，這事實已經相當凸顯，而她賣紫色布的事實，更使那些對使徒行傳十六章 14 節之帝國意味敏感的讀者，不得不多加關注。換言之，她是帝國制度的中間人。如同路加福音八章 3 節的約亞拿一樣，她也因著自己的技術，而從帝國制度中得到利益。這段經文並沒有說明，她是否辭去她的職業，但她的確使用她的房子，作為宣教的基地。

典型的羅馬富人的房子，有許多公共用地，因此人們可以在那裏做生意。呂底亞可能擁有這種房子，她可以固定在此做生意。因著如此廣泛的接觸，呂底亞現在可以為了宣教，而開始將保羅帶進帝國社會的聯絡網中。路加對婦女的這種刻劃，無疑呼籲所有的富人，不論男女，起來奉獻給上帝的國度。在一個婦女角色低微的社會中，這些婦女給予了她們的所有。如此說來，男人不是應該給予更多嗎？在羅馬文獻中幾乎不具英雄角色的婦女，如今成為男性對手的挑戰者！

在路加的刻劃中，和男人幾乎平起平坐的呂底亞的確重要。極為諷刺的是，保羅所見的異象起初是由一個來自馬其頓的神祕人物所啟示的。這個人物的身分，至今仍不清楚。現在我們看見，第一個信主的人，竟然是一個婦女。在使徒行傳十六章 15 節，路加提及她和她的一家都受了洗。這節經文的用語，和使徒行傳十六章 31 和 33 節的腓立比獄吏的故事相似。就像獄吏是家庭的一家之主一樣，呂底亞也在她的家中，運用相同的權威。她像一家之主一樣地行事。馬修斯（Shelly Matthews）認為呂底亞強迫她的奴隸信主的說詞，似乎完全沒有根據並且是時代錯誤的。[27] 一家都信主是當時的常規，因為古代社會以家庭的方式運作。主人的神明，就會變成奴隸的神明。在路加的敍事建構中，呂底亞像一家之主一樣運用權威。

在路加福音中，婦女的忠誠是不容懷疑的。婦女成為耶穌復活之見證人的角色，也值得同等的關注，因為它被其他的福音書作者高度證實。觀察婦女見證人的角色的最佳經文，當屬路加福音二十四章 6 至 8 節。福音書之間有一個彼此同意的記載：婦女是耶穌復活的第一見證人。德博爾錯失要點地指出，路加沒有像馬太福音和馬可福音那樣，記載婦女出去並且宣告復活的信息，因此路加不認為她們是見證人。[28] 這並不是路加的強調。如果我們仔細觀察經文的刻劃，婦女對於復活的了解，無疑使她們的男性對手蒙羞。彼此之間的對照著實強烈。在我們更仔細檢視復活的記錄之前，我們必須首先了解見證的觀念。

整個見證的觀念，在使徒行傳扮演重要的角色。事實上，「見證」（μάρτυς）一字和它的同源語，是路加最喜歡用來描述宣教的字彙，它出現在路加—使徒行傳中的次數，超過三十次以上。惟有約翰福音使用此字的次數，超過路加—使徒行傳，但兩者之間的差別並不太大。我們必須簡明地討論，身為一個「見證人」（μάρτυς）的重要性。彼得在使徒行傳二章32節，刻意強調身為復活見證人的重要性，因而為使徒行傳其餘的使徒宣講，設下了語調。彼得的宣告「我們就是見證人」（ἡμεῖς ἐσμεν μάρτυρες），已經成為他的宣告的標準用語（參徒三15，五32，十39等）。畢竟，耶穌自己在使徒行傳一章8節，已經預言他們將要成為見證人。可見，教會的根本身分，就是成為一個見證人。既然有關見證的討論已經完成，我們現在可以根據婦女的復活見證，來了解見證人的重要性。

路加福音二十四章10節列舉了一些名字，這些名字也出現在路加福音八章1至3節。但就像路加福音八章1至3節一樣，還有其他的名字出現在名單中。沒有先在路加福音二十四章1節被提名的婦女，似乎已經被包括在許多跟隨耶穌的人當中。這是初期基督徒熟知的一種象徵性的集體。在路加寫作的階段中，她們身為見證人的事迹，已經廣為人知。其他婦女也可能早就為人熟知，因為她們是耶穌職事的重要贊助人。在較後的討論中，我們將觀察為何這個女性的象徵（female symbolism）如此重要。

在墳墓旁，她們遇見了兩個身穿白衣的人。在福音書的開頭，天使首先向撒迦利亞，其次向馬利亞，最後向牧羊人顯明

(路一 11、28，二 10)。如今在福音書的結尾，天使再度為耶穌的復活顯現，因此它聚焦於展現些婦女的重要性。天使的信息帶出耶穌受死和復活的應驗。路加福音二十四章 8 節相當重要：這些婦女記得耶穌的話。這到底代表甚麼意思呢？記得某人的話，顯示她們曾經注意耶穌所説的話，但卻沒有將耶穌的話和事實連結在一起。至少，她們「記得」的表現揭示，她們一直跟隨耶穌，並且強烈地注意耶穌的教導。她們之所以成為佳美的見證人，不是因為她們符合社會的慣例，而是因為她們仔細注意耶穌的教導。換言之，成為一個佳美的見證人，涉及成為一個良好的門徒。路加福音二十四章 8 節，刻意強調這些婦女的特質。她們的特質因跟隨耶穌而產生，而她們的跟隨早在路加福音八章 1 至 3 節即出現。她們不僅是財務的支持者，也是真實的學生和見證人。

為要顯示女性見證人在當時的社會中如何不受重視；路加福音二十四章 12 節的彼得，快速地跑到墳墓前。甚至在婦女告訴門徒所發生的事情之後(參路二十四 23)，彼得自己心裏還在希奇。因此路加為彼得和這些婦女之間，帶出了強烈的對照。彼得希奇所發生之事。可見，在身為信仰的見證人方面，婦女在這個階段，實際遠超名列所有使徒之首的彼得。對於婦女的見證的懷疑，繼續成為路加—使徒行傳的一個題旨。當使女羅大向人訴説彼得從監獄逃出時(徒十二 14～15)，人們都誤以為她發瘋了。這也是一個與天使有關的記載(徒十二 8)。至少在一世紀的猶太教中，婦女和有關天使顯現的見證，尚且無法融合在一起。

更糟的是，路加福音二十四章 22 節帶出一個平行，來更進一步地羞辱一些沒有信心的男人。[29] 在路加福音二十四章 13 至

24節中，有兩位前往以馬忤斯的無名門徒，正在彼此談論路加福音二十四章1至12節所發生的事件。耶穌清楚明說，這兩位門徒不相信婦女所說的話（路二十四25）。他們甚至不相信一些其他的見證人。他們因此促使讀者對照路加福音二十四章8節和路加福音二十四章23節的記載。路加福音二十四章23節明明記載，他們聽見婦女說，耶穌已經復活了。換言之，這些婦女想起耶穌的話，因此相信耶穌已經復活了。而這些忘記耶穌一些教導的男性門徒，實際無法相信耶穌已經復活。在與彼得和兩位男性門徒的比較之下，這些婦女顯然是更加優越的門徒，因為耶穌肯定婦女的見證。她們跟隨耶穌到底。她們聆聽耶穌的教訓，記得耶穌所說的，並且相信耶穌的復活。

最後，我們終於可以討論使徒有關復活的宣講。研究路加的學者一般都同意，使徒行傳中的宣講比較注重復活的能力。換言之，復活能力的強調，較十字架上的救贖犧牲來得更為明顯。關於其中原因的討論，並非本書的關注。重要的是主導宣講的復活，是婦女首先見證的事件。雖然沒有婦女宣講的記錄，但像路加福音二十四章23節的二手資料，卻明示她們的生命已經成為那個信息。因為她們的見證，彼得跑去墳墓察看（路二十四12）。更確切地說，復活對於一直都在宣講這個主題的彼得來說，是如此的生動；而這之所以如此，實際是因著婦女的見證。為何如此呢？

我們現在應該回想耶穌的教導，來綜合這些婦女的寶貴價值。如果婦女被視為不可靠的見證人，那麼耶穌的復活就成為可辯論的議題了。[30] 然而，這些婦女的見證有其他男性門徒的支持，因此證明她們的可靠性。這項觀察顯明易見。比較不容易看見的是以性別為基礎來決定可信度的整個觀念。如果路加意欲虛構這些記載，他應該以男性門徒為空墳的首先見證人。他反諷地使用不可靠的見證人，來證明這些記錄的可靠性。因此，婦女在路加的護教之下，反而獲得一些附帶的好處。

上述觀察讓我們看見，路加刻意展現這些婦女身為門徒和委身給耶穌的重要性。她們是最後離開十字架上的耶穌和最先見證耶穌復活的門徒。她們的賞賜，就是成為第一個見證人的角色。一些出現在路加福音八章 1 至 3 節的婦女，也出現在路加福音二十四章 10 節。她們支持耶穌到底。縱使在路加的世界中，婦女的話似乎是無稽之談（路二十四 11），路加卻清楚確定，她們獨享成為忠心見證人的美名。除了保羅的信主之外，這羣婦女成為基督教最可信的見證人。在路加的心目中，婦女見證的記錄有多少並不重要，寶貴的是她們在關鍵場合成為見證人，這展現出她們那具典範角色的地位。

馬利亞：蒙主大恩的使女

包衡正確地將路加福音一開始的敘事，標記為以婦女為中心的文本（gynocentric texts）。[31] 在與馬太福音那較以男性為中心的誕生敘事的對照之下，女性的聲音在路加的誕生敘事中特別強烈，尤其是馬利亞的聲音。同時，在馬太福音中較具重要地位的約瑟，在路加福音中卻一點也不凸顯。為何馬利亞在路加福音中，被如此顯著強調？因為她在一個重要的特徵上名列前茅：她是主的使女。在路加福音一章 38 節，她也如此稱呼自己。當我們從下文中看見，馬利亞從卑微升高時，我們也看見她其他的重要角色。就目前來說，我們要從馬利亞和和撒迦利亞相互對照的角度，來觀察她的獨特之處。撒迦利亞的不能講話，和伊利莎白的懷孕生子緊密相連。換言之，伊利莎白而非撒迦利亞，是撒迦利亞何時被允許說話的決定要素。

這兩個人物的情節，似乎遵循相同的綱要，直到結果產生時。他們雙雙看見天使加百列（路一 13、19、28）。他們也雙雙聽見有關神蹟降生的預言（一 13～17、30～33）。他們更雙雙流露懷疑之心（一 18、34）。最後，他們雙雙在路加福音一章 56 節至二章 7 節中，看見預言的應驗。從這些平行的表面解讀來看，上帝的聲譽似乎處於危急關頭，因為祂好像在玩偏心的遊戲。然而，我們也必須注意這兩個人物之間的不同，以明白為何他們懷疑的結果竟然大異其趣。尤有甚者，只有婦女卻沒有男性同在和參與的對話，無疑使這個故事更加凸顯。[32] 上帝的聲譽似乎處於危機，這將藉著這些私下的「婦女」對話，而得到肯定。路加的世界，誠然從顛倒的方向開始。

一個仔細解讀這些記錄的讀者，將看見下列的對照。總的來說，路加福音中的馬利亞，比撒迦利亞擁有更多篇幅的記載，因此使她超越她的男性對手。就統計而言，馬利亞已經比祭司撒迦利亞更顯重要。路加福音一章 13 節顯示，撒迦利亞的禱告，因撒迦利亞在上帝聖殿事奉的祭司身分而蒙垂聽。然而，當馬利亞接受異象時，她沒有在禱告。她似乎正在忙碌於日常的事務中。加百列使撒迦利亞不能講話，因為路加福音一章 20 節明顯陳述他的不信。而馬利亞沒有因為不信而遭受定罪，因此顯示路加福音一章 29 節的馬利亞，並非不信而是在困惑中。

事實上，路加福音一章 45 節的馬利亞展現了她的信心，因為當馬利亞前往探望伊利莎白的懷孕時（路一 39），伊利莎白已經意識到她的相信。馬利亞察驗主給予記號的快速，無疑是信心的彰顯。她的信心在路加福音二章 19 和 51 節，益發明顯；因為她將那些與彌賽亞有關的重要事情，存記在心並且反復思想。她的事奉動力，實際來自一個充滿活力和信心的生命！尤有甚者，撒迦利亞的安靜無聲，更進一步地對照馬利亞在路加福音一章46至55節尊主為大的長篇頌讚；因此這肯定了馬利亞的信心，而非她的不信。這個敘事所對照的根本事實，有力地反擊許多學者極力支持的一種理論。他們提出在路加的評估下，婦女是不可靠的見證人的說法。[33]

首要優先的是馬利亞在路加福音一章38節的話語「我是主的使女」(Ἰδοὺ ἡ δούλη κυρίου)，這句話總結了，她為何有和撒迦利亞大異其趣之結果的原因。路加顯示在耶穌降生之前，馬利亞就是**第一個**主的使女。如同我們在前文中的討論，主的僕人繼續成為使徒彼得，並且更重要與強烈地，成為使徒保羅之生命的題旨線絡。馬利亞是卓越超羣的僕人。應該是一位祭司的撒迦利亞，甚至無法和馬利亞的服事相比。馬利亞被選來羞辱以色列的祭司制度，這個祭司制度將在後文中，為上帝的國度造成更大的傷害。馬利亞也被選來，當作僕人樣式的模範例證。她的服事包含下列幾項特點。首先，她口頭表達順服的心意。其次，她不但沒有沉浸在未婚懷孕的羞辱中，反而敬拜上帝。她寫實了一個只關切上帝的旨意，卻不在意社會規範的生命。所有跟隨耶穌的人，也不應該在意社會的規範，而當以上帝的旨意為關注的焦點。如此地，他們也會被稱為主的僕人。

可見，單從馬利亞為路加—使徒行傳設下語調的角色來看，我們應當明白路加刻意顯示一種對照，以展現主真正的僕人的樣式。令人驚訝的是，她是一個懷孕的女孩，而不是以色列的一個祭司。馬利亞的確重要，因為她不僅在歷史上是耶穌的母親，她更在倫理上成為一個典範的角色。

卑微的婦女：從卑微到升高

標誌路加福音之開始的兩個人物，並非男人而是婦女。伊利莎白和馬利亞是兩個主要的人物。她們共享許多相同之處。從一開始，她們就雙雙遭受某種社會羞恥的痛苦。伊利莎白因沒有懷孕而羞恥；馬利亞則因懷孕而羞恥。年老的伊利莎白並非處女（因為她已結婚），但因生理的原因而無法懷孕；年青的馬利亞是一個處女（因為她尚未結婚），因此因為社會的原因而不能懷孕。[34] 為了完全不同的目的，兒子誕生的本質隨著社會的規範而大異其趣。尤有甚者，在路加的時代，兒子的誕生是為了繁衍家庭和管理家業。

然而，在這個故事中，伊利莎白的角色是如此地獨特。在路加福音一章35至36節，天使使用伊利莎白的懷孕，作為向馬利亞顯示神蹟降生的記號。這個關乎彌賽亞降生的反諷性實在極大，因為上帝竟然使用除卻伊利莎白的羞恥，來幫助馬利亞較能接受自己的懷孕。因此這兩個婦女共同地帶出，一項關於上帝翻天覆地之革命的強烈神學陳述。這項革命將藉耶穌的降生而展現。這整個敘事，實際是耶穌的革命的指標。源自一般平民家庭的婦女，竟然成為彌賽亞職事的象徵。

從對世界的影響來說，我們可以合理地認為，約翰和耶穌是路加福音最重要的兩個人物。羅馬世界和猶太世界，都被男人所統治。男人的範圍是公開的。然而這些應該屬於私人範圍的婦女所帶出的公開影響，卻具有改變歷史的力量。甚至在她們私人角落中的私人對話，都具有歷史的重要性。無怪乎包衡認為在某種層面上，路加至少在其敍述中，打破了私人和公開影響力的界限。[35] 同時，我們也應該知道，這種改變是巧妙地產生的。羅馬帝國的婦女也經由她們私人的角色，來影響公共的政策，但她們的影響是暫時的。有多少婦女可以大膽直言，她的私人範圍不單可以為以色列，並且可以為全人類帶來救恩？路加筆下的婦女，快速地將她們搖動搖籃的雙手，從私人的範圍轉入公共的範圍。從婦女的角色和福音宣教的角度來看，路加福音一開始的婦女，實際為其餘的路加—使徒行傳，設下了神學的語調：耶穌將要改變許多社會慣例。

在路加福音中，耶穌所進行的徹底運動（radical movement）之一，就是使用無權力的婦女，來教導天國的功課。在路加福音七章 36 至 50 節中那位膏抹耶穌的有罪婦人，成為耶穌教導法利賽人西門的信心故事。許多保守的傳統詮釋者將這位婦人視為娼妓，這種看法不甚合理，因為路加完全沒有提到她的性行為。這個傳統可以遠溯至教父俄利根（Origen）的時代，但這並非正確的看法，因為他不但誤讀故事的情節，並且為罪人一詞貫注了太多未必需要的涵義。[36] 將罪人詮釋為娼妓的根本事實，實際比較反映出這些人自己將女人視為性禁忌對象的觀點，這並非路加的真正意思。

有些人可能會問：「除了身為娼妓之外，這個女人又可能犯甚麼其他的罪呢？」我將會根據路加在路加—使徒行傳中的寫作，來回答這個問題。更確切地說，在路加的整個敘事中，性方面的罪幾乎不在罪的列舉之中。這種對罪的定義，根本不符合路加的寫作。尤有甚者，這種詮釋既非正確也非錯誤（因為許多人都會從其中一個角度來爭辯），因為它根本和作者的觀點毫不相關。如果路加想要以她的罪的本質為焦點，他必然會加以強調。取而代之地，在路加福音七章 37 節，路加由「那城」的角度，來描繪她有罪的生活。如此說來，路加所關切的是耶穌赦免了婦人的罪，而非猶太社會如何歸類她許多的「罪」。這不是路加的觀點，而是「那城」的看法。

也有太多人因為她鬆散的頭髮，而將她視為娼妓。但甚至連保羅都似乎暗示，在會中將頭髮放下是許可的，只要她蒙著頭（林前十一 15）。有些人認為她用她的頭髮來擦乾耶穌的腳，是一種只有娼妓才會作的色情舉動。我們也可以認為，以頭髮擦乾耶穌的腳，同樣暗視她沒有計劃要哭，因此在缺乏毛巾的情況下，她必須用她的頭髮來擦乾耶穌的腳。任何一種指向娼妓的傳統詮釋，都無法令人信服。路加附加了有關那城的註解，一方面表明自己的觀點和那城的觀點無關，另一方認同耶穌對於這個女性敬拜者的看法。換言之，路加以正面的角度看待這位婦人，而那城則以負面的角度來看待她。

路加福音七章 36 至 50 節的主要論點，實際經由法利賽人和婦人的對照而展現。鄺成中（Ivan S. C. Kwong）的研究顯示，藉著敍事中獨立句子的分類，路加帶出兩者之間的對照（例如，路七 36 – 38）。[37] 西門質疑耶穌的先知職分（路七 39），因為他認為先知不會和有罪的婦人來往。他所說的許多話被記載在路加福音中，可見所有在他周圍的觀察者，都知道他的意見。有罪的婦人雖然安靜無聲，但她的行動和耶穌的讚許，使她的心意也廣為人知。以一個團體來說，法利賽人被社會所尊敬。有罪的婦人，則被多加輕視。然而，她接受從耶穌而非西門而來的讚賞。在前文已受到注意的血漏婦人，就是一個這類的例子（路八 48），耶穌特別讚賞她的信心。

更重要的是在路加福音八章 1 至 3 節中，西門以以色列領袖之一的身分，和這些婦人被加以比較。他使用他的話來責備別人，並且有條件地使用他的財富；而這些婦人不但保持安靜，並且無條件地將她們的財富用在上帝的國度上。西門的條件無疑將某些人排除於外。然而，那些被排除於外的人，對於耶穌的愛卻比西門的勝過百倍。有罪的婦人是其中之一，另外，路加福音八章 1 至 3 節中的一些婦女（例如，抹大拉馬利亞），可能是其中的另一些人。有罪的婦人擁有昂貴香膏的根本事實，無疑將她放在富人的階層中。[38] 不久之後，路加的文筆變得更加強烈，因為他使用路加福音八章 1 至 3 節的婦女，來糾正以西門為範例的領袖榜樣。路加福音八章 1 至 3 節的婦女，將在後文有關耶穌職事之贊助人的討論中，受到更深入的關注。

一個最具社會改革意味，卻經常被忽略的經文之一，就是路加福音十章 38 至 42 節中馬大對照馬利亞的故事。註釋者非常容易落入兩種極端，不是認為這段經文和婦女的角色緊密相關，就是認為這段經文和婦女的角色毫無關連。在離開性別議題的角度之下，沃爾（Robert Wall）引人注意地建議，路加福音十章 25 至 28 節的上下文，似乎在字裏行間暗示，全心愛上帝是貫穿這個故事的單一線絡。對他而言，這個故事是舊約申命記六章 4 至 9 節的擴大版本。[39] 我們已經在本書關於的耶穌段落中，簡要地討論過這個故事。現在我們可以從女性人物的觀點，來觀察這些人物。

我們很難避免有關性別的一些討論，因為這個故事將婦女限定於她們在私人空間內運作的社會角色中（與公開的空間相反）。認識以人物的性別為焦點的普遍看法，相當重要；但我認為至終這個故事，只是使用性別來帶出其他的重要題旨。換言之，耶穌（或更正確地是路加）使用這些婦女，來教導一項超越性別角色的更重要功課。

許多時候，在某種型態的基督教情境中，主日學教導的殘餘記憶，歪曲了對這個故事的詮釋。舉例來說，甚至有人認為，馬大代表以行為稱義，而馬利亞則代表信心。而另一些人則看見兩類人的典型（typology），一種是忙於服事的馬大，另一種是比較注重與耶穌之關係的馬利亞。我一直使用「普遍的」一詞，因為就像亞歷山大（Loveday Alexander）所說的，這種詮釋是我們教會羣體（尤其是華人教會）的典型詮釋。[40] 然而，對這個故事仍然持守普遍之詮釋的現代講道者，實際寫照了他們的教派和屬靈信念；一世紀的情境，並非他們的考慮。屢屢可見地，解讀這個故事的講道者，流露較多自己的理念，而非文本的意義。普遍的詮釋仿效了現代以男人為中心的陳腐思想（即囉嗦和抱怨的馬大，安靜和順服的馬利亞），但這卻不是一世紀的現實。

通常，普遍流行的詮釋是，馬利亞擁有渴慕耶穌的心，馬大則太過忙碌；而耶穌所要的是一種安靜的心靈（有時甚至來自像馬利亞這種典型的婦女）。我並不是說，馬利亞渴慕耶穌所認為最好的，有甚麼不對；但如果我們根據羅馬家庭中的婦女角色，來解讀這個故事，我們將獲得一種不甚相同的觀點。在這個故事中，路加對於馬大的描述，完美地展現羅馬家庭中的婦女角色。甚至在家庭之外，仍具影響力的婦女（例如，百居拉），還是時常被她們的家庭角色所定義。馬大的辛勞服事，成為猶太和羅馬社會中的婦女角色的典範。這是她在生活中的命運。相反地，馬利亞的角色反而是反社會的，因為當時的婦女鮮少有學生的身分。男人才具學生的身分。

事實上，諾斯底式的（Gnostic）《多馬福音》（*Gospel of Thomas*；Saying 114），證實一種針對馬利亞革命性行動的定罪。可見，在這個故事中身為婦女角色的馬利亞，的確贏得初期讀者的注意。[41] 普遍流行的詮釋認為，馬利亞接受她成為耶穌安靜又順服的朋友的角色，這種看法值得大大修正。更確切地說，馬利亞以突破傳統，來表現一種完全相反的行為。尤有甚者，除非婦女是高級妓女，否則婦女不應該在同一個空間之內和男人一起用餐。然而，在這個預備的筵席場景中，馬利亞坐在耶穌的腳邊，就像她預備和耶穌一起享用筵席一樣。

雖然在路加福音，也有許多婦女跟隨耶穌，但我們看見耶穌的主要跟隨者都是男人。馬利亞在此扮演一個倒轉的角色。我們也可以對照這兩位姐妹。馬大是這個故事的主角，因為她的聲音從頭到尾都被聽見。馬利亞則安靜無聲。馬大是一個主要人物，而馬利亞只是一個實物教材。[42] 然而，馬大成為情境的受害者而非得勝者。路加明說，她被所有的預備所「煩擾」（περιεσπᾶτο）。這個動詞屬於不完全的被動形式（imperfect passive form），因此顯示一種繼續被煩擾的狀態，並且是情境的受害者。

以馬利亞的安靜為焦點的研究，使費蘭札（Elizabeth Schüssler Fiorenza）提出，這個故事乃在教導婦人保持安靜的看法。[43] 如果讀者仔細解讀，耶穌在此所關切的議題，這種看法就很難成立。因為安靜並不是故事的題旨。可見，馬大的問題不在於忙碌的預備，而是她被紛擾的心態。預備的辛勞主導了她的心態。她的話在耶穌的回應之下，顯示了她的內在光景。與一般常見的了解相反地，這個故事比較以馬大，而非馬利亞為中心。只要根據描述馬大的篇幅數量，就可以明白這個事實。統計馬大和耶穌之間對話的字數，以及耶穌如何針對她而非馬利亞說話的觀察，一致性地證實馬大才是這個故事的焦點。換言之，馬大的服事沒有甚麼不對，除非服事使她無法聆聽耶穌的話語。事實上，服事在路加—使徒行傳中（例如，徒六 1～7），具有相當正面的價值。

在使徒行傳六章 2 和 4 節，我們最清楚看見「服事」(service, διακονία) 一字，被同時用來描述樂善好施和話語的職事。這個相同的用字也在路加福音十章 40 節，被用來描述馬大的工作。中文和英文的翻譯，都傾向以不同的用字來翻譯這兩段經文；但如果我們正確地翻譯它們，路加福音十章 40 至 42 節也清楚蘊含這兩個職事。換言之，只要有正確的態度和焦點，樂善好施和研究耶穌的話語都一樣重要。兩者實際不相上下。馬大的錯誤不是因為她選擇在筵席的桌上伺候，而不聆聽耶穌的話語；她的錯誤乃是她的心態。馬大的服事在本質上一點也不差，因為她以上帝國度的朋友的身分，樂善好施地接待耶穌（參路九 5，十 8、10）。

在此，我認為沃爾在文中有關解經方面的洞察，為我們提供了解讀馬大的故事的基礎。更確切地說，緊鄰出現在這段經文之前的好撒馬利亞人，是解讀馬大故事的重要關鍵。其中以路加福音十章 27 節尤為重要。[44] 雖然我認為沃爾聰敏的解經相當優質，但我將採用和他稍微不同的解讀焦點。我認為，撒馬利亞人的故事，談論一個邊緣化的行善者，他毫無保留地服事別人。他得到耶穌的讚賞。馬大同樣是一個邊緣化的婦女，她毫無保留地服事耶穌。因此她也應該值得嘉許。然而，耶穌平衡著行動和馬大的態度。換言之，馬大的故事以心態和辛勞工作的平衡，來降低撒馬利亞人故事的震撼強度。路加使用婦人的故事，不僅為了教導有關婦女的角色；更重要的是為教會帶出，超越性別形態的態度教導。樂善好施和話語的職事，都必須以美好的態度為基礎。

和馬大的婦女故事具有社會改革的意味一樣，耶穌的彌賽亞身分也不應該被忽略。耶穌在這個故事中被稱為「主」，這個頭銜也被用於包含凱撒的外邦統治者身上。馬利亞並不是因為停止伺候每個人，而選擇了上好的福分。許多解讀這個故事的人，都不禁為馬大感到不平；因為她的辛勞工作不但未受注意，並且似乎被耶穌定罪。然而，馬利亞並不是因為她沒有殷勤伺候，而選擇了上好的福分。她選擇了上好的福分，因為她明白路加所認知的：「耶穌是主！」馬利亞以典型的用餐姿勢坐在耶穌的腳前，和馬大忙碌的伺候恰成反照。在路加福音中，坐在腳前的姿勢，象徵性地流露「主權」的意味（參路七 36～50）。[45]

更有可能的是，馬利亞扮演客人的角色，她視耶穌為尊榮的主人或主（the Lord）。同時，她也願意在各方面盡可能地提供幫助。她的姿勢更透徹地顯示，她和路加共享的洞察。因為耶穌不總是與他們同在，因此當耶穌展現祂超越的主權時，馬利亞渴慕坐在祂的腳前。對馬利亞來說，認識「耶穌是主」的屬靈洞察，遠比社會慣例來得重要許多。可見，這個故事不像許多人試圖建議的，它並不真是一個有關深思和默想比積極服事更上好的故事。因此路加的社會陳述，變成了有關耶穌彌賽亞身分的神學陳述。這項神學陳述，將永遠改變社會。

因為馬利亞的注意力，以耶穌在家庭中所說的話語為焦點；因此我們會在使徒行傳中看見，話語的職事將取代所有的宗教禮儀。尤有甚者，在使徒行傳保羅職事的末了時，話語的職事也將在家庭中而非聖殿內進行。馬利亞的行動所帶出的蘊含，實際遠超她的角色典範。她指向了以彌賽亞的話語為優先的彌賽亞使命。彌賽亞的使命，超越傳統的社會慣例。更確切地說，馬利亞的行動象徵彌賽亞的使命，而馬大的行動則象徵傳統的社會慣例。雖然服事一樣重要，但馬利亞的故事帶出不被任何服事煩擾的教導。在兩個姐妹的故事中，女性的角色成為耶穌為男性和女性門徒，帶出重要教導的管道。

有時候，當耶穌和卑微的婦女接觸時，祂也會把在祂世界中諸多的社會不公義定罪。路加福音十八章 1 至 8 節的比喻中，那位切切懇求的寡婦就是一個上好的例子。這個故事的用意，非常清楚地出現在路加福音十八章 1 節：教導門徒常常禱告，不可灰心。詮釋這個故事不可忽略法官和上帝之間的直接比較。一般常見的詮釋認為，如果一個人長時間地日夜懇求上帝，上帝一定會應允。事實上，這並不是耶穌有關「常常祈禱，不可灰心」的教導。這種常見的詮釋似乎認為，禱告可以改變握有主權的上帝的心意。相反地，這個比喻的設立，乃是以一種社會情境為基礎。不可灰心的確重要，但如果從耶穌取得靈感的社會情境來了解時，不可灰心就成為過度單純的屬靈教訓。

這個比喻實際是路加福音十七章，有關上帝國降臨的終末講論的一部分。當耶穌談論人子再來時（路十八 8），耶穌以這個比喻結論，指向前文的終末講論。尤有甚者，耶穌在這段經文中，乃是以公義（justice）為主要重點。如此說來，切切祈求的寡婦被耶穌用來帶出地上法官的不公義，以之和人子再來時上帝的公義相互比較。不灰心的禱告，以上帝永遠會執行公義的事實為基礎。寡婦成為教導這個功課的管道。然而，公義有可能延遲。不灰心的禱告不見得總是立即產生上帝的公義。地上法官和上帝的一一比較，無疑帶出寡婦和上帝的子民的一一對照。寡婦因此在耶穌的類比比較（analogical comparison）中，佔有重要的象徵地位。

關於路加使用寡婦來定罪社會不公義，另一個上好的個案研究，可見於路加福音二十一章 1 至 4 節。有關這個事件的常見詮釋認為，窮寡婦因所投入的兩個小錢是她養生的所有，因而討得耶穌的喜悅。他們看重寡婦的奉獻，和她貧窮程度之間的比例。事實上，她的例子只是有關寡婦的故事的一小部分。賴特（Addison G. Wright）指出傳統以來，這個故事有許多不同方式的了解與詮釋。[46] 第一，有些人認為耶穌所關注的，並非一個人奉獻的多寡，而是一個人為自己保留的多寡。第二，其他一些人認為這個比喻所注重的，是奉獻的精神而非數量。第三，另外一些人單純並且共同地認為，真正的奉獻就是奉獻一個人的完全所有。第四，還有一些人認為施捨應該和施捨者的資源成正比（即富人應該按照他的財富比例奉獻等）。

大多數的這類詮釋傳統，都以講道的感情（homiletical sentimentality）而非經文的解釋（exegesis）為基礎。只因講台上的話語觸動聽眾的感情，並不使它成為正確的詮釋。只因這種詮釋具有漫長的歷史傳統，並不代表經文的詮釋不能被改進，甚或被糾正。

許多受歡迎的感情講道者，錯失了應該在神學院基本釋經課程中學習和應用的明顯原則：上下文。路加福音二十至二十一章的緊鄰上下文，清楚顯示耶穌所提出的論點。這個寡婦之所以處在這種令人可憐的光景中，乃是因為一種不必要和社會性的壓迫臨到她（參路二十 46～47）。我們尤其必須注意，路加福音二十章 47 節的「寡婦」，在路加福音二十一章 2 節中，竟然變成「窮寡婦」。從已經悲慘的寡婦，進入「窮」寡婦的過程的例證，在耶穌抬頭觀看時（路二十一 1）生動流露。「窮」（πτωχὴ）一字，代表絕對的貧窮。用字的改變顯示，路加刻意強調寡婦因為不幸面臨不公義制度的緣故，而變為窮困的過程。她之所以落入這種光景，乃是因為有人壓迫她。寡婦只有小錢可以奉獻，因為她是那些財產被假冒為善者吞沒的人之一（二十 45～47）。

公義的討論證實路加福音十一章 37 至 54 節中對法利賽人和

律法師的定罪。在路加的更廣敘事中，寡婦的小錢成為不公義的最佳例證。當耶穌看見她時，耶穌首要優先地根據祂在路加福音二十章46至47節所說的話，來指出她是被社會壓迫的例子。我完全同意賴特的看法，他將這個故事稱為針對以色列不公義光景而發出的哀歌。[47] 然後，耶穌向旁觀者指出這個寡婦的存在。換言之，使她落入這種光景的社會必須被定罪。她代表所有敬虔，但因社會壓迫而成為無名氏的那些人。她的象徵力量誠然巨大。耶穌將她從一個卑微的寡婦，升高到門徒都必需注意的重要地位。耶穌的福音賜能力給婦女，甚至連卑微的婦女也不例外。貧窮的人有福了，即便這個窮人是一個寡婦（路六20）！

婦女傳道：上帝國度的女先知

路加—使徒行傳中的婦女，具有先知的角色。根據我們對初期教會的先知的認識，婦女因此被放在主要的地位上。具有先知角色的婦女，必須和她們的男性對手的角色相互比較；以使我們充分明白，路加提及她們的寫作用意。值得一提的是，先知總是在路加—使徒行傳的關鍵時刻出現。如同一些人，單純地將先知的記載解讀為預言在今日的應驗；這種解讀法並不正確，因為預言是否能夠在今日應驗，並不是這些記載能夠回答的。更確切地說，這些記載是以敘事為管道的神學建構，為要繼續上帝重要的事工。先將女先知擱置一旁，我們可以看見施洗約翰是一個重要的先知。但他在何種意味上，成為一個重要的先知呢？

施洗約翰在他的預言的時間和內容上，顯出他的重要性；因為他不僅宣告耶穌職事的開始，並且宣告教會繼後的職事。施洗約翰的職事的時間，不僅和耶穌的職事一致，並且也符合帝國的日曆（路三1）。換言之，約翰的預言發生在人的國度之中，但卻具有上帝國度的導向。在路加福音三章16節，約翰無疑指出教會未來的聖靈施洗。他的雙重角色顯示，預言乃是為了強調在彌賽亞祝福和咒詛的救贖歷史中的重要工作。先知最偉大的出現，可見於路加福音九章30節，經文將摩西和以利亞描述為兩個人。以色列這些偉大的先知，以男人的身分顯現，因為男性是先知職分的正常部分(即和底波拉相反)。[48] 在路加福音中，能夠和先知比較，是一種無上的尊榮。

使徒行傳十一章28節記載，亞迦布預言在革老丟的時期，耶路撒冷將發生大饑荒。就像路加福音三章1節一樣，這節經文再次應該具有超越歷史記載的意義。這節經文不僅展現，上帝的國度比帝國更能嘉惠人類社會；並且在使徒行傳十一章的上下文中，揭示這個預言的神學重要性。更確切地說，亞迦布的預言使外邦人有機會，倒轉過來成為耶路撒冷的施惠者。眾所周知，耶路撒冷是將福音傳給外邦人的施惠者。在猶太基督徒和外邦基督徒極有可能分裂的情況下，這個預言確保了兩者之間的合一。尤有甚者，提及革老丟時期，這也和另一個相當不穩定的事件遥相符合；在這個時期中，有一些猶太人反對外邦人的習慣。而使徒行傳十五章，正好發生在革老丟的時期之內。亞迦布的預言削平了兩方之間可能發生的衝突。

亞迦布在使徒行傳二十一章10節中的最後角色，具有同等的重要性。亞迦布預言保羅將在耶路撒冷受到捆綁，並且被交在外邦人手裏(徒二十一11)。知道自己命運的保羅，仍然繼續前往。這個預言意義深重，因為上帝使用捆綁，將福音傳到地極羅馬(一8；參二十八30～31)。可見，在路加—使徒行傳中，施洗約翰的預言帶出聖靈首先在耶穌身上，隨後在教會中這雙重充滿。而亞迦布的預言，則為猶太人和外邦人帶來合一，甚至直到福音繼續傳給外邦人的末段時期。

雖然不乏男性的先知（例如，施洗約翰、亞迦布），但在路加的寫作中，婦女卻以佔壓倒性優勢的數量，展現先知的職事。如同塞姆的學者，在馬利亞的頌讚之中，看見那隱含的先知話語（路一46～55）。[49] 尤有甚者，除了第一個先知西面之外，第二個有關彌賽亞的明顯先知，當屬路加福音二章36至38節的亞拿。亞拿和西面在敘事中配對出現。路加福音二章21至38節的敘事，和聖殿緊密相連，因此西面的角色應當重要。亞拿的角色比較出人意外，因為婦女只被容許進入聖殿中的女人院（woman's court）。如此說來，路加對於亞拿的刻劃顯示，亞拿在兩個世界之間發揮她的功能：社會傳統的世界和新紀元的世界。

根據路加福音二章37節，亞拿沒有離開過聖殿，或許就是婦女專用的女人院。她的地理起源引人注意，因為她來自亞設支派。在路加這些重要的起始敘事中，亞拿是惟一不屬猶大或利未支派的人物。雖然包衡提供多種不同的可能性，但亞設支派在一世紀的地理位置，仍然多屬猜測。[50] 最有可能的是，亞設支派和加利利地區有關，就像被擄後文獻歷代志下三十章11節所有關他們的描述一樣。如果她在地理上和猶大的邊緣地區相連，那麼她在神學上必然具有重要的地位，因為她出現在聖殿的範圍之內。

在亞拿的社會地位上，她的身分和她的家庭緊密連結，因為她以法內利的女兒為人所知。換言之，她以父親的血統為人所知，而這就是她生活中的文化限制。在一篇簡單卻具洞察力的文章中，斯潘塞（F. Scott Spencer）把這個故事和其他在路加—使徒行傳中的寡婦故事（路二36～38，四25～26，七11～17，十八 1～8，二十一 1～4；徒九 36～43），歸類為所面臨的挑戰。[51] 亞拿更進一步地成為以色列社會問題的受害者，因為寡婦常常沒有被人以恩典對待。在羅馬的制度中，沒有男性親人的寡婦也相當脆弱。可見，亞拿不僅被一般的父系社會結構所貶低，更因身為寡婦而成為最卑微的婦女。即便如此，亞拿還是能夠以女先知的身分，承擔和西面相同領域的職事。

路加更進一步地顯示，亞拿是一個寡居多年的寡婦，因為她只和丈夫住了七年（路二 36）。因此她並不是因為反叛她的社會，而脫離以男性為主導的社會規範；但她的確將自己奉獻予超越社會慣例的職事。她屬於敬虔寡婦的類別，這類寡婦被後來的教會視為重要的傳道者（提前五 5、9～10）。事實上，斯潘塞指出亞拿符合較早期的敬虔寡婦傳統，這個傳統來自稱為朱迪絲（Judith）的猶太人。[52] 路加和提阿非羅是否熟悉朱迪絲的故事，並非重要的關切。在關於奉獻孩子耶穌的敍事中，路加藉著西面和亞拿的並列出現，顯示縱然社會將婦女的角色侷限在某個範圍之內，亞拿和西面還是具有同等的重要性。因此我無法同意莉德（Barbara Reid）的說法，她認為路加藉著使亞拿安靜無聲的筆法，來展現他對於西面話語的偏好。[53] 然而，亞拿在敍事中的聖殿背景和角色，已經使她與眾不同。亞拿因此預示了，耶穌運動所要帶來的革命。

亞拿在路加福音二章 40 節的角色，明確地肯定了上帝將藉耶穌而為耶路撒冷成就的救贖歷史。如果我們解讀路加所建構的耶路撒冷，亞拿無疑代表一個重要的人物，因為耶路撒冷和她所代表的救贖象徵，具有高度的重要性。在路加的世界中，亞基帕（Agrippa）建構了列國的圖表，為要顯示羅馬對這些國家的統治。同時，亞基帕以富技巧的政治手段，將耶路撒冷列為世界的中心。亞基帕在地理上的手法，顯示政治的力量如何影響他對於地圖的建構或展現。畢竟，除了提及耶路撒冷之外，路加福音絕大部分都以耶穌前往耶路撒冷的旅程為主，其他的地理細節甚少出現。[54]

五旬節顯示耶路撒冷就像一個磁鐵一樣，吸引所有散居各地的猶太人前來。而使徒行傳的流程也展現出，那來自耶路撒冷的持續宣教，一直持續至福音被傳至地極。在整本使徒行傳中，向猶太人傳福音的宣教從未被完全放棄，因為救恩從耶路撒冷傳至地極。尤有甚者，雖然耶路撒冷教會的影響力，在使徒行傳的後面部分明顯減低；但耶路撒冷教會的影子，依然在整本使徒行傳中隱約可見。和亞基帕的地理觀念一致地，路加展現耶路撒冷是上帝的行動的中心。亞拿的預言顯示，一種和路加—使徒行傳即將展開之戲劇逕相符合的洞察力。她在歷史中的地位，已經被肯定了。

西面和亞拿之間更進一步的比較研究，清楚揭示他們各自佔有私人和公開的不同空間。塞姆相當清楚地指出空間的對調，因為西面只和父母說話，亞拿卻向所有的旁觀者宣告。[55] 考慮到婦女的角色主要在私人空間內進行的，因此，莉德的觀察相當突出。[56] 再次地，莉德聲稱路加貶低亞拿角色的說法，這顯得相當簡化。與其相反的看法，才是正確的觀察。因為路加將亞拿刻劃為一個公開的先知。她的聽眾極廣。然而，我們必須注意她所處的地點，事實上她很可能在女人院內講論耶穌的事。對在聖殿區域中的婦女而言，公開的空間是嚴禁的空間。路加使用嚴禁的空間，為亞拿帶出獨特與公開的角色，因為凡要進入以色列人院的人，都必須經過女人院。更確切地說，這是亞拿向所有以色列人宣告的公共廣場。她成為一個和彼得一樣重要的公開先知（徒二章）。上帝國度的反諷性完全流露，因為上帝將婦女的私人角色，倒轉成一種公開的事奉；上帝令人意外地使用過去的嚴禁空間，來展現亞拿的職事。路加福音一開始就為那即將來臨的，設立了場景。

路加提及另一個女先知團體，我們必須根據上述已經討論過的角度，來解讀她們在敍事中的地位。腓利有四個女兒，她們都是童女，都是會説預言的。使徒行傳二十一章 9 節，簡要地提及她們。她們為何被路加刻意提出呢？我相信經文的上下文顯示，她們就像來自耶路撒冷並且為人所知的先知亞迦布一樣。腓利的四個女兒，是該撒利亞頗為著名的女先知；而亞迦布則是耶路撒冷眾所皆知的先知。我們知道耶路撒冷和該撒利亞，都是保羅在前往羅馬之前，接受最後審判的重要地點。可見，她們在該撒利亞的名聲，揭示她們説預言的重要性。從上帝的救贖歷史的角度來看，她們所説的預言很可能和亞迦布的同屬一類。她們是保羅最後傳揚福音的一部分，保羅試圖將福音傳至那超越教會最遠界限的地極。如此説來，藉著突破婦女在社會中的一般角色，女先知在上帝的救贖歷史中，扮演了一個深具意義的角色。在初期教會的基礎上，她們和男性門徒是並列平行的（參弗二 20，四 11）。

在整本使徒行傳更廣闊的上下文中，我相信腓利的四個女兒也在使徒行傳二章 17 節那預言的應驗上，扮演了重要的角色；因此她們也成為五旬節的敍事圓滿完成的一部分。她們的職事證實了，彼得在講道中所提及的約珥的預言。如此，她們的職事展現了一些有關彌賽亞革命的獨特之處。然而，她們的婦女地位，未必為她們帶出正面或負面的影響，因為關鍵在於她們如何使用自己的恩賜。撒非喇説話不小心，因為她以不正確的態度，誤用她的恩賜。在此說預言的婦女，重新恢復婦女在上帝國度中的角色。她們和撒非喇這類的婦女迥然不同。雖然除了一些負面或正面的話語之外（例如，路十 40；徒五 8），路加沒有準確記錄婦女所說的話的傾向；他的確顯示，並非所有的婦女都誤用她們的言語。或許路加深受婦女盡量保持安靜的文化影響，但他誠然沒有把那些說話的婦女定罪。

我比較同意加文塔（Beverly R. Gaventa）的看法，她認為路加或許不曉得，他的社會對他的寫作的文化影響力。[57] 但有誰知道呢？然而，因為腓利的四個女兒，以色列的女兒現在和男人一樣，扮演著重要的角色。她們表彰了上帝的信實。她們也提醒每一個人，不要忘記聖靈大大動工、那重要的五旬節。聖靈仍然在作工，祂的能力彰顯於保羅現在尚未裁決的審判中，和隨後前往羅馬的福音宣教中。

詮釋角度的教導

根據路加—使徒行傳前言中的地位改變，路加—使徒行傳的婦女，的確在宣教中扮演一個相當重要的角色，尤其是那些宣告救贖歷史的女先知。從耶穌孩童時代開始的亞拿，到保羅前往耶路撒冷最後旅程時腓利的四個童貞女兒；婦女的屬靈價值，在路加的標準中的確相當高。屢屢常見的是，當婦女勇敢地突破傳統和跟隨國度路徑時，她們常被用來作為正面教導的實務教材。如此說來，前言中的地位改變，在傳揚福音的結語中圓滿達成。教會總是在沒有足夠被差遣的人，和具有足夠差遣者之間掙扎。支持耶穌的婦女贊助人，以負擔耶穌和門徒的旅行費用來顯示，她們成為耶穌職事之差遣者的重要性。這些差遣者因此成為和十二位或七十（二）位門徒一樣重要的門徒典範。

根據路加—使徒行傳的敍事結構來看，女先知所處的地點尤其顯示她們的重要性。整個路加—使徒行傳的故事，幾乎被這些重要的女先知所包圍。她們的重要貢獻是不會錯的。在許多關於寡婦故事的討論中，耶穌不僅幫助寡婦或提高她們的地位；更使用她們來帶出超越性別的重要教導。有些時候，婦女明顯地成為角色的典範，就像路加福音八章 1 至 3 節的婦女一樣；她們不但成為上帝國度工作的贊助人，並且證明了正確接受耶穌的話語所產生的行動。如此，這些婦女成為男性門徒的挑戰。

無疑地，路加—使徒行傳平等地帶出男性和女性先知。其中約翰、西面和亞拿出現在路加福音的開頭，而腓利的四個童貞女兒和亞迦布，則出現在使徒行傳的結尾。這個宏觀敍事架構的交錯結構（chiastic structure），清楚揭示婦女在路加—使徒行傳的開頭和結尾，都佔重要的地位。然而，路加同時為這些婦女為何具有如此正面之刻劃提出解釋：並不是因為她們是婦女，而是因為她們是願意盡心竭力以成為耶穌門徒的婦女。敍事中的婦女，大部分還是被侷限於她們的傳統角色中（例如，馬利亞、馬大和在家中的角色）。路加並非試圖引發革命，他實際停留在當時社會的限制之內（和我們的社會大異其趣），並且為婦女的傳統角色賦予了嶄新的意義。有時候，這些傳統被突破（例如，帶著香膏的婦人），但大體上，傳統的角色之所以接受嶄新的意義，完全是因為耶穌的彌賽亞身分。這些婦女的職責，就是將焦點轉回歸向耶穌。當焦點轉變時，不論傳統或反傳統的角色，婦女都被正面地尊重。畢竟，路加是他自己社會慣例的產物。

根據路加的社會世界，婦女甚至在外邦的宗教中，都扮演著重要的角色。因此從表面看來，路加的刻劃似乎一點也不獨特。然而，這些預言的內容和外邦世界的大不相同，因為它們全部和彌賽亞與宣教有關。路加所傳遞的信息前後一致。惟獨基督教的信仰是合法的，因為它擁有彌賽亞的內容和應驗。帝國制度也包含像約亞拿和呂底亞的重要婦女。她們在帝國制度中發揮良好的功能，但她們卻沒有忽略自己對於上帝國度的責任。她們的榜樣有力地教導了提阿非羅，如何在所處的兩個世界之間生活：一個是帝國的制度，另一個則是彌賽亞的國度。這些婦女以典範的角色展現這種生活的可行性。

家庭，是路加的社會世界的另一個重要層面。在這方面，路加藉著經常定義婦女為妻子，來符合他的社會世界。舉例來說，路加福音八章 3 節的約亞拿，就是古撒的妻子。而百基拉這位經常被註釋者認為其重要性遠超自己丈夫的婦女，也不過被描述為亞居拉的妻子。百基拉和她的丈夫之間的連結，顯示她從來沒有和她的丈夫分開事奉。呂底亞可能是惟一例外的主要人物，但許多重要的婦女人物，都具有和家庭之一家之主有關的傳統家庭身分（參路二 36）。對路加而言，這個家庭身分的重要性不容忽視，它只有在終末時才變為無用。

罪人

路加對罪人的議題似乎相當著迷。對於罪人的看法，可以分為兩種極端。耶利米亞（Joachim Jeremias）認為罪人是被完全拒絕的，不論他們是否真正犯罪。[58] 桑德（E. P. Sanders）則認為罪人是那些犯罪的人。[59] 真正的看法應該就像鄧恩（James D. G. Dunn）所聲稱的，介於兩種極端之間。[60] 最有可能的是，這些罪人未必真正那麼壞（即律法上），但他們確實也沒有那麼好（即倫理上）。若與其他福音書的記錄相比，路加福音在使用那與罪人相關的字彙上，顯然次數最多。這的確是路加福音與眾不同的特徵，甚至連使徒行傳都不具此特色。在路加福音中，罪人以兩種形式出現。第一種形式，是罪人的自我認知。第二種形式，則是別人為罪人加上的社會標記。路加誠然在他的故事中，為罪人保留了重要的位置。

自我承認的罪人

第一種罪人，是自我承認的罪人。路加福音五章 8 節，記錄彼得的被召。在捕獲裝滿兩隻船的魚兒之後，彼得要求耶穌離開，因為他看見自己是個罪人。這實在是一種相當奇特的表現。但耶穌沒有反對他的看法。耶穌反而應許彼得在未來的時日中，要作得人的漁夫。換言之，甚至像彼得這樣的罪人，都可以在上帝的國度中成為具有影響力的人物。我們可以接受彼得所表現的自我承認，但根據他向耶穌所說的話，我們必須將彼得的自我承認，視為一種比較性的說法。更確切地說，彼得因著神蹟的緣故，承認在他面前的耶穌是一個義人；或許他認為，上帝垂聽義人的禱告。因此，甚至像彼得這樣通常不被認為是罪人的人，都因耶穌的聖潔而視自己為罪人。彼得的自我承認，實際以耶穌而非彼得為焦點。

路加福音十八章 9 至 14 節的比喻，再次展現一個自我承認的罪人。路加清楚描述，這個比喻所針對的對象，是那些對自己的義大有信心的人。鮑威爾（Mark A. Powell）在他的一篇文章中提出，這種自我為義是所有宗教邪惡的根源，它導致其他社會病症的產生。[61] 根據路加福音十八章 10 節，這個比喻的背景是聖殿。聖殿背景的提及是相當重要的，因為聖殿是以色列宗教最具代表性的地方。換言之，耶穌以以色列的宗教為焦點，來訴說這個比喻。這個故事表達，上帝對以色列宗教的心意。極為反諷地，上帝和耶穌在一世紀的猶太教中，雙雙帶有「反文化」的特質；因為當時的宗教領袖，一般都代表道德的精萃標準。

在路加福音十八章9至14節的比喻中，我們看見兩個相互對照的人物。第一個是法利賽人，他向上帝感恩，因為他沒有犯律法明列的罪（路十八11）。但他的問題是，他將自己和那些標準較低的人相比，因而誤信自己是義人。他特別強調自己每週禁食兩次，並且奉獻收入的十分之一。斯諾德格拉斯（Klyne R. Snodgrass）提出一個重要的觀點：任何一個正在聆聽耶穌教導的猶太人，都以為法利賽人是義人。[62] 在一篇頗富洞察力的文章中，弗里德里奇森（Timothy A. Friedrichsen）指出，法利賽人所發出的禱告，可能在耶穌和路加的時代，都被視為一種常規。[63] 但令人驚訝的事即將出現，因為在另一端遠遠站著一個稅吏，他在禱告中懇求上帝的憐憫（十八13）。他正是一個自我承認的罪人。這個令人出乎意料的結束，導致多蘭（Robert Doran）將這個比喻歸類為一種論爭的故事；換言之，這個故事的結果，和社會的預期恰適相反。[64]

根據耶穌在路加福音十八章13節的觀點，稅吏的稱義和他的謙卑緊密相連，卻和他的義行毫不相關。畢竟，根據塔西圖（Tacitus；Tacitus *Annals* 13.51），稅吏以滿足自己的利益、發明附加稅而聞名。他們是為羅馬帝國效力的腐敗中間人。耶穌也直接地明說，雖然法利賽人的行事似乎樣樣都對，但他並沒有被稱為義。耶穌把可敬的宗教「常規」定罪。如此說來，在路加福音中，自我標籤的罪人被人尊敬，因為他是被稱為義的人。更重要地，路加刻意顯示，耶穌對於這個腐敗的帝國制度，具有相當正面的社會影響力。甚至最劣質的罪人，現在都超越最「公義的」

宗教人士。罪人因此被耶穌用來斥責那些自以為義、但並非真正公義的陪襯人物。

我再次同意鮑威爾在路加刻劃研究上的洞察：「路加想要強調的對照，並非義和不義之間的不同；而是上帝眼中的義，和自以為義之間的差異。」[65] 但我必須更進一步地提出，如果義通常和不義，而非和自以為義相互對照；那麼，路加顯然認為，自以為義就是不義。更確切地說，這個故事隱含地定義了那包含自以為義的不義。

究竟了解自我表白的罪人，對我們有何幫助？自我表白實際為悔改的福音作了預備，而這寶貝的福音，將在使徒行傳的教會宣教中被宣講。換言之，悔改回答了關於自我承認之罪人的問題討論。在一些例子中，賠償是自我承認的一種形式。事實上，桑德觀察到，悔改是路加寫作的重要題旨。[66] 如此說來，為了對自我承認的罪人有一個完整的了解，關於悔改的討論就不容忽視了。路加有關悔改的獨特神學理念，將讓我們看見，為何自我承認的罪人明顯地成為角色典範，而不僅是「罪人」而已。耶穌所帶來的革命，不僅具有救恩的層面，更具有社會和政治的層面。祂藉著一個又一個的個人工作，進行對現有制度的改革。

路加福音五章32節關於耶穌呼召利未的敘事，重要地證明了悔改在耶穌職事中的首要優先性。我們必須記住在利未事件之前，是關於彼得稱自己為罪人的上文；這樣，我們才能正確了解在路加的思想中，罪和悔改實際是緊密相連的。根據路加福音五章32節，耶穌因為和稅吏與罪人一起吃飯而被輕視。當時的人恨惡稅吏是有原因的，因為縱使稅吏沒有徵收附加的稅錢，但所有的財物課稅都被用來資助羅馬的建築野心。[67] 耶穌將罪的問題，視為一些需要醫生照顧的病人。而真正的醫藥就是悔改的呼召！可見，在最基礎的層面上，耶穌將自己的職事描述為悔改的呼召，這是一種非身體的醫治。除了祂自己在悔改上的職事之外，耶穌也在路加福音十、十三和十五章中，説明悔改應當如何產生。當彌賽亞的神蹟發生在哥拉汛、伯賽大和迦百農時，耶穌期待悔改隨之發生。換言之，耶穌的神蹟不僅是為了創造神蹟而已，耶穌的神蹟乃是為了引發所有看見之人的回應。同樣的觀察可見於耶穌在路加福音十一章 32 節有關約拿的言論；耶穌以約拿來比喻，祂是具有先知功能的最偉大先知。

悔改的題旨繼續主導耶穌的職事，我們看見耶穌在路加福音十五章失落的比喻中（the parable of the lost），解釋悔改的重要性。如同許多學者那樣，將浪子的故事視為一個單獨的比喻，並非正確的解讀。[68] 我將這一章稱為失落的比喻，因為它的三個故事實際是一個比喻；路加福音十五章 3 節單數的「比喻」一字，就是這項觀察的根據。更確切地說，這是一個有關失落和藉著悔改再度被尋回的比喻。雖然斯諾德格拉斯將失落視為一個共同的題旨，但他仍將這些故事視為幾個不同的比喻。[69] 他將這些故事視為三個而非一個比喻的理解進路，導致他將失羊的故事和馬太福音十八章 12 至 14 節互相比較；而貝利（Kenneth Bailey）則將失羊的故事，視為詩篇二十三篇的延伸。[70] 我認為這兩位學者，都犯了沒有將三個故事視為一個比喻的錯誤。因此，他們可能無法充分體會，耶穌回答宗教領袖的真正力量。哈理爾（J. Albert Harrill）甚至將小兒子，視為路加用來帶出向窮人樂善好施的文筆架構。[71] 我同意哈理爾所認為的，路加福音十五章 15 節的詞彙，的確顯示小兒子具有契約僕人的最低身分的看法，但它卻不能成為向窮人樂善好施的倫理勸勉的一部分。

路加福音十五章的三個故事，從一開始就流露那回應宗教領袖的嘲笑的相同情節。羅梅爾(Ernst Lohmeyer)甚至更進一步地將這個故事稱為，針對以色列的潔淨和道德觀念而發出的一項攻擊。[72] 故事的情節包含失落、尋見和歡樂的要素。然而，第三個故事沒有以歡樂，卻以大兒子不願意進入屋內與大家一同歡樂為結束。可見，第三個故事的不同之處，在於強調了大兒子就像法利賽人的主要觀點。[73] 我不同意斯諾德格拉斯所認為的，故事的重點，在於父親和大兒子之間的對照的看法。[74] 因為如果失落、尋見和歡樂的故事情節仍然是真實的，那麼先前失落的小兒子，仍然具有相當重要的分量。因此，故事應該是小兒子和大兒子之間的對照；因為小兒子已經在父親的屋子之內，而大兒子卻因小兒子在屋內的緣故，而不願意進入父親的家裏。不像稅吏和罪人一樣不再失落，大兒子(即象徵宗教領袖)正處於失落的危險中。

然而，大兒子這個負面人物，就如同路加筆下的許多負面人物一樣，並不是完全沒有優點的。[75] 他非常像法利賽人，但他依舊是失落的。這個比喻因此也成為，路加對路加羣體的期盼的詼諧詩文。為了尋回失落的，信仰羣體必須以不論斷的態度，與那些先前失落的成員來往。稅吏和罪人集結在一起的典型場景，再次成為路加福音十五章 1 節的敘事場合；這與耶穌在路加福音五章 32 節首先提及，悔改是祂職事的重要元素之一，非常相似。出現在路加福音十四章 21 節，那些起初被帝國社會拒絕的人；現在竟然被帶入上帝國度的整個家庭中。帝國最先建立的家庭隱喻，不再對原本屬於這個制度的利未和他的聯絡網，有任何影響。因著容讓耶穌成為他的主人，利未現在事奉新的家庭。

究竟悔改是怎麼一回事？路加藉著路加福音十九章 1 至 10 節，為我們帶出悔改的描述。更確切地說，撒該償還他所敲詐的人，因為他的確在他的工作中犯了罪。近來有一些學者，嘗試證明撒該的陳述，比較屬於對自己的行為的辯護，而非信主的表示。他們的辯證邏輯可見於下。對這些學者而言，撒該的陳述可以如此解讀：「主阿，請看，我要把家財的一半分給窮人，我若敲詐了誰，就還他四倍。」這就像在告訴耶穌：「請看，我已經作了一切該作的事，來證明我蒙拯救。」[76] 然而，我認為傳統的解讀，還是比較優異。雖然這段經文缺乏與悔改有關的詞彙，但這個故事實際是一幅悔改的圖畫；因為有關人子前來尋找罪人的討論，和路加福音五章 32 節與路加福音十五章有關失落的討論，非常相似。

路加福音五章 32 節和路加福音十五章 7、10 和 32 節，都以悔改為主題。換言之，撒該最後藉著償還的行動，帶出了悔改的真意。羅馬的法律嘗試藉著界限的設立，來防止濫用的發生。[77] 極為明顯地，在撒該遇見耶穌之前，法律對撒該完全無效。然而在此，撒該的改變相當極端，他不僅遵守現存的羅馬標準，並且超越地成為所有人的施惠者，尤其是那些需要幫助的人。更確切地說，悔改由承認自己是罪人開始，這個承認可以藉著話語（例如，彼得），或更重要地藉著回應耶穌的行動來表現（例如，有罪的婦人、撒該）。可見，自我承認的罪人，將獲得他們在上帝國度中的地位。根據路加的刻劃（參路十三 1～5），每一個人都應當是一個自我承認的罪人。像布特曼（Rudolf Bultmann）一樣的學者認為，這是一個宣告的故事（pronouncement story），因為它以耶穌宣告故事的倫理精意為結束。[78] 無疑地，耶穌的話語不僅宣告故事的倫理精義，路加的整個刻劃也為信息加添了如下的意味：沒有人不被控告！如果每一個人都願意承認自己的罪，路加所屬的社會將成為一個更好的地方。

被旁人標籤的罪人

除了自我標籤的罪人之外，路加也顯示其他被人標籤的罪人，這種標籤多數來自宗教領袖。事實上，標籤罪人不但是宗教領袖的慣常行動，在一些例子中，也是一般人民的慣常行動（例如，路十九 7）。令人好奇地，路加福音中的耶穌承認罪人的存在（五 32），但卻沒有明顯稱呼任何一個人為罪人。難道對路加來說，罪是如此普遍，以致他所刻劃的耶穌，不需再陳述這項明顯的事實？罪人的標籤時常發生在討論法利賽人或宗教領袖的上下文中。在路加福音七章 36 節及下的經文中，耶穌在法利賽人西門的家中吃飯。而在路加福音七章 41 至 42 節，耶穌明言罪的程度較高的人，欠祂較多的債。可見，耶穌是一個現實主義者。路加福音五章 30 節技巧地帶出，耶穌同意人類是有罪的。

當法利賽人指出，耶穌和稅吏與罪人一起吃飯時，耶穌並沒有不同意他們的說法。在路加福音中（例如，路十五 1），「稅吏和罪人」一詞代表，所有法利賽人認為在道德上不符合猶太律法的人。它實際是一種標準用語。在沒有辯駁法利賽人的情況下，耶穌的回答暗示某種程度的同意。耶穌更進一步地，為這些需要醫治和悔改的人，提供解決的方法。換言之，法利賽人的解決方法是孤立這類的團體，而耶穌的解決方法則是與他們來往，以使悔改能夠產生。耶穌似乎展現一種恩典的模式，因為祂給人第二次、第三次，甚至第四次等的無數機會。

耶穌對於稅吏和罪人的職事是如此顯著，以致祂在路加福音七章 34 至 35 節中，竟然以此而聞名。緊接著路加福音七章之後，路加描述關於有罪的女人的事件。這個事件已在前文討論過。她再度代表那些真正有罪的人，她因著那向耶穌的行動，而獲得救恩。路加福音七章 41 至 42 節的比喻顯示，有些人有較多的罪，但那些罪較少的人，欠上帝較少的債。這個具有例證意味的比喻，向西門提出控訴；因為他自以為高過有罪的女人，所以他可以論斷有罪的女人和耶穌的缺乏行動。經由這個比喻，西門反而遭受控訴，因為他雖然罪較少，但卻缺乏正確的悔改。而罪較多的罪人，卻因悔改而蒙赦免。法利賽人不僅比這個女人作的少，他根本沒有作任何這個女人所作過的事。耶穌的指責比較直接針對西門，因為他也是一個罪人；雖然他的罪較少，但他卻是一個沒有悔改的罪人。

他的缺乏悔改，對照這個女人對於罪的悲傷和謙卑，這顯示出是這個女人而非西門，被稱為義。當耶穌和罪人來往時，祂不期待他們繼續停留在他們原有的光景中。在路加福音六章 32 至 34 節，耶穌以平原寶訓（Sermon on the Plain）帶出倫理的教導。在這段講論中，耶穌提出一種顯示互惠主義的教導。罪人可以交換（reciprocate）愛；向行善者行善，並且在預期償還的情況下，借貸與他人。換言之，罪人也是有道德的。雖然耶穌的描述帶有些許典型的意味，但祂的確想要傳遞著，罪人（如同他們被稱呼的）並不真正那麼壞。許多時候，他們還是具有某種程度的良善。耶穌因此將他們和上帝國的公民相互對照，上帝國的公民應該比罪人更有善行。更確切地說，耶穌對於被標籤的罪人的評價，乃是他們並沒有那麼壞，但當他們和上帝國的公民比較時，他們也沒有那麼好。

在關於罪人的標籤的觀察上，桑德提出一項極吸引人的建議，他認為許多有關耶穌愛罪人的說話，可能是那針對初期教會愈來愈無法容忍「罪人」的問題，而提出的回應。[79] 初期教父有關墮落的信徒的較後討論，很可能根源於路加的時代。尤有甚者，伊便尼派（Ebionite）運動的最終僵化，顯示當時有許多信徒在處理任何禮儀或道德缺陷的議題上，試圖轉向極端保守的方式。如果桑德的建議合理，那麼甚至在伊便尼派興起之前，法利賽人主義的傾向，的確再度侵入了教會。路加的關切乃是藉著提供耶穌極端的取代方式，來揭示它的負面特徵。

我們必須注意，即便耶穌和罪人一起吃飯（例如，路七 4），耶穌的敵對者還是無法從耶穌身上，找到任何缺點以稱祂為「罪人」。所以耶穌的聖潔和別人的罪實有分別，然而耶穌沒有因此倡導對罪人的拒絕。可見在聖潔的人和罪人之間，存在著一種平衡。教會應該承繼耶穌的信念，並且創造一種和她的道德潔淨並行的接納文化。如此說來，耶穌並不贊同任何人自以為義地將他人標籤為罪人。然而，耶穌喜樂地贊同罪人的自我承認，因為這種承認通常會產生那領人進入救恩的悔改。

路加福音將有關罪人的故事，濃縮至相當容易了解的意義。更確切地說，罪是如此普遍，以致路加筆下的耶穌，不用麻煩地指出每一個罪人。一個人是否擁有上帝國度公民身分，主要在於他是否願意承認自己是一個罪人。惟有自我承認的罪人，才能進入上帝的國度！

詮釋角度的教導

在前言中，整個在基督裏地位改變的觀念，就不斷出現，甚至在罪人的描述中也不例外。和地位改變的觀念相隨出現的是義人的角色，路加也針對義的定義提出質疑。在路加福音中備受重視的罪人，也接受了某種的地位改變。在一些例子中，像有罪的女人這種嚴重的犯罪者，都因膏抹耶穌而成為倫理的典範。因著罪人的過去，耶穌沒有解除或忽略罪人的地位；但耶穌為罪人增添一條新的道路，使他們能夠在祂的國度中獲得成員的身分。

根據路加—使徒行傳的敍事，罪人象徵超越道德議題的層面，因為使徒行傳轉離罪人，而以外邦人為焦點。猶太罪人和外邦人之間，有一個共同的連結點。換言之，他們雙雙被視為局外人。事實上，加拉太書二章15節顯示初期教會中罪人和外邦人的關連。可見，罪人和外邦人之間的關連，或許是道德和禮儀違犯之間的綜合。路加福音中罪人的象徵價值，和使徒行傳中的外邦人是完全一樣的。

從有關罪人的敍事來看，路加的記錄絕對是刻意的。路加以在利未家中的典型筵席場景為開始，這種場合使耶穌公開受到被指和罪人一起吃飯的批評；但路加帶進另一個和撒該一起吃飯的典型筵席場景，其中罪人和悔改的要素，綜合地貫穿在敍事中。路加實際在他的敍事巧筆中，刻意強調耶穌和罪人的來往。路加福音十九章5節，不僅描述耶穌看見撒該，更強調耶穌抬頭往上看撒該，就好像耶穌一直都知道，撒該會在那裏。毫無疑問地，山崎（Henry Yamazaki）對於「看見」和「往上看」之間的區分相當正確，他認為後者絕非偶然，乃是刻意著筆的。[80] 耶穌並不是偶然看見撒該的，祂往上看撒該的動作，顯示耶穌在特定的時間，為了特定的目的，在一個特定的地方呼召撒該。利未和撒該的故事，是為了強調而產生的雙重記載。呼召罪人的職事，是耶穌最重要的職事之一；而路加帶進撒該來提醒讀者，這種職事的重要性。從路加福音十五章來看，撒該就是那個失落又被尋見的罪人。總的來說，路加兼容並蓄地使用真實的歷史故事和耶穌的比喻，來綜合他對於耶穌的罪人職事的觀點。

在提阿非羅的社會世界中，初期教會的宗教掙扎必定相當嚴重。保守的信徒或許不太願意赦免人。如同耶穌所提出一些關於角色倒轉的比喻（例如，路十八9～14），依照慣例行事的人，不但不會被輕視，還可能備受歡迎。然而，耶穌並不贊同看重社會規範和是否受人尊敬的關切；因為兩者都可能產生自以為義的心態，而自以為義根本不是義。在路加福音有關義的意義的辯論上，耶穌無疑採取非常開放的立場。儘管許多人不願意再讓「罪人」重回羊圈，路加的意識理念實際具有強烈的類比意味。許多時候，罪人被稱為義，而驕傲的義人反而不具真正的義。如果上帝容許外邦人進入上帝的國度，那麼上帝一定容許願意悔改的軟弱者，重回祂的羊圈中。路加的這項描述，誠然為初期教會帶出許多教牧的應用。

窮人

窮人在社會情境中的角色，不容低估。在羅馬帝國中，窮人佔據人口的極大部分。[81] 當時沒有中產階級的存在。窮人從來不是一個真正的「問題」，因為它實在太普遍了。根據弗里森（Steven J. Friesen），大約有百分之四十的人口僅能餬口，而百分之十的人口根本無法生存。[82] 基督教的貢獻，尤其是路加的貢獻，實際盡心竭力地強調窮人是一個問題。在此之前，對於貧窮和不公義的最強烈呼籲，應該來自猶太人的聖經（Jewish Scripture）。

嚴格來說，「窮人」一字，未必總是在每段有窮人出現的經文中出現。格林認為路加福音四章 18 節的「窮人」一字，包含那些因為教育、性別、家庭出身、宗教潔淨、職業和經濟等因素，而具有低微地位的人。[83] 博克（Darrell L. Bock）認為「窮人」是那些對耶穌比較有良好回應的人，尤其因為經濟困難的緣故。[84] 路加福音四章 18 節的引述，來自以賽亞書六十一章 1 至 2 節。

尤有甚者，在路加福音中，窮人的定義取決於每一個不同的上下文和場合；但路加還是時常根據經濟的情況，來定義他的窮人。路加福音四章18節，六章20節和七章22節，標誌了耶穌針對窮人而行使的彌賽亞職事。路加福音六章20節明說，貧窮的人有福了，並且上帝的國是他們的。他們如何承繼上帝的國呢？路加福音四章18節和七章22節顯示，他們之所以有福，乃是因為他們得以聽見好消息。

當耶穌向施洗約翰說話時（參賽二十九18～19，三十五5～6，六十一1～2），讀者清楚看見以賽亞書有關彌賽亞的預言，浮現在其中。然而，在沒有特別指明以賽亞書某段經文的筆法下，路加綜合所有這類的經文，以展現一幅完美的圖畫。以賽亞書所描繪的彌賽亞畫像，不僅包含受苦的僕人，並且更重要地展現公義的大衛君王，這些人物將解決那使以色列受苦已久的社會公義問題（參五十八）。以賽亞書多層面地描述這個意識理念，因而可能產生不同的人物。尤有甚者，路加對耶穌那合乎完美理想的描繪，是因為耶穌符合以賽亞書的意識理念。

為了展現貧窮的人有福了，路加記錄了第一個聖誕節，好為上帝對窮人的職事設下語調。路加福音二章10至11節，將這個事件稱為「好消息」；一方面顯示這個事件比周遭所有與其競爭的消息更加美好，另一方面顯示這是教會惟一要宣講的消息。尤其重要的是，耶穌降生這個好消息，和奧古斯都的帝國（路二1）所宣傳的好消息之間的差異。更確切地說，嬰孩的敍事賦予窮人一個決定性的角色。牧羊人的出現，也應該適切敍事的描述。因為他們不在社會的主流之中。敍事詩描述他們身處社會外面的曠野中。就他們的職業來說，身處社會的外緣或許是正常的。我認為從牧羊人的記錄角度來看，整個敍事幫助我們看見，耶穌向窮人的第一次顯現。如果客店裏沒有房間，那麼牧羊人也不比救世主好多少，因為他們以曠野為住處（二 8）。更重要地，故事情節大致遵循，天使向施洗約翰和耶穌的父母所啟示的故事情節。換言之，在天使的啟示之後，懼怕和關乎嬰孩降生的宣告隨之而來。[85] 在路加的眼中，這些牧羊人幾乎和這些父母具有一樣重要的地位。牧羊人成為整個降生敘事的高峯，然而他們不過是在社會邊緣工作的一羣人！

一直以來，釋經者常由幾個不同的角度來詮釋路加福音二章。以耶穌的謙卑為焦點而帶出充滿情感的道德教導，當屬最常見的方式。[86] 但這種方式似乎與路加的心意相離甚遠。還有一些釋經者以含有「用布包起來」這詞語的兩節經文，涵蓋耶穌的一生（路二 7，二十三 53）。這種看法的問題在於，希臘文使用不同的字彙來描述這兩個重要事件。路加對於字彙的選擇顯示，不論我們多想將耶穌的生命神學化，作者路加卻絲毫不具將這兩個事件平行比較的寫作用意。除非路加明顯引用以賽亞書有關受苦僕人的經文，否則我們不應任意將其他意義加諸於經文之上。更何況當這段經文的其他意義，一目了然地呈現在讀者眼前時，釋經者就更應謹慎小心。仔細研讀路加福音的讀者一定同意，受苦僕人的神學主題並沒有出現在嬰孩故事的描述中。至少對作者路加而言，耶穌的謙卑並非聖誕節倫理教導的重心。正如本段討論即將帶出的詮釋，路加福音二章展現令人驚訝的實用性。至終，聖誕故事應當激起我們以行動回應經文的挑戰。我們可以從客店、馬槽和記號三方面，來解讀這個故事。

經文告訴我們耶穌的父母，因著人口統計的大事而來到伯利恆。他們到伯利恆報名上冊（路二 5）。這個人口統計顯示，帝國的侵略已經臨到一般百姓。當他們在伯利恆時，馬利亞的產期近了（二 6）。而客店也不再有任何地方供他們住宿。因此他們將出生的嬰孩放在馬槽裏。博克注意到，經文沒有針對客店主人對耶穌父母的無禮對待而提出討論，這個客店主人很可能也是當時環境的受害者。換言之，客店沒有地方，純粹因為人口統計的緣故。[87] 在耶穌降生之後，路加將故事的鏡頭迅速轉至附近野地裏的牧羊人。這羣牧羊人在夜裏看守羊羣（二 8）。由地理位置和牧草的供應來看，學者皆同意嬰孩降生的時間應屬春天的季節。這項觀察與一些聖誕詩歌所描述的「寒冬夜晚」完全相反。經文繼續讓我們看見，有主的使者向牧羊人宣告，主基督降生在大衛城裏的大喜信息（二 11）。然而，大喜信息的真正關鍵在於二章 12 節：「你們要看見一個嬰孩，包著布，臥在馬槽裏，那就是記號了。」[88] 路加福音二章 12 節，向路加的讀者解釋，整個謙卑的背景，乃是專為牧羊人的經驗而保留的。

在路加福音二章 12 節之前，我們只看見一個「記號」：伊利莎白的懷孕。根據路加的記載，當馬利亞對自己的懷孕質疑不解時，上帝使用伊利莎白的懷孕（路一 35 ～ 37）向馬利亞證明她懷孕的合理性。更確切地說，天使藉著伊利莎白的懷孕回答了她的問題：「怎麼有這事呢？」（路一 34）然而，天使並未使用「記號」一字，來描述伊利莎白的懷孕。如此說來，「記號」是為了極其特殊的事而保留的；這件特殊的事竟然比伊利莎白的懷孕更令人訝異。

傳統以來，多數釋經者都視伯利恆的地理位置為最重要的釋經考慮。畢竟，耶穌必須降生於大衛的城裏。但祂是否一定要降生於這個時間？因為不論祂在何時降生，只要祂的出生地是大衛城，祂就應驗了舊約的預言。馬太的重點與地理位置有關，但路加的焦注卻大不相同。路加的記載顯然以時間為中心。路加描繪故事的方式，讓我們看見耶穌降生時間的奇妙與精準。如果耶穌降生在不同的時間，而當時的客店又有地方供祂住宿，那麼聖誕故事將如何不同呢？如果耶穌降生在不同的時間，而附近的牧羊人無法尋得牧草餵養羊羣，那麼聖誕故事又將如何不同呢？還有許多許多的「如果」，可以讓我們揣摩猜測……

當然，地理位置的次要考慮仍然重要，但卻與許多人的想像不甚相同。彌賽亞必須降生在伯利恆的一般理解並不新鮮(例如，太二 5～6)。令人希奇的乃是馬槽，因為天使特別向一羣野地裏的牧羊人，宣告馬槽裏的嬰孩為「記號」。如此，路加的故事將上帝的時間與馬槽的特殊位置，奇妙地融合在一起。現在，讓我們再次回到時間與客店的討論。第一，如果耶穌降生在相同的時間，但祂的父母卻不需要報名上冊，那麼他們應該可以在客店裏找到地方。這麼一來，在野地裏看守吃草羊羣的牧羊人，將因客店裏還有地方，而無法發現救主。第二，如果耶穌降生在不同的時間，祂的父母同時需要報名上冊，那麼即使包著布的嬰孩仍被放在馬槽裏，牧羊人將因附近的野地沒有牧草可供羊羣食用，而失去見證嬰孩降生的機會。當牧羊人在次年的春天再度回到野地時，嬰孩耶穌早已離開馬槽了。更確切地說，耶穌降生的時間必須精準無誤，才能使這一連串緊密相連的事件完整發生。在馬槽裏包著布的嬰孩，重複出現於路加福音二章 7 與 12 節，這就是上帝所宣告的「記號」。路加福音的讀者絕對不可忽略這個重要的強調。

在我們了解馬槽裏的嬰孩是上帝所指示的「記號」之後，我們必須思考上帝為何將這個「記號」顯明給牧羊人看？路加繼續告訴我們，牧羊人就往伯利恆去，並且看見嬰孩耶穌。既然牧羊人看見嬰孩，他們就把天使論這孩子的話傳開了(路二 17)。凡聽見的，就詫異牧羊人對他們所說的話。牧羊人也因所聽見所看見的一切事，正如天使向他們所說的，就歸榮耀與上帝，讚美祂（二 18～20）。換言之，牧羊人因嬰孩在馬槽裏這個「記號」所發生的精準時間，而將榮耀和讚美歸與上帝。可見，「記號」的成就乃是為了使牧羊人，成為世人中的第一批福音使者。聽見之人之所以詫異，並非因為使者是牧羊人，而是因為「牧羊之人對他們所說的話」。路加清楚顯示，上帝特別為這個事件預備時間，以使忙於看守羊羣而無法與人接觸的牧羊人，可以成為大喜信息的見證人。在故事中，我們看見奧古斯都、約瑟與馬利亞的名字；這些人的確是重要的歷史人物。然而，野地裏的牧羊人卻是一羣默默無聞的不知名人士。他們在保存路加的聖誕故事上，扮演了不可或缺的重要角色。惟有他們可以訴說天使與「記號」的故事，因為單單他們擁有聽見天使與看見「記號」的經歷。上帝誠然使卑微的升高。

窮人：詮釋社會的管道

窮人不僅是路加福音一開始的強烈特徵，也是路加用來詮釋他的社會的管道。弗里森指出，使徒行傳並未批評不公義和貧窮，但那主要是因為路加已經在他的福音書中，大幅度地討論了這個議題。[89] 路加福音二章 14 節的敬拜情境，清楚展現窮人和富足聖殿制度的對照；在這段經文中，天使的歌聲在遠離聖殿的曠野中被聽到。[90] 當我們從路加以窮人的故事，來評論當時社會的角度來解讀路加福音時；我們似乎看見路加福音正確地反映，甚至有時刻意強調，富足的宗教領袖和貧窮的平民百姓之間的經濟差異。然而在路加的註釋中，我們有時候看不見他對富人和窮人的評論。路加福音十五章，就是一個明顯的例子。當我們從經濟的角度來解讀十五章時，此章所帶出的失落比喻，便使富人和窮人之間的差異更顯清楚。當然這個故事並非關於經濟方面的討論，但如果我們從耶穌訴説這個比喻的經濟角度來看，經濟的色彩的確有它的用意。更確切地説，對於和帝國贊助人與被贊助人之關係的統治結構有關的提阿非羅來説，經濟絕對是這個比喻中的一部分。如此説來，我們不應該輕易地排斥，從經濟角度觀察路加福音十五章的解讀方式。

在路加福音十五章 3 至 7 節，羊的主人失去一百隻羊中的一隻，他留下九十九隻，去尋找那一隻失落的羊。既找到了，就歡歡喜喜地慶祝。如果他的羊是羊毛的來源，那麼這一隻失落的羊，必然代表他極大的經濟損失。另外，路加福音十五章 8 至 10 節與貧窮的描述有關，因為比喻中的婦人失去了一個銀幣。這個婦人只有十個銀幣，或許這些就是她的儲蓄。十個銀幣相當於十天的工資。[91] 西塞羅（Cicero）支付大約這個錢數的一百萬倍，來建造他在巴勒登丘（Palatine）的房屋（Cicero *Epistulae ad Familiares* 5.6.2）。[92] 這明顯流露貴族和窮人之間的財富差異。這個婦人一定非常貧窮，因為當她失去一個銀幣時，她顯然相當緊張。試想只有十天工資的儲蓄，這個婦人的確相當貧窮，她幾乎過著一種一日度一日的生活。與前面的故事相比，她的情況和她損失的比率，實際比羊的主人糟糕許多。她必須點燈來找錢的事實，顯示她的房子沒有窗戶。她生活在社會的低下階層中。路加對於現實的描繪實在生動！

和貧窮的婦人相互對照的是，路加福音十五章 11 至 32 節那位擁有農地的父親。在路加福音十五章 12 節，父親的財富極多，以致他可以將一半的家業分給小兒子。然而，他和貧窮婦人一樣經歷「失落與尋回」的現實。事實上，這位父親的損失比率高達百分之五十，遠遠超過前面兩個例子。雖然他擁有財富，但失去兒子代表另一種更痛心的損失。這也是耶穌將幾個強度愈增的比率，綜合放在這個漫長的、具三部分的比喻中的原因。如此，耶穌將比喻的高潮從經濟的考慮，轉向關係的焦點。可見，雖然窮人和富人在社會中佔據不同的地位，但他們可能經歷許多相同的現實。在這個倒轉的故事中，富人失落的比率比窮人來得高，因為有些事情遠比物質財富更為重要：父親和兒子之間的關係。

最高比率的失落出現在兩個兒子的故事中，因此這個故事間接地隱含著耶穌對於財富的觀點。金錢，雖然相當有用（例如，在羊的主人和貧窮的婦人的例子中），但它並非一切。以兩個極端（即貧窮和財富）來描述比喻的路加，刻意顯示耶穌使用不分階級的人的共同經驗，來說明尋回失落罪人的喜樂心情。比經濟重振更重要的是關係的恢復！耶穌的社會的確用經濟的角度來看一切，但耶穌強調關係的重要。可見，路加對於窮人的刻劃，實際是真實的（不是虛構的）歷史情境和倫理例證的綜合。從路加的描繪來看，不敬虔和財富之間的關連似乎相當清楚，尤其可見於路加福音二十章 47 節。尤有甚者，如果宗教領袖是富有的（例如，路十六 14），那麼他們一定是不敬虔的。雖然經濟並非這個比喻的主要重點，但這個比喻使用一般人可以明白的經濟，來帶出耶穌所要教導的真理。

從貧窮的現實及貧窮的普遍來看，路加福音中的耶穌，究竟對於如何對待窮人有何看法？既然在路加福音二十章 45 節至二十一章 4 節中的富人和宗教領袖，吞沒寡婦的房產；耶穌因此在路加福音二十一章 5 至 38 節，直接指出聖殿將受審判的預言。路加福音十八章 22 節，甚至提供了一個簡單的答案。這個答案和耶穌回答路加福音十八章 18 節的問題有關。這個問題就是：人當作甚麼，才可以承受永生。雖然這個年青的官長極其富有，但耶穌的答案和富有的年青官長所渴望的個人關係，緊密相連。富有的年青官長，是路加福音十八章 15 至 17 節中，那羣顯然沒有能力的小孩的強烈反照。上文關於進入上帝國度的根本教導，成為促使富有的年青官長，提出路加福音十八章 18 節這個與生命有關的問題的原因。耶穌告訴這個富有的年青官長，變賣一切所有的，並且分給窮人。耶穌接著談論，財富如何阻止一個人進入上帝的國度。換言之，貯藏自己的財富，和拒絕耶穌沒有兩樣。[93]

在這個敘事中，耶穌正朝著十字架往前行。如果富有的年青官長不賣掉他的一切所有來跟隨耶穌，那麼機會將永遠不再來臨。那些一無所有的小孩子們（路十八 15～17），接受上帝的國度；而這個擁有一切的年青官長，反而錯失了良機。在上下文中，耶穌沒有說財富是無用的，但祂指出財富是用來幫助窮人的。按字面來理解，惟一有價值的財富，就是分給窮人的財富。在路加福音十八章 28 節，門徒捨棄一切所有的；但在路加福音十八章 29 至 30 節，門徒獲得無法數算的永恆福分。

耶穌在上帝國度的教導中，有關窮人的討論通常帶有筵席的背景。在路加福音十四章 12 至 14 節中，耶穌說明了邀請窮人而非富人來享受筵席的重要性；因為根據路加福音十四章 14 節，這種行動具有終末的後果。在有關今生邀請窮人來享受筵席的討論之後，耶穌繼續在路加福音十四章 21 節，帶出窮人被邀請至永恆筵席的討論。范古弗（J. Van Goudoever）將窮人視為外邦人的象徵。[94] 除非我們想像路加福音中所有的窮人，都是象徵性的外邦人，否則范古弗的論證不可能成立。如果耶穌的國度邀請窮人，是因為窮人比較容易進入；那麼富人惟一能作的事，就是邀請窮人來享受在天上居所的永恆獎賞。因為惟有如此，富人才仿效了上帝的心意。在福音書中，撒該最貼近上帝的心意，因為在路加福音十九章 8 節，他將他的財富分給窮人。在撒該宣告他分給窮人的心意之後，耶穌直接提出撒該已經得到救恩的評論。換言之，得救的富人應當將財產分給窮人。撒該雖然富有，但他也和窮人一起進入上帝的國度，因為他藉著處理財富的方式，流露他的國度生活。雖然他不像博克所詮釋的，是一個模範聖徒；但他的確很快地，離開了身為典型罪人的角色。[95]

在觀察完記載窮人的不同經文之後，我們開始看見一個今生的財富和永恆相互對照的模式。今生處理財富的方式，實際影響來世的生活。更確切地說，對待窮人的態度，寫照了永恆的價值觀和涵義。路加福音十六章 19 至 31 節的財主和拉撒路的比喻，隱含地摘要了耶穌對富人的定罪。這個故事令許多註釋者困惑，因為它似乎不在教導有關來世的境界，而在教導有關今生的倫理涵義。那些想要詮釋來世境界的詮釋者，比較容易指向典外來源（extrabiblical source）；因為新約聖經似乎缺乏任何能夠符合這個故事的細節說明。[96] 似乎在亞伯拉罕懷裏的來世，至少是一項不容忽視的嚴肅事件。[97] 否則，路加的故事（即耶穌的故事），將失去它在倫理上的嚴肅性。更重要地，正如奧凱恩（Martin O'Kane）的所指，亞伯拉罕懷裏的位置指出了耶穌時代坐臥和吃飯的姿勢。當時的人，以頭對頭的方式坐臥。[98] 可憐的拉撒路，過去以桌子底下的零碎充飢；如今卻以立約筵席的成員身分，和亞伯拉罕一同享受筵席。

財主和拉撒路的比喻，沒有從故事開始，而以路加福音十六章 18 節的陳述為開始。這節經文和路加福音十六章 14 節及下的經文所開始的整個對話，連結一氣。整個對話以富有的法利賽人為對象。尤有甚者，富有的法利賽人被類比為比喻中的財主。在路加福音十六章15節，他們首先被視為自以為義的假冒為善者。阿倫(S. Aalen)認為，以諾對於自以為義的定罪，關連性地影響了路加(1 Enoch 120.10, 103.14等)。[99] 我比較同意，耶穌乃是指出一項猶太人都應當遵守的公認美德，但路加福音中的宗教領袖，卻一次又一次地失敗。可見，這個故事所攻擊的對象，不僅是一般的富人，更是那些符合某種模式的富有宗教領袖。若不了解這個比喻的背景，讀者絕對無法避免扭曲比喻的教導的危險。

財主和拉撒路的比喻基本上包含了，保持無名地位的財主和名叫拉撒路的乞丐之間的對照。從財主的衣著(上好的紫色袍)，我們清楚看見他是一個羅馬的貴族。然而，耶穌將大部分的場景焦點，都放在亞伯拉罕所在的永恆地方。如此說來，這個比喻可以單純地，從「天上的」的角度來訴說。就像路加福音十六章16節一樣，這個比喻也論及摩西和先知，因此它指向那些違犯律法和先知的富有法利賽人。究竟他們或財主，如何違犯律法和先知呢？在故事的一開始，我們不容易看見財主到底做了甚麼可怕的事情，使他被送到受苦的地方。然而，如果我們仔細解讀亞伯拉罕最後所說的妙語，那麼我們就可以輕易地得到答案。

亞伯拉罕在路加福音十六章29至31節的回答，是針對財主在路加福音十六章27和30節的假設，而提供的答案。財主假設聽到信息和看見超自然異象，便會使人生命改變。但亞伯拉罕告訴他，他的假設是錯誤的。財主和他的家人所犯的罪，不單與財富有關，更與冷漠不接受勸告，緊密相連。他們根據經濟的情況先行論斷別人的作為，這就是一種冷漠的表現。路加福音十六章31節提到，他們對於一個從死裏復活的人的冷漠。十分常見地，許多註釋者將亞伯拉罕的話語視為一個預言：以色列最後將拒絕相信耶穌的復活。[100] 然而，耶穌的復活是這個比喻最不可能的解釋，因為這個比喻在路加福音十六章的範圍內，自然地呈現它的獨立性。更確切地説，亞伯拉罕所説的，乃與拉撒路的復活相關。

為何財主和他的家人，會對拉撒路的復活冷漠呢？事實上，在路加福音十六章 19 至 21 節，這個故事刻意強調兩者之間的階級差別。財主和他的家人冷漠並且不會將拉撒路視為任何真理的可靠見證人，僅僅因為拉撒路是一個低下階級的小民。縱使拉撒路從死裏復活，他們還是不認為他是可靠的。一旦成為乞丐，拉撒路將終生是一個乞丐！尤有甚者，路加福音十六章 31 節的陳述顯示，如果他們真正聽從摩西和先知，他們根本不需要拉撒路從死裏復活。如果他們不聽從摩西和先知，就是一個從死裏復活的拉撒路，也無法拯救他們。因此博克的陳述顯然正確：「就本質而言，這個比喻並不反對富人，而是反對麻木不仁的富人。」[101] 麻木不仁的富人以自己為焦點，他們沒有藉著幫助窮人（路四 18），而將財富用在上帝國度的事工上。

現在我們必須回到路加福音十六章 18 節。在國度經濟的討論中，耶穌竟然提出離婚的議題，實在叫人納悶。大部分的註釋者都將這個離婚的陳述，視為有關婚姻的討論；但這節經文的出現不但不符合路加福音十六章的討論範圍，並且對於任何論證都沒有實際的幫助。乍看之下，這節經文和之前或此處的經文毫不相關。雖然這節經文的內容與離婚有關，但它的用意卻不在教導離婚的議題。根據路加福音十六章 1 至 15 節，這節經文的教導顯然合理，因為這段經文雖然不真正討論婚姻和離婚的議題，但它以關係的重要性為經文的焦點。換言之，最基本的人際關係，就是男人和女人之間的關係。因此從有關財主和拉撒路的討論來看，這節關於人際關係的教導就顯得合理了。

更確切地說，財主和他的家人犯了沒有建立正確關係的錯誤，因為他們輕視不在他們社會階級中的人。詮釋者認為亞伯拉罕在談論耶穌的復活，實際是一種相當普遍的看法。[102] 然而，拉撒路的復活應當更加合理，因為在故事的情節中，亞伯拉罕是在回答財主對於他的要求。路加福音十六章 27 節清楚顯示，財主要求亞伯拉罕，差遣拉撒路去他的家裏。如此說來，將這段討論視為有關耶穌復活的預言，的確扭曲了故事的情節。耶穌在此提出財富和關係的教導，祂自己的復活並非祂的教導重點。最好的方式就是按財主的要求的本意來解讀，也就是讓拉撒路復活回到今生的世界中。這種討論極為合理，因為它適切路加福音十六章 1 至 18 節的關係討論。

財主假設如果神蹟夠偉大（復活當屬最偉大的神蹟），他的家人必定會悔改。但耶穌的教導是，這些人的心是如此剛硬，因此沒有任何一種神蹟可以改變他們的心意。真正的議題不在神蹟有多偉大，而在人心有多剛硬；人心的剛硬導致財主的家人，無法行使正確的事情。財主的家人所具有的偏見是如此強烈，因此他們甚至無法接受一個復活的乞丐的見證。畢竟，一個地位如此低微的人，所說出的見證有何可信呢？一個復活的乞丐，依舊是一個乞丐！他如何可能為這羣麻木不仁的富人，帶出甚麼真理呢？不論復活與否，乞丐還是一個低下的人。可見，路加有關窮人的教導，就是他們必須被關懷與認同。他們不應該被視為不重要的人羣。那些真正是上帝國度公民的人，將遵行這個教導，並且使用他們的金錢來嘉惠窮人。

財主和拉撒路的教導從天上的角度，帶出財富和地位（即紫色袍）的輕重區別。財主轉瞬即逝的地上筵席，強烈地反照了拉撒路永恆的福分。洛伊（William P. Loewe）另外並且正確地，將這個故事和撒該深具意義的悔改故事連結在一起。[103] 富人可以藉著成為具智慧地使用財富的施惠者，而進入上帝的國度。究竟這個教導，對提阿非羅有何意義呢？路加挑選這個故事，因為在來世的觀點上，它和外邦的思想有顯著的平行之處。耶穌可能講述許多這類的故事。而這個故事恰好適切路加的外邦讀者。我不是說，耶穌從荷馬（Homer）得到這個觀念；但我認為耶穌講了一個相當適切路加讀者的文化的故事。路加將耶穌的故事簡要敘述，以帶出他的道德教導。[104]

不像舊約對於來世的描述有點模糊，希羅的神話充滿了這類的推測。舉例來說，甚至在陰間的來世生活中，荷馬的英雄還相當敏銳地彼此對話。荷馬的圖畫相當灰暗（Homer *Odyssey* 11.14～19），因為這些英雄至終不再記得他們地上生活的痛苦（Homer *Odyssey* 10.521）。路加的故事強烈反照這類的外邦神話，因為比喻中的財主，仍然記得地上的生活。這項事實清楚展現，為何這個故事專屬路加的原因。

另一個外邦來世觀點的背景來源，出自奧費斯（Orpheus）的神祕宗教（Orphic），它綜合了前希臘化的（pre-Hellenistic）的觀念和來自巴雷斯（Thrace）與埃萊夫西斯（Eleusis）的神祕宗教。這個神祕宗教從公元前四世紀，直到公元三世紀，持續不斷地帶出有關來世的教導。這個神話將阿波羅的兒子，即神話詩人奧費斯，視為創立者。這個資料的日期鑑定，完全取決於考古學家的發現。我相信還有許多這類資料尚待發掘。到目前為止，最好的來源當屬貝爾納（Alberto Bernabe）和聖克里斯托（Ana Isabel Jimenez San Critobal）的《地獄的指引》（*Instructions for the*

Netherworld)。[105] 奧費斯的宗教也包含畢達哥拉斯(Pythagorean)的雙向(two-way)哲學，以及關於正確的抉擇將使人在地獄有較好的住處的觀念。[106] 口渴也是奧費斯宗教中的一個問題，就像比喻中的財主所經驗的一樣。這項觀察顯見於公元前二世紀的克利特(Cretan)板塊。[107] 這說明了為何古代希臘的墳墓，都會存放許多水瓶的原因；這個習俗和中國人的非常相似，因為水瓶能夠使死人解渴。路加的故事對照榮耀和灰暗，並且挑戰讀者作出正確的倫理抉擇。

從社會的角度來說，筵席的整個觀念意義深長。因為像提阿非羅這種貴族，素來以舉辦奢侈的筵席聞名，他以施惠者的身分，和他社會網絡內的人交往。這就是丹尼斯·史密斯(Dennis Smith)將筵席視為文學題旨的原因，因為它具有希羅的涵義。[108] 這類事件不僅是炫耀財富的場合，更能藉著邀請具有正確社會網絡關係的人而獲得其他的利益。因此我們很容易明白，為何這個故事對路加的貴族讀者如此重要。無怪乎，財主的紫色袍所代表的帝國地位，在永恆中毫無意義。雖然拉撒路在地上時飢餓難熬，但現在，他可以在亞伯拉罕的懷中享受筵席。

如果路加根據他的社會環境，將座位視為重要性的指標，那麼拉撒路在永恆中，顯然具有首要優先的重要性。他的座位相當靠近亞伯拉罕(事實上，就在他旁邊)，因為他在亞伯拉罕的懷中。拉撒路的地位高超。無名無姓的財主和有名有姓的拉撒路相比之下，顯然渺小不堪。身為一個穿紫色袍的人物，這個財主的名字應該被社區所有的人所熟知。畢竟，紫色袍顯明他是一個貴族，並且是眾人要求帝國公義的尋索對象。然而，當耶穌提升拉撒路的名字時，他壓抑了財主的名字。因此我無法同意博克的論點，他認為因為人物有名字，因此我們不應該將這個故事稱為比喻。[109]

事實上，名字在比喻中，具有非常有力的功能。在暫時的境界中，財主可能重要；但在永恆的境界中，拉撒路以他的名字為人所知。名字的出現和隱藏，顯示作者對這兩個人的價值觀。尤有甚者，財富被拿來和關係相比。從天上的眼光來看，關係永遠比財富更優先。當人沒有根據上帝國度的觀點來建立關係時，連在羅馬社會中不可或缺的地上金錢或地位，都無法為永恆的生命帶來任何意義。當關係被看為次要時，可能的結果就會像財主所遭遇的命運那般悲慘。貪愛金錢並且已經擁有高位的法利賽人，若不悔改和修正他們的優先次序，勢必走向財主的道路。如果耶穌這位受苦僕人和大衛君王，定意改正祂的社會的錯誤；祂一定會堅持祂的子民，在現今的生活中執行嘉惠窮人的職事。

詮釋角度的教導

嬰孩的敍事無疑針對局外人，它為路加福音設下語調。整個路加福音的佈局方式，乃是以路加—使徒行傳綜合前言中的地位改變為基礎。窮人在一世紀中，扮演重要的角色。路加首先將他們視為慈善的對象。更重要地，他們以兩種方式成為進入國度的關鍵。第一，對待窮人的方式，顯示一個人是否在上帝的國度中。第二，有時候，窮人也可以成為無私給予的角色典範。

在馬槽裏的聖誕信息既清楚又響亮。它不僅是為了傳遞關於一位謙卑的救主已經降生於以色列人中的信息。它也不以受苦的僕人將面臨十字架的命運，為故事的重點。它所彰顯的是「記號」的重要性，這個「記號」使得牧羊人成為第一批的福音傳揚者。簡言之，這就是聖誕故事的首要焦點。可見，在上帝的國度中，窮人亦佔極重要的地位。耶穌所引進的新國度，不僅為如同提阿非羅的富貴之人所預備；窮人同樣可以成為上帝國度的一員。按本質來說，國度似乎屬於富有之人。只有像出現在路加福音二章1節的奧古斯都這種征服者，才能擁有世界的國度。他們並不以謙卑，而是經由政治手段獲取國度的統管。然而，甚至奧古斯都的每一項行動，都在以色列偉大真神的掌控之下，因此這些卑微又無名的牧羊人，可以成為第一批的福音使者。上帝關心窮人。這是我們根據路加福音而得的大喜信息。

在路加—使徒行傳的觀察中，窮人在路加福音所扮演的角色，顯然比使徒行傳的更為顯著。無庸置疑地，使徒行傳四至五章有關分享財富的敘事，顯示在使徒行傳中仍然有窮人存在。然而，路加福音的焦點，比較偏重於窮人。從本書的分類來看，窮人被歸屬於被拒的團體。換言之，窮人帶有超越經濟情況的象徵意義。這些人指向其他的真理。他們的被接受，為使徒行傳開啟更具革命性的改變，甚至連外邦人都可以進入上帝的國度。

在路加—使徒行傳的敘事中，窮人主要扮演下列三種角色。第一，他們成為衡量富人是否敬虔的尺度。第二，他們自己成為角色典範。第三，他們被用來詮釋路加所處的不平等社會，在其中富人和窮人的差距甚大。尤其在拉撒路的故事中，路加所使用的題旨，和羅馬文獻有平行之處。霍克（Ronald F. Hock）指出，作家盧西恩（Lucian）在米切勒斯（Micyllus）這個窮人的故事中，談到相似的情節（Lucian *Gallus* 14）。[110] 作家以相當負面的筆法，描述富人墨伽彭忒斯（Megapenthes）對於窮人的惡劣對待，甚而導致可怕的死亡。可見，耶穌為故事所賦予的基督教意義，更新了故事原有的道德價值觀。

從社會的角度來看，第一個聖誕故事尤其意義深長。在羅馬社會中，一個道德人士應該成為和他有關的一些窮人的施惠者，就像這個財主本來應該為拉撒路所作的一樣。路加鼓勵讀者從給予和接受的社會制度，來解讀他筆下有關窮人和富人的敍事。當我們如此解讀時，路加的敍事就變得容易得多。然而，敍事似乎具有更深層的涵義，因為在給予和接受的贊助制度中，受惠者有義務以忠誠和勞力回報施惠者。但在路加所提供的新世界中，恩典卻是完全免費的！路加的價值觀革命性地將一件好事轉變成最上好的事。

對於提阿非羅而言，他必須學習兩項功課。第一，政治與該撒的國度，僅能為他帶來有限的生命成就。惟獨上帝掌管一切。因此，他應該將信心建基於上帝而非政治之上。路加的嬰孩記錄，對於政治力量的有限帶出明確的教導。第二，為了表達提阿非羅對上帝的信心，他必須關心周遭的窮人。他應該使用賣命得來的金錢賙濟窮人，而不要將其浪費於自我地位的提升。耶穌的降生，正是慷慨與寬大的展現。如果上帝如此關切貧窮的牧羊人，那麼祂的子民又如何能夠忽視窮人的需要呢？

結論

在我們作出任何綜合觀察和結論之前，我想我們應該先回答羅思在其著作中所提出的問題：「為甚麼瞎子、長大痲瘋的、窮人和聾子在路加福音和其他福音書中如此重要，但在使徒的使徒行傳中卻鮮少出現？」[111] 除了使徒行傳三章的瘸腿者，和二十章的死人之外；路加在使徒行傳中，不再大幅地強調醫治的個人案例。相反地，使徒行傳所有的醫治記載，比較像摘要式的記載；不但說明醫治的確發生，並且醫治的事件極為眾多（例如，徒五12～16，十九11～12）。更確切地說，路加常常將使徒行傳中的醫治事件，全部記載在一起。無論我們如何回答羅思的問題，我們無法逃避神蹟在路加—使徒行傳中具有何種用意的議題。我們可以用許多可能的方式，來回答這個問題。

第一，根據神學的角度來觀察。路加可能在強調，路加福音中的醫治事件是彌賽亞的應驗。如此說來，一再重複的強調，顯示彌賽亞的確應驗了舊約的預言（參路四 18，七 22 ～ 23）。若沒有耶穌開啟整個運動，使徒行傳中的事情沒有一件會發生。這是無可懷疑的！

第二，根據使徒行傳的敘事結構強調來觀察。孟席斯（Robert Menzies）注意到，除了預言的活動之外，聖靈未必總是和神蹟奇事相連。[112] 他對於路加文學巧筆的觀察的確暗示，他並不贊同以過度強調聖靈的方式，來詮釋一些靈恩事件；但同時，我們不可僅因路加沒有提及聖靈，就認為聖靈與這類神蹟無關。相反地，或許路加的記載顯示，他寫下這些醫治神蹟的用意，和常在現代靈恩派（modern charismatics）和非靈恩派之間引發的聖靈辯論（Spirit-debates），完全無關。

究竟上述文學—敘事的觀察，如何回答羅思的問題？如果使徒行傳三分之一的篇幅，都是由演講所組成；而演講在靠近使徒行傳的末段時，不但愈長並且愈具主導的力量，那麼路加的強調顯然從耶穌的神蹟和彌賽亞醫治，轉向使徒的宣講。當我們從使徒生平中的歷史事件來觀察時，使徒所行的神蹟，若沒有比耶穌更多，也絕對不會比耶穌的更少。神蹟的數目或使徒行神蹟的可能性，並非路加的重點。使徒行傳的敘事發展，顯示宣講漸進重要的角色。更確切地說，路加為了自己的寫作用意，選擇性地描述初期教會的使命，以帶出宣講而非神蹟，才是維持彌賽亞職事之本質的關鍵。這項觀察和許多解讀使徒行傳的方式大異其趣，許多詮釋者過度單純並且表面字義地解讀使徒行傳，因此產生和路加意圖傳達的意義完全相反的信息。然而，如果讀者願意觀察路加—使徒行傳的宏觀結構，那麼路加的作者傾向勢必清楚流露。

第三，根據路加福音和使徒行傳有關神蹟和醫治的敘事合一性來觀察。趕鬼的神蹟也雙雙在路加福音和使徒行傳中受到注意。根據我們所有較早的討論，這項觀察十分重要。顯然，路加欲意顯示，魔鬼的毀滅不僅發生在耶穌的職事中，並且繼續在使徒的職事中出現。對路加來說，病人和殘障者得到醫治，並不僅是歷史紀錄。它們也不是現今教會拘泥不變地仿效的角色典範。所以，任何被仔細描述的醫治，都是路加寫照耶穌的職事繼續出現在使徒的生命中的方式。換言之，路加的用意不在顯示使徒的神蹟有多偉大（參徒三～四；路五 17～26；徒二十 7～12；路七 11～17）。

為甚麼我在本書中，將瘸腿的、女人和罪人歸屬在同一個團體中呢？這是因為路加比其他的福音書，有更多關於這三種人的資料記載。這些人在敘事中，難得有說話的聲音。約翰福音可算是一個例外，因為它對於女人的記載，似乎僅以略微的差別而屈居第二位。可見，路加比其他福音書作者，更具社會取向和意識。另外，稅吏也常和罪人並列出現。為甚麼這兩類人被放在一起呢？

概要來說，或許稅吏和罪人都有被社會厭惡的身分。他們被視為身體健全、但道德有缺陷的人。瘸腿的和女人也受到壓迫，因為他們在禮儀上被視為次等。他們無法被聖殿制度完全接納。女人從出生就殘缺不全，因為她們有可能在禮儀上不潔淨。瘸腿的殘障，有可能來自天生的缺陷或後天的意外。他們也因不夠完整，而無法接近上帝。羅思甚至將死人包含在內，因為死人代表終極的不潔淨，他們很可能污穢別人。[113] 事實上，總結國度職事的最佳經文，當屬路加福音十四章 12 至 14 節。耶穌招聚被拒絕的人，因為他們正是國度職事的焦點。因著耶穌的招聚，許多人將成為主動或被動的見證人，甚至一些人佔有成為主或教會的僕人的角色。

簡而言之，耶穌對於被拒絕之人的職事，可以從「從上」（from above）和「從下」（from below）兩個角度來觀察。從上，我們看見上帝藉著彌賽亞，將所有被拒絕之人帶進上帝國度的目的。從下，我們看見幾乎每個神蹟，都帶出一些有關教會倫理的教導，就像教會對於局外人的職事，或信心的本質等。就職事來說，耶穌的彌賽亞使命，完全關乎由祂傳遞給教會的恩典。如果受苦的僕人在此施行社會公義，那麼祂的跟隨者更當如此行。

省思與應用

自從人類墮落之後，局外人的問題一直苦惱著這個世界。但這並不代表，我們基督徒應該接受這個問題為現實的一部分。許多福音派教會，在這方面的職事完全不及格。耶穌的來到顯示，教會應該與局外人認同；尤其是那些貧窮的人、被拒絕的人和被輕視的人。在耶穌與那些瘸腿的和生病的人的認同之中，祂提供醫治，以使他們能夠成為上帝家中的完整成員。這的確相當重要。我所見過的許多教會，甚至沒有幫助殘障者的殘障通道，遑論以這些人為對象的職事。在過去，基督教和羅馬天主教都擁有優良的傳統：帶著使命來建立醫院。它展現了耶穌對於殘障者的關懷。或許今天的教會，不論經由禱告或醫藥的醫治，仍然被大量需要。許多教會設立醫療宣教。這也是耶穌關切病人和殘障者的表達。事實上，許多恩典的接受者成為上帝和上帝藉著教會所行之事的美好見證人。這種職事的最後結果極其榮耀！

安德森（Janice Capel Anderson）以下列的方式，總結女性主義式的學術研究（也就是任何一種和婦女有關的學術研究）。她認為近年來的新約解讀，在男人和女人的平等與相異之間來回搖擺。任何以性別為強調的經文研究，都無法脫離兩者所產生的張力。[114] 雖然學術研究激烈地辯論這個或那個經文的意義，但其實際所蘊含的，對現代的情境仍然有極大的益處。聖經文本可以具有多重的層面，因此教會中的職事也可能一樣複雜，尤其是在婦女現代角色的發展上。近年來，關於參政權（suffrage）的運動，為婦女在工作上取得平等工資的權利。這個運動源自教會，因為這也是基督的一種表彰。儘管許多人未必同意，參政權的運動為女性主義所帶出的進展；但我們必須謹記，不平等的問題至今不但仍然存在於教會之外，也在教會之內。

許多福音派基督徒以他們極端的回應，因噎廢食地完全排斥現代的女性主義。在和一些保守派領袖的對話中，我甚至聽到他們如下的論證：他們認為如果女人成為領袖，男人勢必感受威脅，並且退縮至他們自己的小角落中。在一些例子中，這種論證可能真實，但真正的領袖絕對不會被幾個能幹的女人所威脅。我們只要看看，初期教會中的任何一位男性領袖，即可明白。他們誠然沒有因為幾個能幹和有恩賜的女人，而受到威脅。那些想要將女人排除於領袖角色之外的男人，其所表現的懼怕實在毫無根據。

性別之間的不平等，仍然可見於現代的國家中。在如同日本的一些現代國家中，女人仍比她們的男性對手，賺取相對低微的工資。事實上，日本女人很少有機會，爬升到任何合理的高薪職位。教會至少應該成為校正社會觀念的管道，因為教會不但應該在卑微的崗位上，並且應該在重要的崗位上，提供婦女事奉的機會。然而，單就北美來說，許多畢業於神學院的女性畢業生，常常比她們的男性對手表現得更加優越（甚至在講道上），但她們還是很不容易才能找到事奉的崗位。最主要的原因就是，教會某些保守人士對於新約教導那食古不化（並且常是毫無根據）的詮釋。他們還將自己的詮釋，稱為「聖經的立場」。許多這種優異的女性，至終只做一些根本不需要神學院訓練的瑣碎事工。這種事情實在不應該發生！

如果馬利亞可以聆聽耶穌，呂底亞可以聆聽保羅；她們一定受到鼓勵，要將她們的所知與別人分享，並且付諸於行動。我時常鼓勵我的女性神學生，在宗派的架構中尋找事奉的機會，以容許她們在不破壞聖經以男性為領袖的原則之下，充分地運用她們的恩賜。因為在這種情況下，她們仍然有許多發揮創意的空間。否則，女人為甚麼要進入神學院，來接受專業事奉的訓練。非常讓我驚訝的是，那些相信最具革命性的主耶穌，和像路加這樣具革命性的新約作者的基督徒；竟然是我所認識的人中，一些最不具革命性和創意性的人。這實在太難以想像了！

雖然我個人仍然持守，新約具有男性領導模式的觀點；但我認為在鼓勵姐妹以更重要的角色來事奉方面，教會的確還有許多可以改進的空間。姐妹的事奉崗位，不應該僅限於照顧幼兒或兒童主日學的教導。她們在路加—使徒行傳中，扮演重要的角色。她們在婦女解放（women liberation）的紀元中，甚至具有更高的地位。問題不在於，這些姐妹是否能夠作瑣碎的工作，因為多數的弟兄也可以作這類的工作。如此說來，為何弟兄不能承擔這方面的工作呢？

尤有甚者，還有一些比婦女不能事奉更嚴重的問題，而這些問題也源自性別的不平等。問題的根源和那些不讓婦女在領袖崗位事奉的死硬派一樣。我甚至聽聞在一些華人的基督教機構和教會中，有對較低層女性同工性騷擾的事件發生。非但沒有揭發和懲治這些罪犯，這類機構還引進上級來幫助他們遮蓋醜聞（就像美國本地，羅馬天主教會的孩童性侵犯醜聞一樣）。這些上級屬於華人「男性」領袖寡頭政治的最高階層。姐妹如何能在不安全的工作場所事奉呢？這種以男性為中心的寡頭政治，實在應該被打破甚至懲治。

路加和耶穌繼續鼓勵姐妹，在一個能夠成長的羣體中事奉。有時候，教會在肯定女性的角色方面，是一個最令人沮喪的地方。路加筆下的婦女是配得敬重的榜樣，因為他承認她們的貢獻。謹記路加的信息，並將耶穌的異象帶給婦女信徒的教會必定蒙福。許多現代福音派的婦女信徒繼續聽到「你不應該；你不重要」的批評，而非「作的好；你非常重要」的鼓勵。這種表現一點也不像耶穌基督。路加顯示許多婦女是教會的忠心僕人，他不但沒有以安靜的晦澀來隱藏她們，反倒以豐富又刻意的稱贊來描述她們（例如，路八1～3）。路加強調教會的姐妹僕人對於上帝國度的貢獻，應該和弟兄一樣被承認與鼓勵。

對罪人的態度，也對現代教會相當適切。罪人常不被視為上帝家中的成員。類似同性戀的罪，常因它的羞恥本質而被斷然地規避。然而，我們必須將罪和罪人分開處理。雖然上帝的憤怒也臨到罪人身上，但基督無疑為罪人開啟一條第二次機會的恩典道路。我們不需同意同性戀的生活方式，但教會是否能夠成功地接觸這類的團體呢？這仍有待觀察。還有那些在同性戀傾向中掙扎的基督徒呢？這類羣體所受到的對待，常比那些生活在同性戀中的人更加嚴苛。為何如此呢？教會實際應當容許罪人有失敗的空間，並且讓他們從過去的生活方式中，慢慢地恢復正常。空間的容許，需要無比的耐心、屬靈的智慧和永不消退的恩典。因聖靈的催逼而使一個人從性的罪中被釋放，未必總是如期發生。在對待罪人這方面，教會還有許多需要學習的功課！

香港過去曾經針對政府如何對待性工作者的議題提出辯論。這項討論深深感動我的心。它尤其從一些性工作者被謀殺的情況，來進行辯論。教會似乎對這種情況，極少甚或沒有回應。如果教會跟隨耶穌對待有罪的女人的腳蹤，那麼教會應該主動接觸這種人。除了當地的警察之外，還有許多可能的解決方式。當然解決的方式有可能面臨危險，因為性工作者的問題，常常涉及那些經營娼妓集團的惡人。然而，教會應該明白，沒有一個頭腦清楚的人願意成為性工作者。這個古老的行業，乃因悲慘的生活環境迫使一個女人(有時一個男人)賤賣自己而產生。對這種工作者而言，感情和屬靈的傷害，遑論身體的危險，幾乎是無法彌補的。教會有責任幫助這種人。他們在社會中被排斥為罪人，但他們也可以在上帝的國度中，佔有一席之地。就目前來看，教會在這方面的事工並不成熟。單單聲稱教會的門，永遠為各種人打開是不夠的。這種目標清楚的事工，必須採取刻意和策略性的外展行動。這也是一種必須付代價的事工，因此可能受到現代法利賽人的譏笑。

對一些教會來說，尤其是北美的華人教會，對待窮人的態度和方式也是另一種可悲的掙扎。路加的第一個聖誕敘事，誠然具有大量的應用性。這些應用不僅根據窮人的角度，更可以從身處在世界政治體制中的教會如何對待窮人的角度來思考。路加福音的聖誕故事又與我們有何相關呢？第一，基督徒有可能對徹底主張政教分離的情緒，產生過度的反應。因此，這些基督徒時常不加辨別地，支持一些刻意拉攏福音派選票的政黨。有些政黨擅於玩弄宗教遊戲，時常以基督徒為他們政治得利的工具。這段嬰孩的故事警告我們，千萬不可倚靠政治的權勢。政治有其限制。在正面影響政府的使命下，基督徒應當以智慧行事，以免成為被人利用的愚昧人。第二，北美地區的華人教會多屬中上階級的教會。在某些方面，我們很像提阿非羅。我們是最容易進入上層社會的少數民族。我們也是精於運用制度，以使自己得利的專家。

然而，路加福音為我們帶出一個全然不同的故事。路加福音的聖誕故事告訴我們，千萬不要仰賴自己的財富與成就。因為一個沒有上帝的人，即使財富與成就數算不盡，也不過是虛空一場。聖誕故事亦要求我們，活出無私與犧牲的生命。正如上帝使用馬槽，呼召窮人來敬拜耶穌與傳揚福音一樣，我們也當盡力照顧貧窮的人。我們必須紀念我們當中的窮人，並在物質與屬靈方面提供援助。對於財力充足的信徒來說，聖誕信息仍然真實：福音也是為窮人預備的！最後，聖誕故事告訴我們：「沒有行動的神學，不過是死的信仰罷了！」

當我拜訪許多教會時，我總是問自己下列的問題：「一個窮困的流浪漢，會自在地在此敬拜嗎？」許多教會的格局或設置，只會將窮人排斥於外。這並不代表教會的成員，完全棄絕窮人。畢竟，在耶穌明顯關心窮人的情況下，誰敢拒絕窮人呢？拒絕的暗示，來自我們教會在設置上所流露的中上階級文化；窮人不可能認同這種文化，遑論參與我們的教會。在一些教會中，敬拜的形式和不成文的正式衣著，只會吸引中上階層的華人。窮人不可能認同，一個無論男女都穿著名牌義大利服飾的地方。甚至很像名牌的衣服，都可能拒窮人於千里之外。這種文化將使基督關心窮人的事工，無法在教會中產生。

這種教會所流露的中上階級高貴風格，根本無法執行耶穌關心窮人的事工；因為教會設立或設置的本質，無法使教會認同窮人。偶而在聖誕佳節時，為無家可歸者提供餐飲的活動（如果真有的話），不能代表耶穌對窮人的事工。這種對窮人偶然又短暫的幫助，不過使中上階級基督徒的良心比較過得去，但這不是真正誠摯和持續的支援。許多教會必須再思他們建築物的格局和教會文化的方式。這種再思必須從有異象、並有心使教會更能跟隨耶穌腳蹤的領袖開始。一個使窮人覺得自己更加卑微的地方，不會幫助窮人進入上帝的國度。

美國和香港有關外籍勞工的辯論，尤其感動我的心。我知道這種辯論相當複雜。因為在法律和憐憫之間，沒有簡單的答案。然而，我發現許多基督徒故意躲開這個問題的討論，或為這個與社會公義有關的問題，帶進過度的黑白劃分。我認為教會應該在實際的行動上，積極幫助這些人。這些外籍勞工遷移到別的地方，並不是為了享受移居國外或學習外國文化的生活。他們離鄉背井尋求更優質的生活，乃因旅居國對貧窮國家造成的經濟不平衡。我並不是說教會可以給他們更好的財務生活，但向他們推動實際的外展，應該是正確的第一步。這個外展行動可能要求香港的教會，為這些外籍勞工提供英語的服務；或美國教會為非法移民提供西班牙語的服務。他們也需要聽見福音，並且經歷那帶出行動的福音。這些事工都要求教會付出財務上的代價，而這種投資也未必一定得到「回報」。畢竟，一些外籍勞工所賺取的，只夠養家糊口罷了。

和所有被拒的人相互對照的是自以為義的人，他們不斷地強化壓迫性的制度。這種人好像活著一種潔淨與道德的生活。事實上，我承認他們的確過著一種潔淨、道德和被社會接受的生活。但同時，他們在屬靈方面，也作了一些可怕的事情。這種現象可見於一些華人教會的屬靈領袖中。我同意斯諾德格拉斯的陳述，他為路加福音十八章 9 至 14 節對今日生活的極大適切性，提出下列的評論：「如果一個人過著潔淨的生活，並且犧牲奉獻；你將驚訝人們對他的自我中心的容忍度有多大！」[115] 換言之，金錢和外貌，常比真正的屬靈更得人心。可見，耶穌的時代和後來路加的時代所具有的問題，如今依然存在。因此我們應該和路加一樣，不以高度的容忍心接納這些似乎有品德外貌的領袖；尤有甚者，我們應當培養像基督並且真實的教會領袖，如此華人教會才有盼望！

總結來說，我們可以從路加對待被社會拒絕的人的方式，學習何種功課呢？我認為路加的刻劃，似乎對轄制華人教會的權力結構，發出了強烈的定罪。有時候，華人教會看起來更像以男人為中心的羅馬帝國社會，而不像上帝的國度。組成男性寡頭政治的高層人士，都是有錢有勢的人；他們惟一的關注，常是他們自己的權力和帝國。許多人認為，他們的金錢可以在，龐大的基督教組織的董事會中購買權力。要成為董事會的一員，會員只需擁有金錢和世界上的成就（例如，律師、醫師和具有博士學位的科學家）。有錢或世界上的成就並非錯事，但他們在領導上帝的國度方面，常常價值甚少，或者毫無價值可言。耶穌使用一羣毫不起眼的普羅大眾，帶進一項永遠改變歷史的運動。這才是真正的基督教！

然而，當今華人教會羣體中的一些領袖成員，不像比喻中的寡婦，反而更像那些法利賽人。他們根據數量來奉獻，而奉獻兩個小錢的寡婦，則根據品質來奉獻。當我們時常讚賞那些像法利賽人的奉獻者時，耶穌繼續讚賞那些像寡婦的人。大多時候，我們的成功文化有效地阻擋我們成為真正的上帝子民。在最後的分析中，文化已經取代了聖經！！

註釋：

1 S. John Roth, *The Blind, the Lame and the Poor: Character Types in Luke-Acts*, JSNTSup 144（Sheffield: Sheffield Academic Press, 1997）.

2 Roth, *The Blind, the Lame and the Poor*, 1.

3 曾思瀚：《啟示錄的刻劃研究——英雄、女性與國度的故事》（香港：基道，2009）。

4 Chad Hartsock, *Sight and Blindness in Luke-Acts: The Use of Physical Features in Characterization*（Leiden: Brill, 2008）, 20～28.

5 Cecilia Wassen, " What Do Angels Have against the Blind and the Deaf? Rules of Exclusion in the Dead Sea Scrolls, " in *Common Judaism: Explorations in Second-temple Judaism*, ed. Wayne O. Mccready and Adele Reinhartz（Minneapolis, MN: Fortress, 2008）, 115～116, 121.

6 Joel Green, " Jesus and a Daughter of Abraham, " *CBQ* 51（1989）, 652.

7 James VanderKam, *From Revelation to Canon: Studies in the Hebrew Bible and Second Temple Literauture*（Leiden: Brill, 2000）, 105～127.

8 Turid Karlsen Seim, *The Double Message*（New York, NY: T & T Clark, 2004）, 48.

9 Seim, *The Double Message*, 17.

10 Patrick L. Dickerson, " The New Character Narrative in Luke-Acts and the Synoptic Problem, " *JBL* 116（1997）, 295.

11 Amy-Jill Levine and Marianne Blickenstaff, ed., *A Feminist Companion to Luke*（London: Sheffield Academic Press, 2002）.

12 Brigitte Kahl, " Reading Luke against Luke, " in *A Feminist Companion to Luke*, ed.

Amy-Jill Levine and Marianne Blickenstaff (London: Sheffield Academic Press, 2002), 87；此文作者提出一個有趣的建議，他認為對婦女的關切被外邦人這個邊緣化團體所取代。

13 這種張力的觀察，參 Kahl, "Reading Luke against Luke," 73～74。

14 Shelly Matthews, "Elite Women, Public Religion, and Christian Propaganda," in *A Feminist Companion to the Acts of the Apostles*, ed. Amy-Jill Levine and Marianne Blickenstaff (London: Sheffield Academic Press, 2004), 122.

15 相似看法，參 Warren Carter, "Getting Martha out of the Kitchen," *CBQ* 58 (1996), 264～265。

16 Esther A. De Boer, "The Lukan Mary Magdalene and the Other Women Following Jesus," in *A Feminist Companion to Luke*, ed. Amy-Jill Levine and Marianne Blickenstaff (London: Sheffield Academic Press, 2002), 142.

17 Seim, *The Double Message*, 30.

18 Richard Baukham, *Gospel Women: Studies of the Named Women in the Gospels* (Grand Rapids, MI: Eerdmans, 2002), 150～156.

19 Baukham, *Gospel Women*, 157.

20 James M. Arlandson, "Lifestyle of the Rich and Christian," in *A Feminist Companion to the Acts of the Apostles*, ed. Amy-Jill Levine and Marianne Blickenstaff (London: Sheffield Academic Press, 2004), 160～161.

21 Birger Gerhardsson, "The Parable of the Sower and Its Interpretation," NTS 14 (1968), 184；此文作者也指出，心或財產都是一種問題。

22 Robert J. Karris, "Women and Disciples in Luke," in *A Feminist Companion to Luke*, ed. Amy-Jill Levine and Marianne Blickenstaff (London: Sheffield Academic Press, 2002), 36～37.

23 Nelson Estrada, *From Followers to Leaders: The Apostles in the Ritual Status Transformation in Acts 1～2*, JSNTSup 255 (London: Continuum, 2004), 111～112.

24 Joseph Plevnik, "The Eyewitnesses of the Rise of Jesus in Luke 24," *CBQ* 49 (1987), 92～93.

25 相似看法，參 Seim, *The Double Message*, 28。

26 Arlandson, "Lifestyle of the Rich and Christian," 168n51.

27 Matthews, "Elite Women, Public Religion, and Christian Propaganda," 125.

28 De Boer, "The Lukan Mary Magdalene and the Other Women Following Jesus," 154.

29 Seim, *The Double Message*, 156.

30 婦女是否可靠的見證人，仍是一個辯論未決的議題。參 Karris, "Women and Discipleship in Luke," 41～42；此處引用一些來源來顯示，猶太婦女可以成為可靠的好見證人。

31 Baukham, *Gospel Women*, 47～49。作者包衡繼續展現，出生前的敍事的交錯結構（chiastic structure），實際以婦女為中心。它完全是一個以婦女為中心的敍事。相似看法，參 W. Barnes Tatum, "The Epoch of Israel," NTS 13（1967）, 184。

32 Baukham, *Gospel Women*, 51.

33 例如：Seim, *The Double Message*, 23。在路加的世界中（例如，徒十二 15），或許有時候婦女被視為不可靠的見證人，但這未必代表路加的觀點。事實上，幾乎在每個層面上，路加的觀點都和當時的社會慣例相反。

34 Beverly R. Gaventa, *Mary: Glimpses of the Mother of Jesus*（Columbia, SC: University of South Carolina, 1995）, 52；此處貶低處女的強調，而偏好以年紀為對照；但我認為這種看法錯失了耶穌的神蹟降生，耶穌的神蹟降生實際證明，它超越外邦的神蹟降生故事。

35 Baukham, *Gospel Women*, 59.

36 Teresa J. Hornsby, "The Woman is a Sinner/The Sinner is a Woman," in *A Feminist Companion to Luke*, ed. Amy-Jill Levine and Marianne Blickenstaff（London: Sheffield Academic Press, 2002）, 123.

37 Ivan S. C. Kwong, *The Word Order of the Gospel of Luke*, LNTS 298（London: T & T Clark, 2005）, 113.

38 Barbara Reid, "Do You See This Woman?" in *A Feminist Companion to Luke*, ed. Amy-Jill Levine and Marianne Blickenstaff（London: Sheffield Academic Press, 2002）, 116.

39 Robert Wall, "Martha and Mary（Luke 10.38～42）," *JSNT* 35（1989）, 21.

40 Loveday C. Alexander, "Sisters in Adversity," in *A Feminist Companion to Luke*, ed. Amy-Jill Levine and Marianne Blickenstaff（London: Sheffield Academic Press,

2002), 197.

41 Alexander, "Sisters in Adversity," 200.

42 Carter, "Getting Martha out of the Kitchen," 265；此處提出相似的觀點，但我不同意這篇文章的其餘部分，因為它認為馬大的職事象徵助祭們，而馬利亞則象徵教會中的領袖。

43 Elizabeth Schüssler Firoenza, *But She Said: Feminist Practices of Biblical Interpretation* (Boston, MA: Beacon, 1992), 64～66.

44 Wall, "Martha and Mary," 21.

45 Wall, "Martha and Mary," 25.

46 Addison G. Wright, "The Widow's Mites," *CBQ* 44 (1982), 257～258.

47 Wright, "The Widow's Mites," 264～265.

48 Mary Rose D'Angelo, "The ANHP Question in Luke-Acts: Imperial Masculinity and the Development of Women in the Early Second Century," in *A Feminist Companion to Luke*, ed. Amy-Jill Levine and Marianne Blickenstaff (London: Sheffield Academic Press, 2002), 58.

49 Seim, *The Double Message*, 51.

50 Baukham, *Gospel Women*, 79～81.

51 F. Scott Spencer, "Neglected Widows in Acts 6.1～7," *CBQ* 56 (1995), 718.

52 Spencer, "Neglected Widows in Acts 6.1～7," 722.

53 Barbara Reid, "The Power of the Widows and How to Suppress It," in *A Feminist Companion to the Acts of the Apostles*, ed. Amy-Jill Levine and Marianne Blickenstaff (London: Sheffield Academic Press, 2004), 74.

54 Frank Matera, "Jesus' Journey to Jerusalem (Luke 9.51 ～ 19.46)," *JSNT* 51 (1993), 58～59, 62.

55 Seim, *The Double Message*, 131.

56 Reid, "The Power of the Widows and How to Suppress It," 75～76.

57 Beverly R. Gaventa, "What Ever Happened to Those Prophesying Daughters?" in *A Feminist Companion to the Acts of the Apostles*, ed. Amy-Jill Levine and Marianne Blickenstaff (London: Sheffield Academic Press, 2004), 60.

58 Joachim Jeremias, *New Testament Theology*, vol. 1 (London: SCM, 1971), 109～112.

59 E. P. Sanders, *Jesus and Judaism* (London: SCM, 1985) , 177～180.

60 James D. G. Dunn, *Jesus Remembered* (Grand Rapids, MI: Eerdmans, 2003) , 529.

61 Mark A. Powell, "The Religious Leaders in Luke," *JBL* 109 (1990) , 95.

62 Klyne R. Snodgrass, *Stories with Intent: A Comprehensive Guide to the Parables of Jesus* (Grand Rapids, MI: Eerdmans, 2008) , 470.

63 Timothy A. Friedrichsen, "The Temple, a Pharisee, a Tax Collector, and the Kingdom of God," *JBL* 124 (2005) , 110.

64 Robert Doran, "The Pharisee and the Tax Collector," *CBQ* 69 (2007) , 264.

65 Powell, "The Religious Leaders in Luke," 97.

66 E. P. Sanders, "Jesus and the Sinners," *JSNT* 19 (1983) , 24～25.

67 有關政治對於建築的影響，參 Byron R. McCane, "Simply Irresistible," *JBL* 127 (2008) , 725～735。

68 例如：J. Duncan M. Derrett, "Law in the New Testament," NTS 14 (1968) , 56, 58；Gerald O'Collins, *Salvation for All: God's Other Peoples* (Oxford: Oxford University Press, 2008) , 90。

69 Snodgrass, *Stories with Intent*, 93.

70 Snodgrass, *Stories with Intent*, 99; Kenneth Bailey, "Psalm 23 and Luke 15," *IBS* 12 (1990) , 54～71.

71 J. Albert Harrill, "The Indentured Labor of the Prodigal Son," *JBL* 115 (1996) , 717.

72 Enrst Lohmeyer, *Lord of the Temple*, transl. Stewart Todd (Richmond, VA: John Knox Press, 1962) , 70.

73 不同的看法，參 Derrett, "Law in the New Testament," 58；此文作者認為，大兒子已經進入屋內。但經文並非如此明說，因而使得故事的結尾模糊不清。他更令人訝異地，將小兒子和以色列的族長相連，因為以色列的族長很像亞伯拉罕之後的年輕弟兄 (頁 68) 。

74 Snodgrass, *Stories with Intent*, 140.

75 有關這方面的討論，參 Garwood P. Anderson, "Seeking and Saving What Might Have Been Lost," *CBQ* 70 (2008) , 734～735。

76 Dennis Hamm, "Does Zacchaeus Defend or Resolve?" *JBL* 107 (1988) , 432；此文作者雖然不同意，卻指出這項觀察。

77 Peter F. Bang, *The Roman Bazaar: A Comparative Study of Trade and Markets in a Tributary Empire*（Cambridge: Cambridge University Press, 2008）, 207.

78 有關這個故事的形式，參 Robert F. O'Toole, "The Literary Form of Luke 19:1～10," *JBL* 110（1991）, 107～116。

79 Sanders, "Jesus and the Sinners, 6.

80 Henry Yamazaki, "Point of View in a Gospel Story," *JBL* 125（2006）, 101～102.

81 Steven J. Friesen, "Injustice or God's Will? Early Christian Explanation of Poverty," in *Wealth and Poverty in Early Church and Society*, ed. Susan R. Holman（Grand Rapids, MI: Baker, 2008）, 19～21.

82 Friesen, "Injustice or God's Will?" 20～21.

83 Joel Green, *The Gospel of Luke*, NICNT（Grand Rapids, MI: Eerdmans, 1997）, 211。有關這段經文的舊約引用來源，一項優質討論可參：Darrell L. Bock, *Luke*（Grand Rapids, MI: Baker, 1994）, 404。

84 Bock, *Luke*, 408.

85 Green, *The Gospel of Luke*, 132.

86 例如：Green, *The Gospel of Luke*, 123；Bock, *Luke*, 219。

87 Bock, *Luke*, 206.

88 Green, *The Gospel of Luke*, 136；此書為舊約神學中的「記號」，提出重要的神學涵義。但對這個敘事的直接解讀，讓我們確定，記號是為牧羊人發出的。舊約神學完全可能，但牧羊人的社會層面依然是最重要的考慮。

89 Friesen, "Injustice or God's Will?" 27.

90 Green, *The Gospel of Luke*, 131.

91 Bock, *Luke*, 1303。工資通常根據小麥或玉米的價錢證據來計算。參 David Kessler and Peter Temin, "Money and Prices in Early Roman Empire," in *The Monetary Systems of the Greek and Romans*, ed. W. V. Harris（Oxford: Oxford University Press, 2008）, 139。

92 W. V. Harris, "The Nature of Roman Money," in *The Monetary System of the Greek and Romans*, ed. W. V. Harris（Oxford: Oxford University Press, 2008）, 176.

93 Gert J. Steyn, "Soteriological Perspectives in Luke's Gospel," in *Salvation in the New Testament: Perspectives on Soteriology*, ed. Jan G. van der Watt（FS Andrie du Toit; Leiden: Brill, 2005）, 84.

94 J. Van Goudoever, "The Place of Israel in Luke's Gospel," *NovT* 8 (1966) , 119.

95 Bock, *Luke*, 1524.

96 如欲了解不同詮釋的細節，參 Outi Lehtipuu, *The Afterlife Imagery in Luke's Story of the Rich Man and Lazarus* (Leiden: Brill, 2007) , 3～9。

97 我們必須注意，路加是惟一記載路加福音二十三章 43 節的作者，這節經文以獨特的路加比喻，和此處的經文平行。

98 Martin O'Kane, "The Bosom of Abraham (Luke 16.22) ," *Biblical Interpretation* 15 (2007) , 489～490.

99 S. Aalen, "St. Luke's Gospel and the Las Chapters of 1 Enoch," NTS 13 (1966～1967) , 1～13.

100 例如：Bock, *Luke*, 1378。

101 Bock, *Luke*, 1361.

102 例如：Bock, *Luke*, 1377。Green, *The Gospel of Luke*, 609；此書比較正確。

103 William P. Loewe, "An Interpretation of Lk. 19. 1～10," *CBQ* 36 (1974) , 323.

104 那些尋找耶穌或路加的來源的學者，意見分歧。Hugo Gressmann, *Vom reichen Mann und armen Lazarus* (Berlin: Verlag der k:oniglich Akademie der Wissenschaften, 1918) , 56ff；此處指向外邦的來源。Rudolf Bultmann, *The History of the Synoptic Tradition* (New York, NY: Harper and Row, 1963) , 70～73, 302～317；此處則偏好猶太的來源。Lehtipuu, *The Afterlife Imagery in Luke's Story of the Rich Man and Lazarus*, 45～54；此書作者在她的論文中顯示，來源鑑別角度的困局。她偏向認為，許多文本對於故事的影響。我則偏向認為，許多文本對於路加選擇故事的影響。

105 Alberto Bernabe and San Cristobal, *Instructions for the Netherworld: The Orphic Gold Tablets* (Leiden: Brill, 2008)；每一個板塊上的希臘文本和資料，可見於此書頁 245～271。

106 Bernabe and Cristobal, *Instructions for the Netherworld*, 23.

107 Bernabe and Cristobal, *Instructions for the Netherworld*, 12.

108 Dennis Smith, "Table Fellowship as a Literary Motif," *JBL* 106 (1987) , 613～638.

109 Bock, *Luke*, 1363；作者將故事的形式，稱為例證的故事 (example story)。

110 Ronald F. Hock, "Lazarus and Micyllus," *JBL* 106 (1987) , 457.

111 Roth, *The Blind, the Lame and the Poor*, 1.

112 Robert Menzies, "Spirit and Power in Luke-Acts," *JSNT* 49（1993）, 13.

113 Roth, *The Blind, the Lame and the Poor*, 110～111, 207～211.

114 Janice Capel Anderson, "Reading Tabitha: A Feminist Reception History," in *A Feminist Companion to Acts of the Apostles*, ed. Amy-Jill Levine and Marianne Blickenstaff（London: Sheffield Academic Press, 2004）, 46。此書作者其極有助益的文章顯示，在詮釋的歷史中，有關婦女的經文還是可能有相當寬廣範圍的解讀方式，而且並非所有的男性詮釋者，都等同地反對女人。

115 Snodgrass, *Stories with Intent*, 475.

五

總結

從我第一本有關約翰福音人物刻劃的著作開始，我就在人物刻劃方面學習良多。人物是歷史中的作者傳遞信息之管道。我盼望這項事實能成為我的讀者益發清楚的一項認知。人物本身雖具歷史性，但其目的卻不僅是被當作歷史人物來研究的。我們誠然相信，像彼得和保羅這樣偉大的人物，曾經在耶路撒冷、安提阿到羅馬等地區積極地事奉。我們毫不懷疑這類的歷史「事實」，但問題與歷史無關。問題在於這些人物是否具有超越身為歷史人物的其他功能？我的答案是肯定的。

在本書的一開始，我提出的問題為：「何謂情境？」或更確切地說，那問題是：「何謂歷史情境？」我認為答案雖然複雜，但卻相當清楚。歷史的情境實際具有兩個層面。第一，它可能是文本中的歷史事件，它為發生在文本中的事情帶出情境。第二，並且更重要地，距離我們遙遠並且不在文本那些事件中的古代讀者的情境，也是值得我們注意的。如此說來，本書以第二種情境為焦點，因為有關第一種情境的背景，已經有不少著作存在。雖然我們活在那以文本為中心來評估聖經文本的潮流中，但我們不能因此就解除或忽視作者和讀者的歷史議題。藉著對於作者和讀者的了解，現代詮釋者將開始明白，超越文本中的事件內容的文本信息。文本中的那些事件，不過是作者為了傳遞一個整全的信息而使用的工具。尤有甚者，本書挑戰我（希望也包括我的讀者）將路加—使徒行傳的敘事，當作一個「單一的」敘事，而非一系列的敘事來解讀。在我們這個相當重視「查經」的時代中，這個宏觀的釋經角度更顯需要，因為沒有從敘事情境來詮釋文本的斷章取義，不斷發生。還有更多工作必須完成，以校正這項缺點。實際上，極少註釋者秉持這個獨特的修正理念，來進行寫作。我在此挑戰所有的讀者（包括我同業的同事），認真地對待這個單一的作者/單一的敘事。從錯誤的分章與分節的桎梏中被釋放出來，這應該早已發生。

本書的讀者可能想要問我，為何我以這種方式來安排本書的內容。本書篇章的安排實際是慢慢形成的。事實上，除了耶穌以外的一些人物，確實可以被各自研究，而產生另一本更仔細的人物刻劃著作。但這並不是本書的目的。更確切地說，我把內容劃分為耶穌、門徒和局外人，這個次序是有原因的：因為這個次序反映了路加的心意。

路加帶有一項相當清楚的倫理信息，而我的次序反映了這個倫理。首先事奉以色列的耶穌，如今有了跟隨者。當時誰是耶穌的職事所事奉的對象呢？耶穌的對象就是那些局外人。這一直是路加的倫理關切。然而，這個局外人的職事，並不完全是單面的。事實上，許多頗有資源的婦女，也開始對耶穌的職事有所貢獻，因此創造了一個互惠的循環。路加的信息不但激烈，並且適切。從全球經濟的角度來看，路加的信息可能具有強烈的政治意味。甚至在羅馬帝國中，門徒羣體都需要在服事局外人的職事上，跟隨耶穌的腳蹤行。同時，那些被服事的人，至終也將服事那些首先將信息帶給他們的人。在教會的見證可以改變世界之前，我們應以這個以愛為基礎的自願互惠，先行在教會中建立一個公平的社會。惟有如此，使徒行傳一章8節才可以在二十一世紀中，尋找到它煥然一新的應用。

讀者意見表

緊扣時代　服事教會

以文字傳揚基督真道

衷心多謝你購買本社書籍。本社一直致力以出版事工服事教會，幫助信徒扎根於神的話語，促進靈命增長。為使我們的出版更能滿足你的需要，請填寫下列各項資料，並寄回或傳真予本社。

所購書籍：________________

本書最吸引你的地方：

□作者　□適切性　□文筆　□設計　□實用性

□其他：________________

購買本書地點：

□基道書樓　□基督教書店　□非基督教書店

性別：□男　□女　職業：________________

信仰：□基督徒　□非基督徒

年齡：□ 16 歲或以下　□ 17～25 歲　□ 26～35 歲

□ 36～55 歲　□ 56 歲或以上

學歷：□中三或以下　□中五　□預科

□大學　□研究院

□我欲更多了解基道出版社的事工及考慮支持，請寄給我下列資料：

□機構簡介　□新書資料　□基道會員通訊

□《基道文字事工通訊》

姓名：________________電話：________________

地址：________________

____

傳真：________________　電子郵件：________________

其他意見：________________

____

多謝賜教！

基道出版社

意見表可以傳真（2687-0281）或直接郵寄以下地址：

香港沙田火炭坳背灣街26號富騰工業中心1011室

基道出版社編輯部收